U0148333

赵剑英 主编
Zhao Jianying Editor

 中国社会科学院创新工程学术出版资助项目

China's Values

中国的价值观

韩震 章伟文 等著
By Han Zhen Zhang Weiwen

（修订版）

中国社会科学出版社
CHINA SOCIAL SCIENCES PRESS

图书在版编目（CIP）数据

中国的价值观／韩震等著. —北京：中国社会科学出版社，
2018.7（2019.12 重印）
（理解中国丛书）
ISBN 978 – 7 – 5203 – 2861 – 6

Ⅰ. ①中… Ⅱ. ①韩… Ⅲ. ①社会主义建设—价值论—中国 Ⅳ. ①D616

中国版本图书馆 CIP 数据核字（2018）第 156358 号

出 版 人	赵剑英
责任编辑	王　茵
特约编辑	孙　萍
责任校对	郝阳洋
责任印制	王　超

出　　版	中国社会科学出版社
社　　址	北京鼓楼西大街甲 158 号
邮　　编	100720
网　　址	http：//www.csspw.cn
发 行 部	010 – 84083685
门 市 部	010 – 84029450
经　　销	新华书店及其他书店

印刷装订	北京君升印刷有限公司
版　　次	2018 年 7 月第 2 版
印　　次	2019 年 12 月第 2 次印刷

开　　本	710×1000　1/16
印　　张	20
插　　页	2
字　　数	251 千字
定　　价	69.00 元

《理解中国》丛书编委会

出版前言

　　自鸦片战争之始的近代中国，遭受落后挨打欺凌的命运使大多数中国人形成了这样一种文化心理：技不如人，制度不如人，文化不如人，改变"西强我弱"和重振中华雄风需要从文化批判和文化革新开始。于是，中国人"睁眼看世界"，学习日本、学习欧美以至学习苏俄。我们一直处于迫切改变落后挨打、积贫积弱，急于赶超这些西方列强的紧张与焦虑之中。可以说，在一百多年来强国梦、复兴梦的追寻中，我们注重的是了解他人、学习他人，而很少甚至没有去让人家了解自身，理解自身。这种情形事实上到了1978年中国改革开放后的现代化历史进程中亦无明显变化。20世纪80、90年代大量西方著作的译介就是很好的例证。这就是近代以来中国人对"中国与世界"关系的认识历史。

　　但与此并行的一面，就是近代以来中国人在强国梦、中华复兴梦的追求中，通过"物质（技术）批判""制度批判""文化批判"一直苦苦寻求着挽救亡国灭种、实现富国强民之"道"，这个"道"当然首先是一种思想，是旗帜，是灵魂。关键是什么样的思想、什么样的旗帜、什么样的灵魂可以救国、富国、强国。一百多年来，中国人民在屈辱、失败、焦虑中不断探索、反复尝试，历经"中学为体，西学为用"、君主立宪实践的失败，西方资本主义政治道路的破产，"文化大革命"的严重错误以及 20 世纪 90 年代初世界社会主义的重大挫折，终于走出了中国革命胜利、民族独立解放之路，特别是将科学社会主义理论逻辑与中国社会发展历史逻辑结合在一起，走出了一条中国社会主义现代化之路——中国特色社会主义道路。经过最近三十多年的改革开放，我国社会主义市场经济快速发展，经济、政治、文化和社会建设取得伟大成就，综合国力、文化软实力和国际影响力大幅提升，中国特色社会主义取得了巨大成功，虽然还不完善，但可以说其体制制度基本成型。百年追梦的中国，正以更加坚定的道路自信、理论自信和制度自信的姿态，崛起于世界民族之林。

与此同时，我们应当看到，长期以来形成的认知、学习西方的文化心理习惯使我们在中国已然崛起、成为当今世界大国的现实状况下，还很少积极主动向世界各国人民展示自己——"历史的中国"和"当今现实的中国"。而西方人士和民族也深受中西文化交往中"西强中弱"的习惯性历史模式的影响，很少具备关于中国历史与当今发展的一般性认识，更谈不上对中国发展道路的了解，以及"中国理论""中国制度"对于中国的科学性、有效性及其对于人类文明的独特价值与贡献这样深层次问题的认知与理解。"自我认识展示"的缺位，也就使一些别有用心的不同政见人士抛出的"中国崩溃论""中国威胁论""中国国家资本主义"等甚嚣尘上。

可以说，在"摸着石头过河"的发展过程中，我们把更多的精力花在学习西方和认识世界上，并习惯用西方的经验和话语认识自己，而忽略了"自我认知"和"让别人认识自己"。我们以更加宽容、友好的心态融入世界时，自己却没有被客观真实地理解。因此，将中国特色社会主义的成功之"道"总结出来，讲好中国故事，讲述中国经验，用好国际表达，告诉世界一个真实的中国，让世界民众认识到，西方现代化模式并非人类历史进化的终点，中国特色社会主义亦是人类思想的宝贵财富，无疑是有正义感和责任心的学术文化研究者的一个十分重要的担当。

为此，中国社会科学出版社组织一流专家学者编撰了《理解中国》丛书。这套丛书既有对中国道路、中国理论和中国制度总的梳理和介绍，又有从政治制度、人权、法治，经济体制、财经、金融，社会治理、社会保障、人口政策，价值观、宗教信仰、民族政策，农村问题、城镇化、工业化、生态建设，以及古代文明、哲学、文学、艺术等方面对当今中国发展和中国历史文化的客观描述与阐释，使中国具象呈现。

期待这套丛书的出版，不仅可以使国内读者更加正确地理解一百多年中国现代化的发展历程，更加理性地看待当前面临的难题，增强全面深化改革的紧迫性和民族自信，凝聚改革发展的共识与力量，也可以增进国外读者对中国的了解与理解，为中国发展营造更好的国际环境。

赵剑英

2014 年 1 月 9 日

目　录

如何理解中国的价值观

所谓价值，无非就是事物对于人的意义。所谓价值观，也就是人们关于什么样的价值对人有何种意义的看法。即使在没有"价值"和"价值观"这样的概念的情况下，人们也有自己的价值观，即关于是非曲直的标准或规范。中国前贤们所关注的"成己""成人""成物"的理想追求，实际上就有价值意义的预设，没有这种价值预设，人和万物的存在、活动便失却其意义。实际上，中国古代的所谓"礼"就是一套调节人们社会生活的价值体系。"夫礼者，所以定亲疏，决嫌疑，别同异，明是非也。"（《礼记·曲礼上》）按照礼的标准言行，就是践行社会的价值观了。礼，就是告诉人们如何处理自己与他人的关系，以什么样的态度对待生死，用什么样的规范看待义利，用什么样的尺度评价家国和天下之事。这就是所谓修身、齐家、治国、平天下，"修身践言，谓之善行。行修言道，礼之质也"（《礼记·曲礼上》）。在当时，遵循这套价值体系和价值观，就能够得到社会的认可，就能够保障社会的安定有序。

作为是非曲直的规范，价值观就成为社会成员自觉调节社会生活和社会行为的规范。凡属人类社会，都有着基本的共性，因而许多价值具有普遍的意义，如善良、正直、诚信、公正……但是人类的社会生活都是基于不同的时空展开的，由于面临不同的自然环境和生产方式，因而不同的民族对价值及价值观会有不同的理解，同一个民族在不同的历史阶段对价值及价值观也会有不同的理解，同一民族中的不同的成员甚至同一个人在不同的历史时期对价值及价值观也有不尽一致的理解。如果价值观的理解都像对水分子的构成、水的沸点那样一致，那就不必研究价值观了。价值观问题的一个重要特征就是，任何价值不同的人都会有不同的理解甚至是相互冲突的理解。譬如，人们都追求公正，但是在阶级社会统治阶级理解的公正与被统治阶级理解的公正是完全不同的。古希腊哲学家柏拉图认为，统治阶级、武士、劳动者各尽其职，不相互僭越，就是公正。柏拉图的公正观就与现代公正观相去甚远。在中国也是如此，如对"天下"有"溥天之下，莫非王土"（《诗经·小雅》）的价值观，也有"大道之行也，天下为公"（《礼记·礼运》）即天下为天下人的天下的价值观。

  本书讲的"中国的价值观"，是基于中华优秀传统文化所形成的中华民族的价值观，也是当代中国人民在共同的社会实践基础上所形成的价值共识。这些价值观既是中国人民共同的价值观，也是每个中华儿女的价值追求。这种价值观追求人的幸福、社会的福祉和文明的进步，因此与世界其他国家和民族的价值观有许多的共性。中国人饿了也要吃饭，困了也要睡觉，累了也要休息，也愿意过自由自主的生活，中国人也有自己的喜怒哀乐，中国人也有自己的价值理想和追求。这与其他国家和民族没有多少不同。

  我们通过历史与现实的双重阐释，梳理出中国的价值观演化的历史谱系，展现中国的价值观具有时代气息的生活基础或生活世界。从中大家就可以看到，中国古代就有的"不患寡而患不均"的价值追求，如何经历了现代性和社会主义观念的洗礼，一步步凝练成为"平等""公正"的价值观；还可以看到，中国古代就有的"王子犯法，与庶民同罪"的价值追求，如何经过现代社会治理思想的淬炼，终于构建成"法治中国"的价值观。大家从中还可以看到，1840 年以来，外敌入侵和凌辱的历史体验，特别是反法西斯战争中的巨大民族牺牲和抗日战争的胜利，让中国人多么重视民族独立、人民富裕和国家强盛。

中国人民最大的期盼就是实现中华民族的伟大复兴，建成富强、民主、文明、和谐的社会主义现代化国家。这个目标是鸦片战争以来中国人民最伟大的光荣与梦想，是符合全体中国人民的最高利益和根本利益的，占世界 1/5 人口、超过 13 亿之众的中华民族的一切奋斗归根到底都是为了实现这一伟大目标。在古代，中国曾经是世界上具有领先地位的经济强国，后来在世界工业革命发生深刻变革的时期，中国因固守旧规丧失了通过革新与世界文明同发展的历史机遇，落到了被动挨打的境地。尤其是鸦片战争之后，中华民族更是陷入积贫积弱、任人宰割的悲惨状况，中国人民受尽了欺侮凌辱。这一段惨痛的历史悲剧绝不能重演！建设富强、民主、文明、和谐的社会主义现代化国家，是我们的价值目标，也是我们的价值理想和责任。

要理解中国的价值观，首先要到当代中国人民的社会实践和社会生活中去找根源。中国特色社会主义的探索与实践，让一个积贫积弱的文明古国焕发了青春，取得了举世瞩目的经济成就，这毫无疑问地给中国的价值观打上了深深的烙印。实际上，社会主义就是基于一种崭新的价值理想而产生的，即建立使每个人都能够得到自由而全面的发展的社会，建立基于生产资料公有制的公平正义社会。我们经常批评某些人拿他们的价值观来对我们指手画脚，但是社会主义从不排斥民主、自由、人权这样的价值，而是从社会发展的角度去考虑这些价值的合理性基础和实现的条件等问题。因此，中国特色的社会主义不是抽象地谈人人有投票权的所谓民主，而是实现人民在经济、政治、文化和社会权利方面当家做主，中国特色的社会主义民主是让窄化了的仅有周期性投票权的民主变成具有广泛权利的人民民主；当代中国也特别重视人的自由而全面的发展，因此才希望把自由建立在社会公平的框架下，离开社会公正的自由，只能是强者压迫弱者的自由即资本压榨劳动的自由；中国的价值观不是排斥人权，而是让人民的权利基于现实的可实现的基础之上；中国不仅从个人的角度去看人权，而且也从社会的角度去看待权利，如果人人相互尊重权利，这就是人人平等的法治框架下的公正和谐社会。社会主义的和谐价值观，是包含了人权价值且超越于人权价值的价值观；社会主义的公正价值观，是包含了个人自由价值且高于个人自由价值的价值观。

要理解中国的价值观，还要了解中华民族的历史探索和文明演化过程，了解中华民族的文化根基和精神传承。中华民族 5000 多年文明史，中国人民近代以来 170 多年斗争史，中国共产党 90 多年奋斗史，中华人民共和国 60 多年发展史，改革开放 30 多年探索史，这些历史一脉相承，不可割裂。脱离了中国的历史，脱离了中国的文化，脱离了中国人的精神世界，脱离了当代中国的深刻变革，是难以正确认识中国的。如果一个民族、一个国家没有共同的核心价值观，每个人各吹各的调，莫衷一是，无所依据，那这个民族、这个国家就无法作为一个文明整体前行。为什么中华民族能够在几千年的历史长河中顽强生存和不断发展呢？很重要的一个原因，就是中华民族有一脉相承的精神追求、精神特质、精神脉络。中华文明上下绵延数千载，凝铸了独特的价值体系、思维方式和精神气质。中华优秀传统文化已经成为中华民族的基因，植根在中国人的内心，潜移默化地影响着中国人的思想方式和行为方式。我们今天提倡和弘扬的核心价值观，就是过去价值理想的时代转化和阐释的结果。比如，中华文化强调"民惟邦本""天人合一""和而不同"，强调"天行健，君子以自强不息""大道之行也，天下为公"；强调"天下兴亡，匹夫有责"，主张以德治国、以文化人；强调"君子喻于义""君子坦荡荡""君子义以为质"；强调"言必信，行必果""人而无信，不知其可也"；强调"德不孤，必有邻""仁者爱人""与人为善""己所不欲，勿施于人""出入相友，守望相助""老吾老以及人之老，幼吾幼以及人之幼""扶贫济困""不患寡而患不均"，等等。像这样的思想和理念，不论过去还是现在，都有其鲜明的民族特色，都有其永不褪色的价值。这些思想和理念，既随着时间推移和时代变迁而不断与时俱进，又有其自身的连续性和稳定性。作为生于斯长于斯的中国人，我们有着日用而不觉的共同的价值观，"讲仁爱、重民本、守诚信、崇正义、尚和合、求大同"是基本的共性特征。当代中国的核心价值观，就是对中华优秀传统文化的传承和升华。

要理解中国的价值观，也要面向社会未来历史发展进程的方向加以阐明。价值观本质上不是对当下状态的认可，而是带有理想性的应然维度。我们一方面不能抛弃传统，割断自己的精神命脉；另一方面也不能停下前进的步伐，忘记理想的召唤。不忘本来才能开辟未来，善于继承才能更好创新；但是善于创新的文化才真正有未来，在这个意义上创新才是最好的继承。由此，我们要深入挖掘和阐发中华优秀传统文化"讲仁爱、重民本、守诚信、崇正义、尚和合、求大同"的时代价值，同时也要在价值的拓新上下功夫。中国封建社会发展出了一套完整的价值观和价值体系，不仅有道德层面的价值观，如"仁义礼智信"（五常），而且有反映社会制度性质的社会规范如"君为臣纲、父为子纲、夫为妻纲"（三纲）。"五常"可以成为我们进行时代阐释的价值资源，但"三纲"就如同西方的"君权神授"一样，是与历史步伐成反比的价值了。显然，历史地反映封建主义社会等级制的价值观是"三纲"，即"君君臣臣、父父子子、夫夫妇妇"；而反映调节人民生活的道德是"五常"，即道德生活的规范性要求，以达到"怀仁义以相接"。在欧洲中世纪，封建统治者也宣扬君权神授，认为人是分等级的，贵族是上帝的选民，地位天然地高于平民。正是针对封建主义等级制的价值观，法国大革命中第三等级提出了"自由、平等、博爱"的价值观，新的价值观就是新兴资产阶级反抗封建主义等级贵贱价值观的思想武器。我们的核心价值观是面向未来理想社会的，因此，在继承中华民族优秀传统文化的同时，必须把反映等级社会的价值观涤荡清除出去，培育和弘扬符合历史发展方向的社会主义价值观。核心价值观必须着眼于人类历史发展的前进方向，必须反映社会发展的要求，只有这样才能与历史进步的节奏合拍。

要理解中国的价值观，同样还需要在中国与世界各国日益密切的交流互鉴中加以体悟。中华文化历来就是在与其他文化的相互激荡中发展的。中华民族历来就有天下一家的开放胸襟，有协和万邦的气度。不仅在古代，中国就与世界各国进行了多方面的交流互鉴，从中学到许多东西，经过消化吸收转化为中华文化的成果，例如佛教的传入、西域的音乐，而且近代以来，西方的文艺复兴、启蒙运动、资产阶级革命、工业革命等，特别是马克思主义和社会主义的理论，都深刻地影响和改变了中国的面貌。中国人对国家富强目标的追求，显然是受了欧美的影响，才有了更强烈的动力。自由、平等、民主、法治等价值，显然有浓厚的欧美影响，但最终也是在中国人民启蒙和解放的双重运动中逐渐清晰起来。当然，中国也可以对世界价值观的发展做出自己的贡献。譬如，中国人和而不同的价值观，可以成为调节国际关系的最佳规范。我们主张"万物并育而不相害，道并行而不相悖"（《礼记·中庸》），这要比霸权思维和价值观合理得多，也公正得多。中国梦绝不是世界霸权梦，而是和平共处、合作共赢的梦。正如习近平强调的："中国梦是奉献世界的梦。'穷则独善其身，达则兼济天下。'这是中华民族始终崇尚的品德和胸怀。"① 和谐价值观更是中华民族对人类社会的伟大贡献。对内，我们构建和谐社会，实现祖国的和平统一、繁荣富强；对外，我们主张和平发展，实行平等交往、互惠互利。不同的民族、不同的国家，由于所处的发展阶段和空间条件不同，从而发展出不同的文化，对问题的看法也就不同。应该采取和而不同的理念，这样世界才能和平。中国的和谐价值观具有现实的、普遍的世界意义。

总之，自古以来，中华民族的优秀文化就深深熔铸在以爱国主义为核心的团结统一、爱好和平、勤劳勇敢、自强不息的伟大民族精神之中，并且孕育了具有中华民族独特意识、品格和气质的价值观念体系。但是，民族精神或一个民族的价值追求是对民族现实的历史创造性活动的引领和反映，它必然对特殊的时代性问题做出回应，从而必然带有一定的时代烙印。只有反映时代性特征和要求的文化，才能有时代性的影响力，才能形成现实的有积极价值取向和生命力的文化。只有在这种历史与现实的相互映照中，我们才能理解和体悟中国的价值观。

---

① 习近平：《在中法建交 50 周年纪念大会上的讲话》，2014 年 3 月 27 日。

第 一 章

中国传统的价值观

◇ **第一节 追寻生命内在意义**

关于人如何安身立命、实现自身的人生价值，中国传统哲学坚持"天人合一"的立场与"内在超越"的价值实现路径，这也是中国传统价值哲学最基本的特征之一。

一 天人合一

中国哲学一般将人间秩序和道德的价值归源于"天理""太极""道""自然"等本体，以天道作为人道的基础，故"天人合一"是中国传统哲学价值观的"核心"理论。

中国先哲没有把价值归结为仅仅是主体的欲望、需求，而将之看成每个事物本身所具有的固有属性。一般说来，价值问题不能仅限于社会的价值和人自身的价值这个层面，而要上升至天地、宇宙价值的高度，即"人道"要上升至"天道"的高度。人则禀承此"天"或"道"而有"性"与"命"，个体的人安身立命、实现自身的人生价值，就是要追求人与天的合一。中国哲学家们将"天"作为宇宙本体，并赋予其伦理含义；同时又将"人"抽象为一个总体性范畴，概括为一种普遍性的精神存在。在此基础之上，他们从世界本原上说明了天与人的相合，并论证了天人合一的结合点在于"太极""理""心""性""诚"等，为天人合一提供了理论上的依据。

例如，《道德经》认为，有一种根本的存在，它先天地生，混混沌沌，听之寂寞无声，看之虚廓无形；亘古亘今，不改其性，独立长存，循环往复，运行不息，为天地万物化生的根本。对于这样一个根本性的存在，没有人知道它的名姓，姑且称之为道，或者泛称之为"大"。

道是生生不息的。道化为一，宇宙发生。一分为二，阴阳始成。阴阳两气交融而生三，三则意味着万物化成。万物千差万别，但总内涵阴阳的相互作用，阴阳相互作用，故事物变化无穷。天下万事万物之所以生成，有其原因，这就是道；万物生成之后，各具自己的本性，这就是德。德是道的体现，是道的殊相。道是一种形而上的理体，其因万物而成形，因天下大势而成就自己的现实存在。万物都体现着道与德。道之所以为尊，德之所以为贵，不是因为道、德自身对万物有一种权威和命令，这都是出于万物各自的天性，是自然而然的。道是万物发生的原因，蕴藏着万物生成、收藏的本性；万物生成、发育、成熟，包括其延续和终结，无不有道在其中发生作用。道生生不已，但没有私意去占有万物；道蓄养万物，但不居功自傲。这是一种境界深而远的道德，道就具备此种境界和道德。

道不仅是现实的、显现的存在，即"有"；它也是一种潜在，即"无"，这种潜在与现实相对应，构成了道的属性。其中，任何一个方面的属性都不可能概括道的全体，故"道可道，非常道；名可名，非常名"①。道亘古亘今。当道先天地而存在时，它是"无"，"无"虽然不是实体，却是实实在在的存在；实在可以是潜在，亦可以是现实，虽然是"无"，却可能生"有"，道由潜在演化为现实存在，即是"有"。

道通贯"有""无"，是有与无的统一。道，当它作为现象存在、作为"有"时，是明明白白的；当它作为潜在、作为"无"时，则是窈窈冥冥的。道有"常无"的一方面，亦有"常有"的一方面。"常无"，是说道以一种潜在的方式而存在，当以这种方式存在时，它是玄妙莫测的；"常有"，是说道以一种现象的方式而存在，当以这种方式存在时，它是清晰明白的。

道先天地而生，但道又是一个展开的过程，这个过程既是道由潜在向现实的过渡，也是由现实向道自身的回归；由道可能发展出非道，非道亦可以返于道，这是一种循环。人是道的产物，秉承有道性，故道大，人亦大。人的历史发展可以反映、体现道的存在。从自然界到人类社会，都处于不断的运动、变化和发展中，这其中存在着道的作用。正因为道亘古亘今，所以，我们通过执掌远古以来的道，就可以驾驭当今的万有。通过洞察万物大化伊始之情，就能把握大道造化生成万物的规律。

中国哲学与文化所讲的天道，就其内涵而言，实际上反映、折射的是活生生的现实生活。因其能反映现实生活，故能指导现实生活。现实在天道本体的价值理想的引导下，能不断规正自己的发展方向；天道本体的价值也在规正现实的过程中显现出来。同时，本体的天道

---

① 《道德经》第一章。

因其能不断反映现实生活，故其内涵也就生生不息，从而能不断得到丰富和发展。正因为如此，价值世界与现实世界之间的不断互动，在使现实世界的文化生成不断得到规范的过程中，也能使价值世界本身的文化理念不断得到升华和发展。

故中国哲学家所关注的"成己""成人""成物"的理想追求，一开始便有德性本体这一价值理念的预设，没有此价值理念的预设，人和万物的存在、活动便失却其意义。此预设之价值理念，便是人类社会、自然宇宙所应达到的目标，因此价值不仅存在于主体，亦存在于客体，还存在于主客体的相互作用的关系中。在中国，价值并不仅仅是某种属人的关系范畴，更是属于实体的范畴；德性即是本体，德性本身即是终极价值之源。

中国哲学从本质上说，即是价值哲学。因为其哲学体系建立的主要基础是价值判断，它认为终极实在是一个至善的存在，整个世界包括人类社会在内，皆是此至善理念统摄下的世界，其发展趋势即是回归于这一至善世界。应该说，中国哲学中的主流观点，皆认同此至善的价值本体。如程朱理学关于"天理"的探讨、象山心学关于"本心"的讨论，都希望从中发掘价值的起源和本质，他们的观点虽有所不同，但都把德性理解为一种本体存在，它可以表现在人，也可以表现在物，故从"亲亲"到"仁民"，从"仁民"到"爱物"，皆体现至善的德性本体；而"仁者"与"天地万物为一体"，也是从这个意义上来讲的。

中国哲学家们一般认为，在事实世界之上尚有一个价值的世界。关于价值世界与事实世界的关系，价值世界是事实世界的基础和归宿，虽然两个世界有时对立，但究其根本，则应该一致。价值世界相较于事实世界而言更为根本，事实可能合于价值，也可能与价值相违；与价值相违的事实，是应该被摒弃的。

二　内在超越

与将价值本体实质化、形式化、外在化的理解有所不同，中国哲学一般认为价值本体内在于每个个体之中。个体实现自身价值，即是与价值本体的相合，故对于个体之人实现自身人生价值，中国传统哲学家所做的独特思考一般是走"天人合一"的内在超越之路。

在中国哲学看来，每一个个体的人都禀承有普遍的道性，每个个体的人都是一个小宇宙，是整个大宇宙的一个缩影和折射，是自足自为的。每个个体的人都可以通过修己之德，达到与大道的相通。这种"天人同构"的思想，即是中国哲学走"天人合一"的内在超越之路重要特点的一个表现。

《道德经》认为，道与德相守，道与器合一，体与用合一，个体的人能通向宇宙，与天地万物成为一体，与道相合。道通贯于个人及家、国、天下之间。道遍及万物，这就体现了善于建立而不可能被拔起的道理；道容纳万物，这就体现了善于抱持无从脱离的道理。如果人遵循道这种建德抱一的真理，就可以传家久远，子孙祭祀不绝。通过以道德来修身，这样道德才能落到实处；以道德来齐家，其家必有余庆；以道德来润泽乡邻，道德才能得到发展；以道德来治理国家，道德才可以丰大而盛；以道德来引导天下民众，道德就可以普及于众生。所以，通过个体的方式来体验道德的存在，可以推己及人；通过家庭的方式来体验道德的存在，可以映鉴其他家庭的情况；通过乡里乡邻的方式来体验道德的存在，可以映鉴其他乡邻的情况；通过一国实践道德的情况，可以映鉴其他国家的情况。人人皆认同的道德标准，可以衡量天下之人心。人心中具有一种价值自觉的能力，每一个人都可以通过修己之德，而与天道的本体合一。

中国传统哲学一般把人当作目的而非手段，强调凸显每一个个人的道德精神和价值。中国哲学家们分别赋予"天"以"诚""心"和"性"的含义，突出人在宇宙中的本体性价值，凸显人在宇宙中的中心地位，凸显社会发展中人的目标，体现了以人为本的价值。中国哲学家们认为天地宇宙间，存在着一种至善的本体，此本体或谓"天理"，或谓"仁""诚""本心"，人因情欲之蒙蔽，不能在现实中呈现他们所具有的"天理""本心"，因而现实的人和社会皆有不完善之处，价值与事实之间存在着巨大的差异，他们主张通过人的修养工夫，如"先立乎其大"，或"格物致知""即物穷理"，来实现天赋予人的价值。修养就其应有之义而言，当指以一定的价值评判为基础，主体自觉修养符合价值理念要求的"心"与"行"，"心"指精神和思想、情感、道德意识等，"行"则是指人在社会生活、生产中的活动方式，以达成完善人格的过程。

因此，中国的哲学家们大都认为，价值的实现离不开个体的自觉；个体通过有目的、有意识地不断深化自己的道德意识和道德理性，培养自己的道德情感，坚定自己的道德信念，从而能够自觉地从事道德修养，践行某种道德义务，履行自己对他人或社会所应负的责任。为此，中国哲学探讨了修养德性之善的种种方法，为每个个体之人的完善提供了基本的价值原则和尺度。

三　修身成己

在中国传统价值哲学中，儒、道是由本土文化中诞生出来的两种不同理论形态，这两种文化形态构成了中国传统价值哲学的重要支柱。儒、道对于个体价值的实现，有着不同的理解，其个体修养的实践与工夫也有着不同的表现形式。

（一）君子人格与大丈夫

儒家探讨的一个重要问题是人生境界和圣贤气象问题。通常，儒家将个体生命的价值实现与对"仁""义"的追求结合在一起，生命的意义在于求仁、行义，在求仁、行义中成就君子人格与大丈夫精神，并以成圣、成贤为期。君子人格、大丈夫精神乃至成圣、成贤也因此成为儒者的人生追求目标。这种理想人格与成圣、成贤的人生价值追求，既强调治国、平天下的"经世""济民"，也强调个体的心安理得、安乐闲适的内在精神"超越"，这也就是其所追求的"内圣外王"。其中，"内圣"又成为"外王"的基础，而"内圣"的内在精神"超越"，便包含有个体的身心健康这一最基本的诉求。

1. 敬以直内，义以方外

先秦儒家的主要代表人物是孔子。孔子所处的春秋时代，周王室已经式微，一些诸侯王纷纷起来争霸，周王朝所确立的政治、经济和社会文化制度都遭到了严重破坏，孔子认定这是"天下无道""礼崩乐坏"的时代。他认为要解决这个时代问题，首先应该致力于缓和当时社会的矛盾，恢复社会的和谐与稳定。孔子希望依靠"礼"来解决这个问题，但孔子也认为，礼治的基础是"仁"，"仁"首先是个体道德修养的依据，它既是德性本体，也可以表现为个体之人的一种精神境界，以"仁"为本，表现出来，则有"忠恕""孝悌""礼""义""德""信"等各种外在的道德行为。

形式和内容、本质与表现需要有机统一起来，一个人如果没有本质的仁爱之心，即所谓"不仁"，他怎么能很好地制定、遵守"礼制"呢？一个人如果"不仁"，他又怎么能很好地用"乐"呢？故作为德性本体的"仁"是社会礼乐制度的基础。

孔子要求每个人都要修养自己的仁爱之心，人们禀承这种仁爱之心，在日常生活中，就能"孝悌"，孝敬自己的长辈；在政治生活中，就能爱惜民力，为政以德；在个人道德修养方面，就能以礼来约束自己，不做于礼不合、于心不安的事；在人际交往中，就能推己及人，有同情心，能理解别人；自己想有所成就，也帮助他人有所成就；自己想开拓、发展，也帮助他人开拓、发展；自己不能忍受的，也不把它强加在别人头上。

春秋时期，社会阶级矛盾尖锐，孔子将之归结为"仁"心的缺乏，并希望以"仁爱"来解决社会所存在的种种问题。应该说，孔子"仁"的个体修养和价值实现学说，对当时的统治者而言尤其具有特别的意义。

孔子认为，统治者实施"德政"是以统治者自己的仁德之心为基础的，因此，孔子要求统治者"修己""正身"，"修己以敬"，"修己以安人"，"修己以安百姓"①。在他看来，所谓政治，无非就是端正统治者自己的身心。统治者率先端正了自己的品行，那么，又有谁敢不端正呢？统治者自己的行为正当，不发布命令也没有关系，百姓都会以他的行为为榜样；统治者自己的行为不正当，他发布命令也没有人听，因为上行下效是很自然的。所以，治理一个大国的窍门不过是要求统治者修养自己的"仁爱"之心，严肃认真地对待政事，讲究信用，爱惜民力，节俭并宽以待人。

在《论语·里仁》中，孔子说"德不孤，必有邻"。《周易·文

---

① 《论语·宪问》。

言》解《坤》六二爻辞时说："直其正也，方其义也，君子敬以直内，义以方外，敬义立而德不孤。"《文言》承孔子之说，认为"直"即存心之正，"方"乃行事之义；所谓"敬以直内"，即要使自己的心专注于仁、义、礼、智等德性培养而不放逸，"义以方外"就是要使自己所发出的行为皆符合仁、义、礼、智等道德规范和准则，如此则能"大"，即使自己的德行如大地一般广大。我们认为，"敬以直内，义以方外"的思想，恰当地概括出了孔子学说的精神旨趣。

2. 浩然正气与大丈夫精神

孟子是战国中期儒家学派的主要代表人物。关于个体安身立命的修养，孟子强调每个人皆要培养自身的"浩然之气"，做一个顶天立地的"大丈夫"。

孟子说："我善养吾浩然之气。"① 对于什么是浩然之气，孟子认为仅用语言去描述，是很难说清楚的；如果要勉强对之加以解说，则这种浩然之气常常与仁义、正道相匹配，是人们践履各种仁义之行后所生出的一种身心修养的状态。这种状态表现为一股凛然正气，它至大至刚，可以充塞于天地之间；当然，如果人的行为不妥、心中有愧，就很难表现出这种浩然之气，甚至会觉得自己非常空虚、乏力。所以，任何人都不可能偶尔或侥幸得到这种浩然之气，而只能用正当的方法去培养它；且在这个过程中，不能对仁、义有丝毫的伤害。既然浩然之气由内在于每个人心中的仁、义等所生发，故告子以仁、义等为外在规范的说法就不能成立。

在孟子看来，若有人想培养自身的浩然之气，就要修养自己的心地，时时发明自己的良知本心，汲汲而为之，这就是"必有事焉"，

---

① 《孟子·公孙丑上》。

不如此则可能产生"不及";当然,也不能人为地、有意识地去助长它,为了做好事而去做"好事",所谓"勿正",即这个意思。如果刻意地为了做好事而去"做好事",则可能会有所"过";过犹不及,如此则不能保证其所发合于中道。所以,人们若想培养自身的浩然之气,一方面要"心勿忘",另一方面又要"勿助长"。

孟子并不否认人有自然欲望,他认为人与禽兽等动物在很多方面其实是没有什么区别的。但是,人们又都不愿意别人称自己为禽兽,而更愿意被称作"人",这又是为什么呢?孟子认为,人与禽兽之间存在着一个根本的差别,这就是人具有天赋的道德性和道德感。为此,孟子提出了他著名的"人性善"主张,并以人"乍见孺子将入于井"所生起的"恻隐之心"来证明。

当某个人看到一个小孩子爬到水井的边沿、快要掉到井里去的时候,他的心不由自主地会产生紧张、揪心的感觉,内在自然地会生出一种"怵惕恻隐"之心,孟子认为这完全是出于其人之为人的本性,他将这个"怵惕恻隐之心"称为"不忍人之心";除了"恻隐之心"之外,人们与生俱来的还有"羞恶之心""辞让之心""是非之心"。

孟子认为,有些人不能或不愿意存养自身本有的善性、善心,反而将其所固有的"恻隐之心""羞恶之心""辞让之心""是非之心"放逐、丢失,于是,人世间便有了善人与不善人的区分。因此,"学问之道无他,求其放心而已矣"①,一个人只要能"求其放心",将其放逐、丢失的善的本性、本心找回来;或自然顺应其先天本有的善心、善性而为,就能成为一个德性完满的人。

孟子又提出"大丈夫"的理想人格。有人曾对孟子说,战国的张

①　《孟子·告子上》。

仪、公孙衍等纵横家真可以称得上是大丈夫，他们一发怒，诸侯王们都害怕；他们安居下来，则天下的战火就熄灭了。孟子却认为，张仪这些人根本称不上大丈夫，真正的大丈夫，当住在天下最宽广的居处——"仁"之中，以"仁"为自己心灵之宅；站立在天下最中正的位置——"礼"之上，以"礼"的名分来规范自己的行为；走在天下最开阔的大路——"义"之上，在日常生活中实践着"义"的道理。得志的时候，引领、教化百姓循着正道前进；不得志的时候，也独自坚守自己的价值理想。"富贵不能淫，贫贱不能移，威武不能屈"①，这样的人才配称为大丈夫！

3. 化性起伪，虚一而静

先秦另一位著名儒者荀子生当战国晚期，他对当时的政治、社会环境非常不满意，认为战国是一个"浊世"，孔子的"大道"不明于世，诸侯兼并、亡国乱君一个接一个，乱俗之风炽盛。荀子有志于阐明孔子的"大道"，他希望在现实中能够化人性之恶，确立一套行之有效的礼、法制度，使"涂之人可以为禹"②。

荀子认为："人之性恶，其善者伪也。"③荀子要"制名""定名"，以"礼""法"来约束人性之恶。他认为，如果没有"礼""法"等来约束，顺人性之"恶"自然发展，就会产生争夺而使天下大乱：人生来便喜好对自己有利的事情，这是人的本性，如果顺着这个恶的人性发展，社会就会产生争夺，辞让之风就没有了；人生来便有妒忌、愤恶、厌憎之心，顺此恶性发展，则社会就会充满残暴、劫掠，忠诚、诚信之风就没有了；人生来便有喜好声色之心，顺此发

---

① 《孟子·滕文公下》。

② 《荀子·性恶》。

③ 同上。

展，则社会充满淫乱之风而没有礼乐之秩序。故顺人的性、情之恶，必然会发生争夺，造成对社会秩序和礼仪条理的破坏，而会有暴乱之事的发生。所以，需要用"礼""法"等来教导民众，这样才能使社会合于文明之化而使国家得到治理。这就好比弯曲的木头必须依靠矫正然后才能正，不锋利的刀剑需要经过磨砺才能锋利一样，人之性恶也需要经过教化，才可能由"恶"归于正。人如果没有礼义、法度的引导，就会趋于险恶而不走正道，制定礼义法制就是为了矫正人之恶性、恶情，使之向善，这样，社会才能得到治理，从而合于道。人之情性贪利而希望有所得，假如有分家资、财产这样的事情，如果顺从人的贪利之性，则兄弟之间都会发生严重的争夺；如果受礼义、规范的教化，那么即便是没有亲缘关系的普通人也会互相谦让。因此，通过"化性起伪""隆礼重法"，就可以将人性恶的方面引导到善的方面来。

通过制"礼"作"法"，化人性之"恶"，社会井然有序，此为天下有"道"的表现。为了更好地遵守"礼""法"，荀子又提出"虚一而静"[①] 的人生修养之方，即通过虚心、专心、静心，使每个人皆能循礼、法而行，从而得"大清明"，合于大"道"，更好地"隆礼重法""化性起伪"。

4. 和顺于道德而理于义，穷理尽性以至于命

先秦文献中，《易经》是非常重要的经典。

《易经》的哲学思想得到了《易传》的充分阐释。在《易传》看来，圣人作《易》的最终目的就是"和顺于道德而理于义，穷理尽

---

① 《荀子·解蔽》。

性以至于命"①，故《易传》②以《易经》为一部讲宇宙根本原理和人生修养法则的书，其中包含有儒家君子人格修养的重要内容。

关于个体安身立命，《易传》首先强调人们进德修业要"自强不息""厚德载物"，如《周易·象传》谓："天行健，君子以自强不息"；"地势坤，君子以厚德载物"。《易传》认为，天地有一个最大的德行，就是生息了人和万物，所谓"天地之大德曰生"，"生"就体现了天地对人和万物的"仁爱"。天地大化流行，生生未尝止息，不断展示其对人与万物的大爱；人既禀受天命之"仁爱"于其心，亦当效法天道生生之仁，自强不息，参赞天地之化育，不断展示自己对他人和万物的爱，永不停息。同理，大地既深厚又宽广，能够包容、承载、成就万物，君子亦当效法地道的厚实与宽广，培厚自己的德行，增强自己的能力，使自己如同大地一样能够承载重任；包容他人和万物，使之各畅其志。

在《易传》的《系辞》篇中有"三陈九卦"之说。所谓"三陈九卦"，就是从《易经》六十四卦中选取九卦，三次对九卦中所包含的个体修养法则进行阐释。如它以《履》卦之义讲君子如何循礼而行的道理，以《谦》卦之义讲君子如何行"谦"，以《复》卦之义讲君子犯错之后如何复于正，以《恒》卦之义讲君子如何恒久地守正，以《损》卦之义讲君子如何自损其不善，以《益》卦之义讲君子如何施益于人，以《困》卦之义讲君子在遭困时如何守操，以《井》卦之义讲君子当如井水源源而出那般修养道德、居守道德，以《巽》卦之

---

① 《周易·说卦》。

② 通行本《易传》是对《周易》的解释之书，计有《彖》《象》《系辞》《文言》《说卦》《序卦》《杂卦》七种、十篇；近现代以来，另有竹简《周易》、帛书《周易》、帛书《易传》等若干种文献出土、问世。

义讲君子如巽风一般因顺、申命，展示自己的美德。

《易传》认为，《易经》"穷神知化""钩深致远"，旨在探寻事物变化的规律、法则，人的思想修养与行为实践应该与这种法则相应。如《否》上乾、下坤，阳在上，升而不降；阴在下，降而不升，阴阳相背离、不相交合，乃闭塞不通之象；君子观此象，当收敛自己的才德，避开此乱世，不可以享受荣华、俸禄，免得与小人同流合污。"山下有风，蛊。君子以振民育德"，《蛊》上为艮山、下为巽风，故为山下有风之象，狂风为山所阻则激荡回环，草木无不败坏，君子以此"象"比喻社会风气败坏，要想振奋民心，必先培育其美德。"风雷，益。君子以见善则迁，有过则改"，《益》上为巽风、下为震雷，风烈则雷震愈甚，雷激则风势益烈，风雷相得益彰，君子观风雷相益之象以修身，见人有善则如风之拂，必虚心学习之；见己有过则如雷之震，必发心改正之，如此则道德可以得到日益完善。

5. 和而不同，允执厥中；格致诚正，修齐治平

《礼记》是先秦至汉初儒家解释《礼》经的一部文集总汇，《中庸》《大学》乃《礼记》中的两篇，很受后世儒者的推崇。关于"中庸"的"中"，一般认为有适中、中和，不偏不倚，无过无不及的意思；"庸"则有平常的意思。

《中庸》提出了个体修养中的"慎独"原则和"致中和"的理念。上天赋予每个人的禀赋叫作"性"，人们遵循自己天赋的善性而行叫作"道"，依"道"的原则修养叫作"教"。人与"道"不能有片刻的分离，能与人分离的就不能算作道了。正因为如此，君子即使是在别人看不见、听不到的地方，也时刻谨慎、畏惧，唯恐自己所作所为不能与道相合。每个人具体修养做工夫时，都会发现，越是在隐秘、细微的事情上，越能体现出自己是否能够真诚与道相合。所以，

君子在一个人独居的时候，也是要十分谨慎的，这就是所谓"慎独"。

根据《中庸》的观点，"喜怒哀乐之未发，谓之中；发而皆中节，谓之和。中也者，天下之大本也；和也者，天下之达道也。致中和，天地位焉，万物育焉"①。若人人都能达到"中和"，则整个社会中，大家都心平气和，社会与自然界也能相和谐，天下就太平无事了。

《中庸》强调君子修养自己要时刻保持中道，无过无不及。孔子认为，中庸是一种美好的德行与修养方法，一般人不容易做到中庸。当然，儒家认为"中庸"与"乡原"是有区别的。所谓"乡原"，就是无原则的迎合，四面讨好、八面玲珑，其行为看似不偏不倚，却违背了中庸之道的根本。故孔子说："乡原，德之贼也"②，孟子也说："同乎流俗，合乎污世，居之似忠信，行之似廉洁，众皆悦之，自以为是，而不可入尧舜之道，故曰'德之贼'也。"③ 所以，真正的中庸之道，应有内在的道、义主乎其中，正所谓"君子和而不同"④，"君子之于天下也，无适也，无莫也，义之与比"⑤。正因为有"义"在，君子在处理事物时就能够以"义"为标准，仔细权衡，做出符合中道的行为。

《大学》则提出了修身的"三纲领"和"八条目"之说，其"三纲领"指"明明德""亲民""止于至善"，所谓：

---

① 《礼记·中庸》。
② 《论语·阳货》。
③ 《孟子·尽心下》。
④ 《论语·子路》。
⑤ 《论语·里仁》。

　　大学之道：在明明德，在亲民，在止于至善。知止而后能
定，定而后能静，静而后能安，安而后能虑，虑而后能得。物有
本末，事有终始，知所先后，则近道矣。①

　　大学是相对于小学而言的"大人之学"。通常，古代儿童八岁入
小学，学习"洒扫应对进退、礼乐射御书数"等基础知识与礼节；十
五岁入大学，学习"穷理正心，修己治人"学问。故大学的宗旨在于
使每个人皆能弘扬自己本有的光明正大的德行，每日的修行都要去
恶、从善以自新，使自己的道德日臻于至善的境地。人们知道止于至
善的道理，则其心有定向、志有所属，如此则志向坚定而沉着、安
静，沉静则能心神安定，心定则能思虑周详，思虑周详则能于修身有
所收获。所以，每件事皆有本末与终始，知止为始，能得为终，以此
修行，则能合于道。

　　《大学》所说的"八条目"，指格物、致知、诚意、正心、修身、
齐家、治国、平天下。那些想在天下弘扬光明正大德性的君子，先要
治理好自己的国家；想要治理好自己的国家，先要使自己的家庭、家
族和睦、有序；想要管理好自己的家庭，先要修养自身的品性；想要
修养自己的品性，先要端正自己的心，使心无邪念，不为欲望所牵
引；想要端正自己的心，先要使自己心意诚实，能够如实展示自己的
良知本心而不自欺；想要心不自欺，就要充分发挥良知本心为身、物
之主宰的作用，当心与物相接触之时，能灼见物性之理而不昧其心。
心格致万物，就能知万物之理；知万物之理，则能展示自己的良知、
良能而不自欺；本心良知得到充分展示，则能够使自己心无邪念而得

──────────

　　①　《礼记·大学》。

正；心正则能修身，培养好的品性；品性端正才能处理好自己家庭、家族的事；能处理好自己家庭、家族的事，才能够治理好国家；治理好国家，天下才能够得到太平！故每个人都要以修养自身的品性为人生的根本目的。如果修养自身品性这个根本被扰乱，则家庭、家族、国家、天下皆不能治理得好。所以，要分清楚先后、轻重、缓急，不能本末倒置；如果轻视修身，而只重身外之事，则不能"知本"。所以德性可以润泽人的身心，存心仁厚则心胸宽广，身体自然能得安适舒泰。

《大学》也强调"慎独"在修身中的重要作用，认为要使自己的良知本心真实无妄地表现出来，主要在于不能自欺，也即不可以自己欺骗自己；而应当像厌恶恶臭的气味、喜欢美色一样，使良知、本心能从自己内心真实地发出，这样自己的心意才能真正得到满足。

6. 承天顺命，化性成俗；见善则迁，有过则改

汉代儒家一般将修身的根据上溯至天，从而建立起一套天人感应的神学目的论。如西汉时期的大儒董仲舒说："天者，万物之祖，万物非天不生。"① 上天的命令可以称为天命。天具有最美好的仁德，天是仁爱的，天被覆生育万物，既造化而生长它，又培养而成就它；天这种生长、成就万物的功业是不会停止的，终而复始，它的所有作为都是为人服务的。观察天的意志，包含着无穷的仁爱；人从上天那里接受天命，也应该取法天之仁爱而使自己成为仁爱者。但是，人性不经过教化则不能有所成就；人之欲望称为情，情不经过度量、抑制则不能得到节制。所以，人要很谨慎地承奉天意，以顺从天命；通过规正法度之宜，区别上下之礼序，以此来防止自己私欲的膨胀。

---

① 《春秋繁露·顺命》。

董仲舒认为，人性好比禾苗一样，善好比大米一样，大米是从禾苗来的，但禾苗并不完全是大米；善是从性来的，但性并不完全就是善。善与米都是人们禀承天的赋予，另外加工而成的，不在上天创造的范围之内。上天的创造是有一定限度的，局限于上天所创造范畴之内的叫作天性，超出这个范围之外的叫作人事，正因为人事是在天性之外的，故天性不能不成长为道德。

人性未可谓全善，如果不以教化加以扶持，其性就可能会颠倒陷溺、举止猖狂，而不能为善。董仲舒又提出，性就好像人的眼睛，当人在幽暗之处闭着眼睛睡觉时，眼睛是看不见的；一定要等到睡醒之后，来到光明的地方，才能看见东西；普通民众之性虽有善的资质而未能觉悟，就好像睡着了的人要在醒后才能看见东西一样。所以，人只有受了教化之后才能够成善；当人性还未觉悟时，只能说有善的资质而不能说是善。

说人性已经是善，这就等于说不要教化而顺其自然，这就不符合为政之道了。名是用来表示性的实际内容，性的实际内容就是性的本质；性的本质没有经过教化，不能为善。性是天生的质朴，善是圣王教化的结果。没有天生的本质，圣王的教育就无从感化；没有圣王的教育，质朴的性就不能变为善。所以，承天顺命、化性成俗，见善则迁、有过则改是圣王、君子的重要责任。

7. "变化气质""知行合一"

宋明理学对孔子先秦儒学有重要的继承、发展。宋明儒者皆重视个人的成德成性之学，并强调变化气质以达成之。

（1）"诚"与"中和"。如北宋理学的开山祖周敦颐认为，天道流行，造化生成天地万物，真实而无妄，故天之道为"诚"；人之道由天道而来，与天道相合，故人之道为"诚之者"。天、人以"诚"

相贯通，天道即太极，太极动而生阳、静而生阴，成天地万物和人之性，故周敦颐所谓"性"既包括天地万物之性，又包括人之性；人性有五类，即刚善、刚恶、柔善、柔恶、中，他强调人性修养要得其"中"，"中"即是"和"，"中和"就能合于仁与礼，故"致中和"为天下之达道、圣人之事业。

（2）"为天地立心，为生民立命，为往圣继绝学，为万世开太平。"北宋张载提出，天地之性至善至美，气质之性则因人气禀之不同而有善有恶；道德修养的目的，就是要克去气质之性中不好的成分，回复到至善的天地之性。为此，张载提出"变化气质"之说，认为每个人都要加强道德修养，经常改过迁善，使自己心中恒存仁爱。如果人的心意、行为皆合于仁爱，就可以成性、跻圣。张载又提出穷理尽性论，认为尽性是悟解和把握自身所禀天性的过程，通过尽己之性就能尽人和万物之性，达到道德的最高境界"诚"。每个人应以"志仁"为目的，使"仁善"实有诸己，并将之推广于身心内外、充塞于天地，这就是"信""美""大"，由此，则能成性、成仁；仁与性又不是抽象的概念，而是活泼泼地流行于天地，其运化不测则为"神"。张载强调士人当"为天地立志（心），为生民立道（命），为去（往）圣继绝学，为万世开太平"①，他根据其天地之性、太虚与气之说，认为天地之间一切人物皆气之所化，故人皆是我的同胞、万物皆是我的同伴，所以应该博爱所有的人，并及于物，这就是其著名的"民胞物与"之说，于其中体现出了一种宽广博爱的精神境界。

（3）"定性"与"识仁"。程颢认为作为人性本原的天理是至善的，但人一出生，除禀受天理之外，同时也禀受了不同的气质。人性

---

① 《张载集》，中华书局 1978 年版，第 320 页。

从本体上讲是至善的，但由于先天气禀、后天习染等的影响，有发展出"恶"的可能。故他所谓的"为学之道"就在于变化气质、去除习染。变化气质首先要"定性"，也就是要体会自身内在所禀受的天理，对之保持敬、思无邪的心态。他在《定性书》中就提出，要保持人性的本原之善，重要的不在于与外物完全隔绝，而在于待人、接物一循天理而行，这样，不管是动还是静，皆能得心态安定，其所禀受的本来之善也就得到了涵养。程颢又提出"识仁"，强调人不仅仅要在知性上达到对仁德的认识，更重要的是对这种仁德要有切身之体验。人生的意义就在于一切遵循理、义去做，不计个人之得失，如此，就能"乐天知命"，达成自己与他人乃至天地万物完全融为一体也即天人合一的境界。

（4）"涵养须用敬，进学则在致知。"与其兄程颢重视"定性""识仁"不同，程颐关于个体修养工夫，更加强调"穷理""主敬"。"穷理"即通过对具体形下事物之理的认识逐渐达到对形上普遍之理的认识。当然，程颐的"穷理"主要不在于探讨事物变化的科学法则，而在于对个体德性修养的认识和体验。他将"穷理"与"持敬"相结合，提出"涵养须用敬，进学则在致知"①，对于"敬"，他有一解释："主一者谓之敬，一者谓之诚，主则有意在。"② 故他所说的"主敬"与道家的"主静"有所不同，道家"主静"要求无为、清静，消除"成心"、不持成见，则万物之性自现；"主敬"则要求每个人于自心之中恒存"天理"，如此则心有所主，不至于被外物所引诱，从而能确保自己天理、善性长存于心。他强调通过持敬存"天理"来进行个体的修养。当然，程颐所说的持敬并不仅限于内心修

① 《程氏遗书》卷十八。
② 《程氏遗书》卷二十四。

养，"若只守一个敬，不知集义，却是都无事也。且如欲为孝，不成只守着一个孝字？须是知所以为孝之道，所以侍奉当如何，温凊当如何，然后能尽孝道也"①。个体的修养必须有对现实人伦道德的认识与践履，方可以真实不虚。

（5）"理欲之辨"。朱熹认为个体之人修养身心，要通过"存天理，灭人欲"来达到。因为人是理、气合一的产物，理在人身上体现为至善的人性，理与性需要通过人心才能得以显现。当人心不动时，它与理、性相一致，乃至善的存在；当人心活动后，便产生了情，情有善恶之别，与性一致的情，其内容为天理，谓之为"道心"；与性不一致的情，其内容为"人欲"，谓之为"人心"。善的天理与恶的人欲势不两立，所谓"人之一心，天理存则人欲亡，人欲胜则天理灭，未有天理人欲夹杂者"②。人们若要想做一个有道德的人，就应该在理、欲二者之间做出鲜明的选择，或存天理，或存人欲。每一个人在社会生活中，都有一个道德修养的使命，那就是保存、发扬自己至善的合乎天理的本性，而排除各种私欲，这就是理欲之辨。

（6）"尊德性"。心学的重要代表人物陆九渊不同意朱熹分理、气为二物，认为理即在心中，穷理也就是理会自己的本心："心，一也，人安有二心？"③ 他认为，人生修养就是体悟自己心中天赋的道德禀性，这就是"尊德性"；"恶"的生起是由于良知本心被遮蔽、污染，人们只要自觉地发挥本心的主观能动性，去破除遮蔽、污染，就能恢复至善的本心。从这个角度说，则善、恶只不过是心中念头的正当与不正当，心本身并不存在道心与人心的二分。当然，陆九渊所

---

① 《程氏遗书》卷十八。
② 《朱子语类》卷十三。
③ 《语录上》，《陆九渊集》卷三十四。

说的"心即理"中的心，指的是作为人的本体的本心，也就是人性，并不同于一般所说的情意、思虑之心。

（7）"致良知"与"知行合一"。明代王守仁则通过心外无理来消解程朱的天理，把外在的道德规范转化为内在的道德良知。他说：

> 心之所发便是意，意之本体便是知，意之所在便是物。如意在于事亲，即事亲便是一物；意在于事君，即事君便是一物；意在于仁民爱物，即仁民爱物便是一物；意在于视听言动，即视听言动便是一物。所以某说，无心外之理，无心外之物。①

于此，王守仁并不是说这个世界离开人心便无物存在，而只是说离开人心单独存在的物没有价值和意义。他更多地从价值论而不是从认识论的角度来理解世界的存在，故在他看来，整个世界不过是一个由人的本心、良知赋予其意义的世界，外在世界只有进入人的实践范围、进入人心之中才有价值和意义，离开人的实践、离开人心而存在的事物是无价值和意义的。

王守仁将程朱理学的"天理"转化为人心，以"良知"为心之本体，认为人进行道德修养也就是要把心中的良知呈现出来并加以扩充，落实到具体的行为之中。

> 心之良知是谓圣。圣人之学，惟是致其良知而已。自然而致之者，圣人也；勉强而致之者，贤人也；自蔽自昧而不肯致之者，愚不肖也。愚不肖者，虽其蔽昧之极，良知又未尝不存

---

① 《传习录上》，《王阳明全集》卷一。

也。苟能致之，即与圣人无异矣。此良知所以为圣愚之所具，而人皆可以为尧舜者，以此也。①

人是圣、是贤，还是愚不肖，关键在于是否能致其心所具之良知。能够顺应良知本心自然发展的是圣人，而那些愚、不肖之人的良知也并没有泯灭，它只是暂时被遮蔽而已，若能恢复其心所具之良知本体，他们还是圣贤。从这个角度来说，则良知永恒地存在于人心之中，它虽然会被遮蔽，却不会消失，只要顺应良知，人自然会在人伦日用中践履仁义之道，尽自己做人的职责。至于恶，不过是善的欠缺、过失，它并不是与"至善"对等的另一个本原。

王守仁认为良知是至善的本体，但心受外物引诱而生成之念头，则有善有恶，君子做修养工夫，不过是"为善去恶"。关于个体的道德修养与道德践履，王守仁提倡"知行合一"。因为人在对某一事物进行认识的同时，自然也会对这一事物在意志、感情上有所感应，产生一种或赞同或排斥的价值意向性，这个价值意向性不仅是接受外界信息的知，同时也是心理活动意义上的行。

王守仁将人心中的道德意向直接定义为行，实现了主观意识内的知行合一，而道德意向又和一般的纯粹知识不同，它具有将自身外在化的必然趋势和能力，这样，王守仁又实现了主观意识和外在行为层面上的知行合一。他说："知之真切笃实处，即是行；行之明觉精察处，即是知。知行工夫本不可离。"② 在王守仁看来，真知自然会行，笃行自然会知，两者是一体的，不能分成两个各自用功。

（8）"性日生日成。"明末清初大儒王夫之认为，天道化育万物，

---

① 《书魏师孟卷》，《王阳明全集》卷八。
② 《传习录中·答顾东桥书》，《王阳明全集》卷二。

皆一视同仁，无所选择，无所去留，无所谓善与不善的问题；而人类依阴阳合一之气为其本性，则存在继与不继的问题，继之者则善，不继则不善，稍有不善则恶就随之而起，这种区别就叫作"天道无择，而人道有辨"①。他以"天道无择"和"人道有辨"来区别天道与人道，认为人是自然的产物，不能违背自然的法则，此即"以人合天"；但人类又不同于一般自然物，具有高度的智慧，能自觉地修养自己以达成善的人生和善的社会。在此基础上，王夫之提出了"性日生日成"的养性说和"造命"论，提出人性乃由后天教育逐渐培养而成，"夫性者生理也，日生则日成也"②！环境、教育等因素对人性的养成具有重要作用。

应该说，在宋明哲学中，蕴含着极为深刻、丰富的价值理论思维的成果，影响后世至深至远。如"天理""本心""仁""诚"的价值本体思想；"先立乎其大""格物致知""即物穷理""涵养省察""知行合一"的道德价值修养之工夫；"义"与"利"、"道心"与"人心"、"理"与"欲"、"性"与"情"、"未发"与"已发"的价值评判思想；"厚德载物""乐天知命""与天地合其德"的价值超越境界等，对此加以符合时代和社会要求的阐发，对于建构当代人的价值观具有重要的意义。

（二）尊道贵德、逍遥自在

历史上的老、庄道家思想及后来由此演变出来的道教，非常重视个体生命的身心整体健康。通常认为，儒家思想一般重视对社会礼乐文明制度的建构，具有重制度文明的特点；道家精神重天道的自然、无为，认为人类社会的文明建构应该与天道相合，反对文明制度对人

---

① 《周易内传·系辞上》。
② 《尚书引义·太甲二》。

性的异化。

1. 虚灵玄静、清净寡欲

老子虽然对仁、义、礼等伦理规范的形式有一些批评，如其谓"大道废，有仁义；智慧出，有大伪；六亲不和，有孝慈；国家昏乱，有忠臣"①。但在他看来，社会中人文和文明的存在方式，实皆据道之自然条理而设，所以道家并不否认忠信、孝慈、素朴、笃厚、慈俭等价值理念的德性内容，只是必须走另外的道路，即"绝圣弃智，民利百倍；绝仁弃义，民复孝慈"②。欲在人伦或文明中保持住孝慈、忠信、慈俭等德性之本真内容，就须消解各种人文设定如仁、礼等的形式化之弊，防止内在于人与万物的"德"堕落为异化的形式，这种异化导致人的沦落、蜕变，故其强调要"尊道贵德"。

在个体的心性修养方面，道家更强调清静、无为。这与儒家的修养观略有不同，儒家一般持"情善论"的立场，人有七情六欲，在生活中，人们总会感受到喜欢、愤怒、哀伤、快乐、害怕、厌恶、欲求得到等种种情感，这些情感的发出，能否当于其理而合其度，是儒家所关切的；道家则要淡化人的情与欲，强调人要虚灵玄静、清净寡欲，就能返回到先天的道的状态。

在人的心性修养方面，老子的道文化精神认为心性本清净，而后天的、非自然的主观作为破坏了这种清净。个体的心性修养就是要遵循自身所具道性的自然无为，虚灵玄静，清净寡欲。

道家认为当时天下大乱，是因为人们情感中的私欲膨胀导致了争夺，由争夺而有战乱，因战乱而天下杀戮不断，灾殃连连。要解决这个问题，老子提出来一种理想的人格，这种理想人格具有善利万物、

---

① 《道德经》第十八章。
② 《道德经》第十九章。

处下不争、因势利导、随时而行、仁爱万物、诚实守信等品性，就好比是水，"上善若水"。水对于万物都是必不可少的，它哺育万物、利益万物，又从不居功自傲，不与万物争利，只是安然处于卑下、低洼之处，水的这种态度接近于道。

2. 逍遥无待、全性葆真

战国时期，庄子对老子的思想有所继承与发展。庄子强调逍遥无待、全性葆真。《庄子》所说"逍遥"，指宇宙万有皆各足乎其天性，虽其小、大、夭、寿有别，且性、命各异，然其存在之价值并无高下之别，只要能够充分发挥和实现其本性，都可以得到相应的"逍遥"。

庄子的愿望是每个人皆能过一种不受约束、自然逍遥的生活，此以"齐物"作为其理论基础。庄子认为，以道观之，万物一体，"道通为一"而物齐。庄子讲"齐物"，并非要消灭事物之间事实上的差异性，而是在肯定个体性、差异性的前提下，实现不同事物在价值上的齐一。庄子认为，宇宙万有千差万别，各有其不同的情性，此情性的存在皆有其合理性，如人寝于泥水湿处则可能得腰痛之疾，但泥鳅却特别喜欢泥水之湿；人认为漂亮的女人是美的，但鱼见她们却躲藏在水的深处，鸟见她们后高高飞走。千里马中的骐骥、骅骝，一日可驰千里，但让它们去捕鼠，还不如小小的狸狌，因为不同动物其善长的技能也是各不相同的；鸱鸺，也就是猫头鹰夜里眼睛明亮，可以撮蚤、明察毫末，但一到白天，则睁大其双眼也看不清自己面前的丘山，这是因为事物各具不同的性能。

在庄子看来，各种事物只要各自充分表现其性命之情，则它们在其存在价值实现之意义方面并无不同。万物只要各自实现其天然的性、命，则其在价值上就可以达成平等，此即所谓"以道观之，物无贵贱"。人之不能"齐物",皆由其执着于自己虚妄的价值分别而起。因为人们困于自己的有知、有欲,经常偏执于自己的私意分别,将自己的主观私意强加于物,也强加于己,因而自贵而相贱。庄子认为,宇宙万有虽千差万别,但又并行不悖,互补互成,构成一个统一的整体。在此基础上,人完全融于自然,回归人、兽、万物和谐一体的境界;各依自己的"道术"生存,"全性葆真",犹如"鱼相忘乎江湖,人相忘乎道术"①。

当然,对于如何修持并获得个体身与心的"逍遥",由先秦道家所衍生出来的道教对之有丰富的理论论述与修行实践。不过,不同道教派别因其所关注的侧重点有所不同,其观点及修持方法、路径也略有差异。

3. 先命后性

历史上,以北宋金丹派南宗的紫阳真人张伯端为代表的一派,主张个体心身修养的"先命后性"说,其持身心一元之说,以宝精、惜气、存神、修性、复命等为个体心身修持的主要手段。在张伯端看来,中国社会儒、道、释三教所重点关注的,都是人的性命也即身心和谐问题。在身心、性命问题中,关于身体方面的"修命"属有为,关于精神方面的"修性"属无为。从理论上讲,修行可从修性之无为开始,亦可从修命之有为开始,故修行可分为先性后命、先命后性两宗,有其先后阶次。

张伯端自己强调"先命后性",这首先是从修丹实效性的角度来考虑的。虚心、识心乃修性之事,实腹、炼铅乃修命之事。性命本不可分,但有先后之次。就人身而言,腹实则元精存,元精存则可以补

---

① 《庄子·大宗师》。

元气，有元气则可以旺元神，神旺、心虚则一尘不染，可以怡养天性。强调修身的"实腹"为先，原因之一在于人心不易"虚"。《论语》记载儒家圣人孔子自言年至七十才"从心所欲不逾矩"，这就说明修性的"心虚"之不易。至于实腹，则相对容易，只要能薄声色，寡嗜欲，保真元，护精气，则腹实可期。故丹道"先命后性"不过要人先聚神气之正以实腹，实腹能为识心、修性奠定基础。

当然，张伯端肯定道教身心和谐的核心是"性命"问题，故他也强调性命双修，认为性命俱了，方能混性命为一，从而与道合真。要以命制性，因命而见性。因为性必借命以为体，命必以性为用。故孤阳不立，独阴不成，体用双全，方为妙道。

4. 先性后命

另一派以金代道教全真派创始人王重阳为代表，继承先秦老、庄思想，主张个体的修持重在以精神修养为主，提出以全性、葆真为主要手段的心身和谐论。王重阳亦认为身心、性命问题是修行的根本。但若以宾、主论性、命，则身为命、为宾，心为性、为主。修行不能只修肉体，如果不知道修性，只知养肾、肺、心、肝、脾是不行的，因为身体不能做主，真性才是人的真正主人。修命不修性，达不到修行的目的。故王重阳论修行，不从炼铅、实腹的命功开始，而是从无身、无为的性功开始，强调修行只是无身、无为、无漏。因为只有心如虚空，身体才能阴阳和合；心不动则神静，神静再配合全精气，则内能觉性，外能养身，再加上施功德于民，就可以做逍遥之人。

"性先命后"并不意味着不重视修命，只不过王重阳认为性可兼命，修行最重要的是要认取真性，修行不能仅仅以外表的容光焕发为目的，更重要的是应该求得其赤子之心的呈现，此赤子之心即真心，真心呈现，真性亦随之而出，心性修养好了，身体自然就会发生变化。修行即是修心，心要端正，要除去情欲与妄意，使精神安闲自适。

总之，在中国传统哲学与文化中，每个个体性的价值实现与普遍性的天道是不能截然分开的。天或谓太极、天理、本心、良知、太虚、道不仅是价值之源，也是价值之本，即我们所说的价值本体。个体的人因其价值实现必与价值之本的天与道相联系，故中国哲学特别强调"天人合一"。同时，在中国传统哲学看来，个体的人也不是纯粹的原子式个体，每个个体皆内在地赋有普遍性的价值之本，个体的价值实现可由其自身来展示，每个个体只要将其所禀有的内在价值之本充分实现出来，就可以即身"成圣""成佛""成仙"。在这个过程中，并不会造成对个体真实性、独立性的抹杀。因为无论是道家所说的"尊道贵德"、《周易》所说的"乾道变化，各正性命"，还是宋明理学所强调的"理一分殊"，都认为天道、天理等价值本体的普遍性与个体存在的特殊性相贯通，个体是天道等价值观念的承载者，是价值本体充分的个性化，个体内在地即蕴含有普遍性的天道价值本体，然此天道的价值本体因与个体相结合，又具有了鲜明的特征。当然，这种独特性又不至于使个体的存在陷于原子式的、私人性的不可交通之深渊。例如宋儒所谓的"分殊"，指的是个体存有所得于本体的真实性质，在这个过程中，本体通过一种具体的存在形式来展示自己，这种展示具有一种特殊性、内在性；但是，这种特殊性、内在性又并不是与"理一"相排斥，好比北京颐和园昆明湖水中倒映的月亮影像，可能杭州西湖水中月亮的影像有所不同，这种不同首先就表现在其地理位置、空间是有差异的；然而，它们又都是对悬挂于天穹中的月亮本身的反映，其"理"为"一"，其"分"则"殊"。因此，个体的差异性并不意味着不同个体之间是封闭的、不相关联的；恰恰相反，不同个体之间因"理一"而具有共通性，因"分殊"而具有差异性，在差异性的"分殊"中，因"共通"性的存在，不同个体的存在之间才有达成整体和谐的可能。这也就是儒家所强调的"和而不同"的含义所在。

◇ 第二节 关注"群际"与"义利"

人们总是不断按照价值的目标去争取乃至实现、创造自己和社会的价值。社会实践是人的有意识、有目的的活动，于此活动中，人类力图建构一个"意义"的世界，并以此作为衡量人类全部活动合理性的标尺。在古代中国，对社会群体整体和谐、协调发展的理想社会状态的追求，是中国人民持续的价值理想。

一 仁爱、忠孝与贵德

古人认为，个体身心和谐的价值实现，和人与人之间普遍和谐所提供的社会条件是密不可分的。中国传统哲学在强调个人身心和谐的基础上，对于人与人之间的亲密相处也非常关注。

（一）儒家的观点

中国儒家文化对于如何处理人与人之间、社会不同阶层之间的关系，合理生存、生活的问题，做过颇多思考。

1. 仁爱、忠孝

儒家看来，"仁"首先是一种内在的道德、精神境界。由"仁"

发而在外，则有"忠恕""孝悌""礼""义""德""信"等各种外在的道德行为。孔子认为，要从根本上解决春秋时期的礼崩乐坏问题，必须要重视"仁"。礼制、孝悌、忠信等协调社会各种关系的制度和形式皆要以"仁"爱之心作为基础。形式和内容、外在与内在需要有机统一起来，一个人如果不"仁"，他怎么能很好地制定、遵守"礼制"呢？一个人如果不"仁"，他又怎么能很好地用"乐"呢？"仁"是社会礼乐制度的基础。

孔子认为"仁"，其基本的内核就是"爱人"，就是要有仁爱之心。秉承这种仁爱之心，在日常生活中，就能"孝悌"，孝敬自己的长辈；在政治生活中，就能爱惜民力，为政以德；在个人道德修养方面，就能以礼来约束自己，不做于礼不合、于心不安的事；在人际交往中，就能推己及人，有同情心，能理解别人；自己想有所成就，也帮助他人有所成就；自己想开拓、发展，也帮助他人开拓、发展；自己不能忍受的，也不把它强加在别人头上。从自己身边的小事做起，是实行"仁"的方法。"仁"的实施，可以使人际关系和谐，君敬臣忠，父慈子孝，邦家均无怨。

应该说，孔子"仁"的学说，更多的是针对统治者而言的。子贡问孔子，如果一个人能做到广泛地满足老百姓的要求，无私地帮助大家，怎么样？可以认为他达到了"仁"吗？孔子认为，这不仅仅是"仁"，应该说是"圣"啊！尧、舜这些大德都很难做到这样。孔子认为统治者应该循着百姓的要求，"因民之所利而利之"①，要"节用而爱人，使民以时"②，因此，孔子强调统治者不仅要修养自己的仁德之心，更要实行"德政"。

---

① 《论语·尧曰》。
② 《论语·学而》。

孔子认为，统治者实施"德政"，它的好处就好比北斗星有众星拱卫一样，会得到老百姓的拥戴。"德政"又是以统治者自己的仁德之心为基础的，因此，孔子要求统治者"修己""正身"。"修己以敬""修己以安人""修己以安百姓"①。政治在某种程度上就是端正统治者自己的身心，统治者率先端正了自己的品行，那么，又有谁敢不端正呢？统治者自己的行为正当，不发布命令也没有关系，百姓都会以他的行为作榜样；统治者自己的行为不正当，他发布命令也没有人听，因为上行下效是很自然的。如果统治者端正自己的品行，要把国家治理好是不难的。如果不能端正自己的品行，又怎么能纠正别人呢？所以，治理一个大国的窍门不过是要求统治者严肃认真地对待政事，讲究信用，爱惜民力，节俭并宽以待人。

孔子认为，通过"仁"的调节，社会就能达到一个理想的境界。在此理想境界里，"老者安之，朋友信之，少者怀之"②；"四海之内皆兄弟"③。"仁"是"礼制"等政治社会制度和道德行为规范的基础，也是先王之道的核心理念。虽然随着时代和社会条件的改变，礼乐制度等具体的内容和形式会发生变化，但"仁"的基本精神是不会改变的。

孔子的学生子张问，今后十代的事情我们现在可以知道吗？孔子认为，殷代承袭的是夏代的礼制，不过其中有所损益而已，所损益的部分，我们都可以知道；周承袭的是殷代的礼制，其中也有损益，这些我们也可以知道。如果此后有继周而兴起的朝代，就是延续一百代，对此我们也是可以了解的。

---

① 《论语·宪问》。
② 《论语·公冶长》。
③ 《论语·颜渊》。

　　社会历史的发展有没有一以贯之的内核？政治制度和社会文化有没有延续性，这种延续和发展是什么关系？对此，孔子也做出了自己的回答。他认为，每个历史时期并不是孤立的，一个历史时期总和以前的社会保持着联系，这种联系有两个方面，一是损，一是益，但损益都是建立在因的基础之上。因就是因循、因袭的意思。所以，子张问十世是否可知，孔子的回答是百世都可知，因为，商虽然取代了夏，但商的社会政治制度有很多是因袭夏的；周取代了商，但周的制度和文化也是建立在夏和商的文化基础之上的。这是孔子通过研究三代历史所得出的一个结论，认为历史的发展不是截然对立的，有一些因素是一直传续下来了，这种因素是不变的，孔子生活在东周末年，他自信继周而起的王朝，亦必然与夏、商、周有着基本精神相一致的制度和文化，这个基本精神就是"仁爱"。

　　儒家也特别强调忠恕。其中，忠指尽己的仁爱之心以爱人、爱物，通常指一种积极为人、诚恳的人格和道德修养；恕指推己以及于人，能理解别人，对人有同情心。如孔子很看重忠，强调人们要"居处恭，执事敬，与人忠"①；也看重恕，强调"己欲立而立人，己欲达而达人""己所不欲，勿施于人"②。通常说来，忠恕在儒家学说中被当作"为仁之方"，是实行仁的重要方式，也被当作仁的重要内容。此后，孟子也把忠作为儒家重要的道德价值规范，认为教人以善谓之"忠"。后世儒家对忠恕的论述更加系统，并将忠与尊君、爱国相联系，故"忠"成为中国封建伦理最主要的道德法则。

　　孝悌也是儒家重要的道德价值规范，孝指孝顺父母，悌指尊敬兄长。孔子及其弟子将孝悌看作"为仁之本"。孟子认为，孝悌乃人先

---

① 《论语·子路》。
② 《论语·卫灵公》。

天所具有的"良知""良能",每个人在孩童的时候就知道爱自己的双亲,长大后也知道敬爱自己的兄长,亲亲为仁,敬长为义。一个孝敬父母、敬爱兄长的人,才可能忠于国家,才可能取信于朋友,故孝悌又成为忠的前提,也是信的表达,故后世儒者常将孝悌忠信合起来使用。

2. "深察名号"

汉儒继承和发展了先秦儒学关于处理人与人、人与社会关系的价值思想,一方面,将孔子、孟子的仁义、孝悌、忠信等作为处理人与人、人与社会关系的重要价值理念;另一方面,又吸取荀子强调制度和价值规范对处理人与人、人与社会关系的重要作用,综合儒家的仁、义、礼、智、信,将之作为处理人与人之间关系的"五常"。

汉儒所谓"五常"既是人在处理人伦关系时必须遵守的准则,也是统治者永享天命的根本保证,不仅有道德义,还有政治义。如董仲舒就认为,仁义是"五常"的关键,仁的核心是爱人,义的作用是正我,仁之法在爱人不在爱我,义之法在正我不在正人;仁智相辅相成,仁而不智则不能知人,智而不仁则不能爱人;仁而不智,则爱而不别;智而不仁,则知而不为。故仁者所以爱人,智者所以除其害。汉儒提出的"五常"之说,在现代社会中也还可以赋予其新的时代意义,如现代社会倡导公民之间的爱心与助人为乐精神,与"仁"可以相契;其他方面,如公平、正义、见义勇为等与"义",社会角色与社会责任乃至于人与人之间的互敬、和谐的内容与"礼",充分发挥聪明才智、出色完成本职工作与"智",诚信、契约精神与"信",皆可以有所对应。

汉儒还提出"三纲"之说,认为在人与人、人与社会的关系中,最重要的即是君臣、父子、夫妇这三种关系，并分别以忠、孝、敬的价值观念来指导人们处理这三种关系。这种等级伦理价值观把中国传统宗法等级社会的基本人伦关系上升到了恒常不变的天道高度，对中国后世发展产生了深远影响。

要处理好人与人、人与社会的关系，汉儒认为亦要如孔子所说，进行"正名"，也即将个体的人纳入社会的整体，明确其在整个社会体系中的权利、责任与义务。如董仲舒提出要"深察名号"，他分别对社会中天子、诸侯、大夫、士、民五个阶层各自的名号、职分进行了分析，认为社会中不同阶层的人其名号各不相同，其社会责任亦各不相同。帝王接受天命，才有资格成为君王；接受天命的君王，其天命是上天所授予的，因此，以天子为自己名号的人，应该把天作为父亲来看待，用孝道来事奉天，依天之意来教导百姓；而以诸侯为名号的人，应该谨慎对待他所侍奉的天子，因为诸侯的"侯"，就是侍候的意思；以大夫为称号的人，应该格外忠诚，努力发扬礼义，因为大夫之所以称为"大"，就是他的品行必须超出于一般人（匹夫）之上，达到足以感化人的地步；士就是"事"的意思，就是要努力从事各项事业，因为士还不够教化的资格，只可以谨守自己的职责、服从上面的命令就行了；而民则是"瞑"的意思，需要有人来对之进行教化。从天子、诸侯、大夫、士到民这五种称号，表明了他们各自的职分，职分中的每一部分又各有其名，名比号更为众多，号以称呼事物的全体，名则是用来称呼事物的各个部分；号是概括的、大略的，名是具体的、详细的；名作为具体的，是把事物一部分一部分地区别开来，号作为概括的只是举出一个大纲。

董仲舒通过提出"深察名号"，对上至天子，下至士与民各自的职分，分别进行了不同的规定。"深察名号"的目的在于"正名"，依据"名"来区分、判断事物的是非真伪，如果现存的事物不符合名的规定，就应该纠正，这就是"正名"。用名来鉴别是非，实际上就是要用儒家的三纲五常、仁义忠孝等思想作为衡量社会制度是否合理的价值标准。

3. 礼义教化

宋明哲学家大都认为，理想社会的价值实现离不开"教化"。在"教化"中，教化者通过有目的、有意识地向受教者施加系统的道德影响，不断深化他们的道德认识，培养他们的道德情感，坚定他们的道德信念，使受教者自觉地从事道德修养，践行某种道德义务，履行自己对他人或社会所应负的责任。为了实现"教化"，宋明哲学家探讨了关于德性之善的种种表现和实现方式，为个体修养和社会完善提供了基本的价值原则和尺度，使之成为调整人自身、人与社会、人与自然等各种关系的行为规范的总和。

对于现实存在的一切人与事，宋明哲学家的主流基本认为，不能仅以一种功利的标准来进行衡量，而要上升到德性价值的标准。宋明理学强调，天理在人身上体现为至善的人性，天理与人性通过人心得以显现，人心不动之时，它与性、理一致，为至善之心；人心活动之后，性化为情，情则有善恶之别。故以善、恶为标准，可以将人心一分为二：一是道心，即与本性相一致的情，此则为善；一是人心，即与本性不一致之情，此则为恶。善者为天理，恶者是人欲。面对人欲横流、天理沦丧，宋明理学力倡理欲之辨，要"存天理，灭人欲"。天理的实质内容通常表现为伦理、宗法等纲常名教，人欲则通常表现为违反纲常名教的个人私欲，人欲任其发展，会导致社会上人与人、阶层与阶层之间的利益争斗，故从维护社会稳定的角度看，人欲应该克服。理学把"存天理，灭人欲"与"克己复礼"直接联系起来，认为只要天下人都做到存天理、灭人欲，都能遵循礼的规范，社会自然也就稳定有序了。

（二）道家的观点

1. "尊道贵德""道法自然"

道家认为，道、德作为人和万物所禀之天性，实质上规定了人和万物的生存、生活的各种价值准则，故要"尊道贵德"。

在道家看来，人与世间万物各有其天然的本性，人、物天性皆平等，故人"无弃人"，物"无弃物"。万物生成于道，各具有其"德"或性命，万物虽有形有象，迁流不息，但仍在流变中保有其德或性命之"常"。不要把人的意志强加于他人、他物，因任自然，而使人、物各自"归根"，自成其性。

在道家看来，自然是人类最理想的状态，也是处理人与人之间关系的价值准则。在自然的状态中，每个人都像初生婴儿那样无识无知，天真质朴。但是，文明的发展、知识的积累，却可能造成人无以返其性情而复其初的非本真状态。故"道法自然"，要用道的"自然"价值原则来矫治社会伦理的失序和文明对人性的割裂，以实现人的本真存在。

2. "至德之世""在宥天下"

庄子的理想社会是一种"至德之世"，"至德之世"以"齐物"作为其理论基础。庄子认为，宇宙万有虽千差万别，但又并行不悖，互补互成，构成一个统一的整体。在此基础上，他提出了自己的理想社会："至德之世"：人完全融于自然，回归人、兽、万物和谐一体的境界；人们各适其性，过着自然简朴的生活，不需要过度、异化的文明，山无蹊隧，泽无舟梁，没有私有财产，知作而不知藏，与而不求其报；人们同乎无知、同乎无欲，没有形式、教条的伦理原则和价值准则的束缚，所谓"不知义之所适，不知礼之所知"①。

庄子强调"至德之世"的纯朴、自然，故在治国之道方面，反对一切主观妄为的人治，主张不治之治。在他看来，最理想的政治治理方式在于无为、自然，所谓"闻在宥天下，不闻治天下也"②。"在"是自在的意思，"宥"是宽容的意思，认为圣明之君听任天下安然自在地发展，并不对天下进行主观妄为的所谓"治理"；只要天下人不泯灭其原本的真性，不改变自然的常态，则天下就用不上治理。圣君自身无欲而天下安，无为而万物化，渊静而百姓定。庄子认为主观妄为之"治理"，是一切动乱的根源。庄子崇尚自由、自然，在这种自由与自然中，人与人、人和万物皆和谐相处，是一种理想的社会存在方式。

二　和而不同与明分使群

中国古代关于处理社会各系统、各阶层之间的关系，形成了一些相当成熟的原则。

（一）和实生物，同则不继

在中国古代，如何使社会各阶层处于协调、融洽的状态，是统治者施政中重点思考的一个问题。如西周末年，政治统治出现了危机，一些有识之士开始反思为什么会出现这种危机，他们倾向于认为，之所以出现这种危机是因为社会政治矛盾激化，使整个社会失去了"和谐"，如史伯就认为，周后期的统治者由于不重"和"而重"同"，导致了国家的混乱。"和"指不同事物、不同要素的和合与统一，

---

① 《庄子·山木》。

② 《庄子·在宥》。

"同"则指相同东西的简单相加或同一。"和"与"同"的含义还是有较大差异的。

郑桓公是郑国的始封之君，曾在西周幽王时任周之司徒。他看到周王室多难，处于危机四伏的境地，为此深感害怕和忧虑，就问周太史伯，周朝的命运将会如何？应该怎么办才能摆脱这种困境？史伯认为，周朝衰败、戎狄的兴盛是必然的，原因就在于统治者抛弃明智有德之人而只亲近奸邪昏庸之人。这种行为上升到理论上，则是"去和而取同"。为此，史伯提出"和实生物，同则不继"①的观点，认为只有在"和谐"的政治环境下，社会和万事万物才可能得到发展；如果统治者一味地要求社会和万事万物必须和自己的意志"相同"，则社会和万事万物就会失去发展的生机。

史伯所谓"和"，指的是"以他平他"，就是说不同性质的事物和谐地组成一个统一体，这样事物才能得到丰富和生长；史伯所谓"同"，指的是"以同裨同"，就是说只有相同的事物在一起，事物只是简单地重复而没有变化，新事物也无从产生，所以"尽乃弃矣"。史伯反对"去和而取同"，为了论证他这个观点，他提出了一系列的论据：如自然界的百物都是"和合"金、木、水、火、土五行而生成的；调和酸、甜、苦、辣、咸五味才可能做出可口的饭菜；调和黄钟、太簇、姑洗、蕤宾、夷则、无射六种音律，才可能有悦耳动听的音乐；如此等等。

在社会政治方面，也是同样的道理。君王作为统治者，要以社会"和谐"作为治理的目标，要调和社会上王、公、大夫、士、皂、舆、隶、僚、仆、台十个等级和阶层人之间的矛盾，并以之来要求和教导

---

① 《国语·郑语》。

百官；要娶异姓之族的女子作为皇后，从持不同政见的谏臣中选取官吏，等等。只有这样，统治者才可能创造一个"和同"的政治环境，社会上下才可能"和乐如一"。史伯强调合理的社会应该是一个多样性和谐统一的社会，如果求同而不存异，则社会必乱。

史伯看到"和谐""统一"是事物发展中不可缺少的，故提出"和实生物"，这是当一个社会处于和平、稳定的发展时期所必须要予以强调的。唯有"和谐"，才能为发展创造一个稳定的社会环境；唯有多样性的统一，社会才不会单一，才能有所发展。

（二）礼之用，和为贵

孔子不满意春秋时期的社会现状，认为首先应该致力于缓和阶级矛盾，恢复社会的和谐与稳定。一个社会中，阶级和社会矛盾太尖锐了，是不容易治理好的，要治理好就必须要缓和矛盾，使社会各个阶层的利益都能妥善得到解决，孔子认为这要依靠"礼"，"礼"的作用就是用来缓和阶级、社会矛盾的。

礼的作用是为了促进社会的和谐。"礼之用，和为贵"①，不管大事、小事都要以礼来节制，这样才会有社会的和谐。和谐不是"和稀泥"，不能为了和谐而和谐，和谐要通过礼来规范和衡量，否则在现实中就行不通。如果在现实社会的治理中，不依靠礼治，而仅以政令来治理百姓，以刑罚来整齐、约束民众，老百姓也可能因此而避免犯罪，但不能因此而培养善恶、羞耻的观念；如果以德惠民，以礼齐民，则老百姓不仅能避免犯罪，而且能培养羞耻之心而恪守规矩。这就是所谓"道之以政，齐之以刑，民免而无耻；道之以德，齐之以礼，有耻且格"②。

---

① 《论语·学而》。
② 《论语·为政》。

如何来实行礼治呢？孔子认为，要通过"正名"来达到。若名分不正，所说的话让人听着就不顺当；以这种让人听着不顺当的话去指导做事情，事情也不容易做成；事情做不成，礼乐就兴不起来；礼乐兴不起来，刑罚就不能保证恰到好处；刑罚不能保证恰到好处，老百姓就不知道该怎么办才好。在这种情况下，怎么能治理好国家呢？所以，君子通过正名分，才可能更好地发布政令，这样的政令才可能得到执行。

（三）物生有两

当然，"和谐"并不意味着排斥"差异""矛盾"。如春秋时期，晋国的史墨提出了"物生有两"的哲学命题，更多地从事物矛盾的斗争性方面，论证了事物矛盾存在的必然性以及矛盾双方斗争对事物发展的促进作用。这与史伯所强调的"和谐"并不矛盾，因为"和谐"并不意味着没有差异、没有斗争、没有变化与发展。

史墨认为，万物生下来，有时是两个在一起，有时是三个在一起，有时是五个在一起，都有与自己相匹配的，这就是"两"，就是事物的"偶"与"对"。从自然界来看，天有日、月、星三辰，地有金、木、水、火、土五行，物体有左、有右，都各有与自己相应的矛盾对立面；从社会现象来看，君王与公侯相对，诸侯与卿大夫相对，也都离不开矛盾的对立与斗争。这种"两"的存在，使得事物必然地处于斗争与发展的过程中。

在自然界中，有"高岸为谷，深谷为陵"的现象，社会中当然也有"社稷无常奉，君臣无常位"的现象。史墨用"两"这个范畴来揭示事物及其内部的矛盾性，认为任何事物内部和事物之间，都存在着矛盾的对立面，矛盾对立面的斗争会推动事物的变化与发展，促使事物向与自己相反的方向转变，这种转变能推动事物向更良性、更合理、更高层次的"和谐"社会发展。

（四）"隆礼重法""明分使群"

在儒家中，也有强调以制度文明来协调、处理人与人之间关系的观点，这种观点更加重视价值规范的作用，重视制度文明的建设，如荀子对于处理人与人、社会不同阶层之间的关系，提出要"隆礼重法""明分使群"，即有此意。

人与人之间的关系为什么需要礼仪、法度等制度文明的规范、约束？荀子认为，这主要在于人不同于自然物、不同于禽兽。人是社会性的群居动物，虽然其力气不如牛那么大，也跑不过马，但牛、马最后却都为人所役使，这是因为人能够依靠社会、群体的力量而牛马不能的缘故。群体和谐则天下一心，天下一心则力量强大，力量强大则有力，有力则能役使自然物，故人是不能离开社会、群体的。

人以群胜物，无群则不能生存，但一个群体如果没有制度规范、没有价值准则，也就是说没有礼义名分，就会发生激烈冲突、就会有争端。因为人生来就是有区别的，如果抹杀这种区别，就会在人与人之间产生不平和争端，有争端就会造成混乱，混乱就会造成社会的离心离德，一个社会离心离德就会遭到削弱，社会削弱了人就不能胜于物，故人与人之间群居无礼无法则必乱。要避免出现这种情况，最好的办法就是"明分使群"。

"分"是人成为"群"所必需的，是社会存在和发展的基础。关于"分"，荀子认为主要包括两个方面：一是"明于天人之分"，因为天人各有其职，"明于天人之分"，人就能够知道自己所应尽的职责；一是明于人与人之分。荀子所谓礼、法等制度、措施的设想，主要目的就在于明于人与人之分，通过"隆礼尊贤""重法爱民"，从而达到天下大治。人与人的区分，在荀子看来，其重要内容就是礼义内外、父子、男女、上下的区分，即做到所谓君臣有义、父子有亲、夫妇有别。国家的命脉在于礼制，统治者重视礼制、尊崇贤人就可以称王，重视法制、爱惜民力则可以称霸于诸侯；如果贪爱利益、狡诈欺民则国家就有危险，如果以权术、谋略来暗害人则国家就会灭亡。故人与人之间要区分贤愚，要"隆礼尊贤"，使贤者居于愚者之上，选拔贤能之人不按他所处的等级、秩序，唯才是举；罢免懒散无能的人，不能有稍微的迟疑；诛杀凶恶之元凶，要态度坚决。名分未定则以父子长幼、远近亲疏之序以正之。虽然是王公贵族的后代子孙，但如果不能遵守礼义，就要将之划归到平常百姓的范围。相反，平常百姓的子孙如果能积累文化、学习各种知识，坚持正确的行为，能模范遵守礼义，就可以提拔他们做卿、相、士大夫。

荀子认为，社会价值理念不明，不修礼义，男女淫乱，父子相疑，君臣上下不同心等，都是人为的灾祸。人为的灾祸是最可怕的，故一个社会要想得到治理，必须要重视君臣、父子、夫妇之道，区分清楚各自的职责，君要尽君之职，臣要尽臣之职，父子、夫妇各尽其责，大家都做好分内之事，不怨天尤人、推诿责任，在此基础上，就能处理好人与人、人与社会的关系，从而达到社会稳定、天下大治。

（五）无为而无不为

道家强调社会生活、社会治理皆要法自然而行，这就是社会的最理想状态。具有上德的统治者在进行统治时，并不刻意去造作和经营，而是顺乎人之性和物之理，无为而治。道家之"无为而治"，不是指无所作为，什么都不做，而是指要顺着事物内在发展之规律而行，顺着事物之性情而动，这样才能"无为而无不为"。"无为"指的是不主观妄为。人如果不主观妄为，顺事物发展之规律而行，则能够做到"无不为"，即什么都可以做成功。道无主观之私意，不过是随顺人性、物情而施为，故能无所不为。统治者如果不以自己的私智来治理天下，而是顺天下万物之情来治理，则天下万物各得其治，这就是无为而治。故治理天下国家，应该本之于天道自然之规律，不能仅凭统治者自己的主观意志和人为。

应该说，道家并不反对一切文明制度，而是反对文明制度对人性的异化。文明制度是圣人根据人性、物情而制定的，其本性是自然而然的。如果这种文明制度过度膨胀，就会失却其本来的自然本性，以这种不合于道的、不自然的文明制度来统治人民，人民就觉得与自己的本性、与事物的情性格格不入，就会造成对人自然本性的压抑，会导致人的自然本性的异化。

三　义利、公私与群己

仅就处理人际与群际关系而言，义利、公私与群己等话题一向为人们所关注，成为中国传统价值观的重要问题。

（一）义利观

"义"最早见于甲骨文和金文中，繁体作"義"，从我、从羊，原有己之威仪、美善、适宜之意，后来逐渐成为表示"应该"的道德准则和规范之总称。一般说来，在我们的民族文化中，"义"就是宜，指适宜的意思，也即符合一定时代、一定社会要求的道德原则和范畴；"利"指利益。义利观之探讨，涉及价值的本源、价值的评判标准、价值的社会作用等问题。关于义与利，历史上有各种不同的观点。

1. "君子喻于义，小人喻于利"

以孔、孟为代表的儒家重义轻利。孔子提倡义，认为"君子义以为质"①，"君子义以为上"②，君子当重义轻利，忧道不忧贫，不能见利忘义，如果只是依从于谋利而行，在人际关系中，就会造成"多怨"的局面。

在孔子看来，君子与小人的区别就在于是否行义，"君子喻于义，小人喻于利"③，君子多行道义，小人则只懂得利。当然，孔子虽然罕言利，却并不一般地否认利，而是主张要"因民之所利而利之"④。孔子强调君子在利益面前要考虑其是否符合于义，符合义者可以取，不符合于义则不能取，认为君子当行义利之辨，要见利思义，即便自己长久地处于贫困，都不能忘记这一点。如此修养，人就可以成为一个君子。故见利思义也是"成人"的重要标准之一。

孟子把义看成由人的"羞恶之心"所生发出来的重要道德准则。他反对私利，其见梁惠王，说"王何必曰利，亦有仁义而已矣"⑤，认为君子不应以"利"为追求的目标，人们行动的价值目标要指向仁、义。孟子的义利观是对孔子的继承与发展。

2. "正其义不谋其利，明其道不计其功"

汉代以来，儒者开始将道德评价中的道义论与动机论相联系，贬斥功利。西汉董仲舒把义与仁、礼、智、信合而为"五常"，"五常"成为中国传统社会的基本道德规范。他说："正其道不谋其利，修其理不急其功"⑥，认为志士、仁人应当唯"仁义之道"是行，而不得以获取功利为行事的目的。

---

① 《论语·卫灵公》。

② 《论语·阳货》。

③ 《论语·里仁》。

④ 《论语·尧曰》。

⑤ 《孟子·梁惠王上》。

⑥ 《春秋繁露·对胶西王越大夫不得为仁》。

《汉书·董仲舒传》有一个记载，说董仲舒奉天子命，任江都易王之相。易王认为越王勾践有三个仁人辅佐他，这三个人即泄庸、文种、范蠡；易王自比齐桓公，也希望董仲舒像管仲那样辅佐他成就霸业。董仲舒不同意易王"越有三仁"之说，强调儒家即便是五尺之童子都羞于称五霸，这是因为五霸皆推崇诈力，而将仁义摆放在诈力之后的缘故。

3. "正其义则利自在，明其道则功自在"

一般说来，宋明哲学在价值评价问题上，崇尚以"天下之公利"为评价标准，主张以社会群体价值为主要之尺度，所谓"先天下之忧而忧，后天下之乐而乐"，他们皆严守义利之辨，认为道德价值高于物质利益。宋明理学家强调义，如程颢说："大凡出义则入于利，出利则入义。天下之事，惟义利而已。"[1]

朱熹继承董仲舒和二程的观点，认为义是君子理想人格的主要标准，"正其义则利自在，明其道则功自在；专去计较利害，定未必有利，未必有功"[2]，强调了重义的重要性。后来，宋明儒者在此基础上，又提出"存天理，灭人欲"的价值观。

应该说，儒家学派主流的观点是重义轻利，认为人们在实际生活中，遇到物质利益问题时，应该遵循道义来决定自己的取舍，而不能唯利是图，不讲原则，不讲道德。

4. 仁人当"兴天下之利，除天下之害"

当然，在义利问题上，也有不同观点的论争。如春秋时期的墨子与南宋功利学派，就不太同意儒家的观点。

墨子认为，所谓"义"即利人，利人是价值和道德评判的重要标

---

[1] 《河南程氏遗书》卷十一。

[2] 《朱子语类》卷三十七。

准。墨子提出，义之所以为天下之"良宝"，就在于"义可以利人"①。所以，志士、仁人当以"兴天下之利、除天下之害"，作为自己毕生的追求。

万事莫贵于义，贵义重在兴利。墨子说，如果有一个人在路边背负着重重的粟米，想要起身而行，却因担负过重而不能起身，这个时候，路过的人不论年纪大小、身份高低，看到这种情况，都会伸一把手、帮他一下，这就是义。所以，义不离利，无利则义为无用之虚语。在此基础上，墨子进一步提出"义贵于身"的观点，认为志士、仁人应当利人，在社会生活中践行"义"，为此甚至可以献出自己的生命。

南宋功利学派认为，义利是统一的，既要重视道德价值，也要重视物质利益。陈亮就反对性理空论，而主张倡行事功，持功利、道义并立论，认为"功到成处，便是有德；事到济处，便是有理"②。讲求实际功利也是叶适的基本价值准则，他提出"义利并立"，强调结合"事功"讲"义理"。清儒颜元主张"正其谊以谋其利，明其道而计其功"③，他说："盖正谊便谋利，明道便计功……全不谋利计功是空寂，是腐儒。""世有耕种而不谋收获者乎？世有荷网而不计得鱼者乎？"④

（二）公私观

义利之辨通常与公私之辨联系在一起。在公私之别上，中国传统哲学认为，二者既有国与家之分、人与我之分、物与我之分，还有公与私之分。中国传统价值观既承认个人的利益，也承认他人、社会的

---

① 《墨子·贵义》。
② 《致陈同甫书》。
③ 《四书正误》卷一。
④ 《言行录》卷下。

利益，认为个人利益的实现不可能离开他所处的社会，要把个人利益与公共利益相协调，把个人发展与社会发展相统一。

1. "义与利，只是个公与私"

应该说，在先秦时期，功与利是两个概念。功作功绩、功效讲，与作为动机的"志"相对应，指人们行为的效果；利与义相对应，指人们得到的利益。孔子与孟子皆重道义，在道德评判的标准上，主张重义而轻利，或者说义而后利。

宋明儒者倾向于将义利与公私问题联系在一起。如程颐就曾说："义与利，只是个公与私也"①，程颐重义，但辨别何者为利何者为义、何者为公何者为私，则需要有深刻的思考。如，历史上，有孔子"尊周"与孟子"勉齐、梁以王"两件看似矛盾的史实，程颐认为这两件史实虽事迹各异，但精神是一致的。孔子所处的时代，周之典礼尚存，循之可以达致天下之治，所以，孔子救世则要尊周，要求各诸侯王维护周天子的权威；孟子所处的时代，周之典礼不存，天命已坠，民不以周天子为主，故孟子济民则要"勉齐、梁以王"，鼓励齐国和梁国之君"王天下"。事各不同，但体现的精神皆是"公"，是一致的。

程颐考察历史时并不是完全不考虑功效性，在符合道义的大前提下，程颐认为功效性和功利的原则是必须要予以考虑的。程颐否认价值的评判标准具有主观性，他坚持认为价值的评判标准是客观的，这个标准具有"公"的特征，所谓"公"，就是一种道义，这个标准具有永恒的价值。

陆九渊在义利之辨上以动机决定是非，这和他在修养途径上尊德性以道问学是一致的，是他心本体论在人生哲学上的必然推演。陆九

---

① 《河南程氏遗书》卷十七。

渊就《论语》中"君子喻于义，小人喻于利"一章做了解释。在他看来，专务求利的行为固然不对，但一些人仅停留在口头、知识层面上的"义"，也不是真正的义。好比有些人满口仁义道德，干的却是卑鄙的事情；还有的人表面上按照"义"行事，实际却是出于达到自己私欲的目的而利用义。陆九渊认为，真正的义是自己心灵深处的一种德性，义是从动机上讲的，它是人们一切感情、知识、行为的根本依据。若存心谋私，即使终日读圣贤之书也是不义之举。陆九渊认为，若把义外在化，就不能把握义的真谛；他的人生观更重视内在的动机，以立志为本，将朱熹的本体之理纳入人心之中，抛弃了对与道德修养、道德践履无关的物理、人情的探求，直接在人心上下工夫，在人的行为动机上辨是非。①

2. "公而不党""贵公去私"

老庄及道家非常重视"公"，认为"公"是通向"道"的重要途径，《老子》云："知常容，容乃公，公乃王，王乃天，天乃道，道乃久，没身不殆"②；而《庄子·天下》称颂彭蒙、田骈、慎到之学"公而不党，易而无私"。

《管子·心术下》提出："圣人若天然，无私覆也；若地然，无私载也。"《吕氏春秋》提出"贵公去私"，其书中专门有《贵公》《去私》两篇，认为圣王治天下，必将公正、无私放在首位，"昔先圣王之治天下也，必先公。公则天下平矣，平得于公"③；天下之失在于"不公"，也即"偏私"，"尝试观于上志，有得天下者众矣，其

---

① 详见李景林、郑万耕主编《中国哲学概论》，北京师范大学出版社 2010 年版，第 296 页。

② 《道德经》第十六章。

③ 《吕氏春秋·贵公》。

得之以公，其失之必以偏"①，其《去私》篇，举尧、舜不传位于子，祁黄羊外举不避仇、内举不避子等例子以明古人如何去私，认为"天无私覆也，地无私载也，日月无私烛也，四时无私行也。行其德而万物遂长焉"②。

在公私关系上，中国传统哲学资源相当丰富，如"天下为公""廓然大公""大公无私""以公克私""循理而公"等。一般说来，中国哲学在价值评价问题上，崇尚以"天下之公利"为评价标准，主张以社会群体价值为主要之尺度，所谓"先天下之忧而忧，后天下之乐而乐"，他们皆严守公私之辨，认为公胜于私、道德价值高于物质利益。这些观点一般认为，国家发展、社会进步将会为保障个人利益的实现创造更多、更好的条件；个人在为国家做奉献、对其他社会成员承担必要义务的同时，也实现着自己的价值。

（三）群己观

人们所过的社会生活是一种群体性生活，群体性的生活当有一定的规范，由此便产生了群己关系，故在中国传统价值观中，与义利、公私问题紧密关联的还有群己观。

1. "推己及人""以德服人"

在历史与现实生活中，当个人的行为可能危害到他人和社会时，群与己的关系就显得非常重要，需要认真对待。对于处理个人、群体之间关系的原则，孔子强调"己欲立而立人""己欲达而达人""推己及人"，将他人看作目的，而不是为了实现、满足自己私人欲望、利益的工具。

孟子强调处理人际关系，当首推"德"而非"力"。在群体中，

---

① 《吕氏春秋·贵公》。
② 《吕氏春秋·去私》。

要"以德行仁""以德服人",而不能相反,以"霸道"或是凭借武力来压服人,使别人来为自己的利益服务。因此,在理想的"王道"社会里,小德之人听从于大德之人,小贤者听从于大贤者;而在"霸道"社会里,则小的服从大的,弱者服从强者。

2. 斥虚去诈、率性而行

不同社会群体皆由单个的人所组成,个人虽然是社会的人,却也是有个性的"自己",实现社会的进步,要充分发挥个性、尊重个性,而不能压抑个性。故先秦道家的老子即认为,群体中所实行的文明制度,乃是圣人根据人性、物情而制定的,其本性是自然而然的;社会要尊重人的个性,不能让形式化的制度扭曲人的个性与自由。如果人为地使制度的内在精神与外在形式相脱离,则这种文明制度就会失却其本来的自然本性,以这种不合于道的、不自然的文明制度来约束人民,人民就觉得与自己的本性、与事物的情性格格不入,就会造成对人自然本性的压抑,会导致人的自然本性的异化。

应该说,老子并不绝对地排斥制度,并不排斥人们过群体的社会生活,他只是认为在创立了名分和制度之后,在使用这些名分和制度的过程中,要掌握好限度。

关于群己关系,在中国历史上主要有这样几种认识。

一是主张个人至上,社会服从个人。如战国时的杨朱学派就曾提出:"拔一毛利天下而不为。"①

二是社会至上,个人服从社会。如近代康有为认为,人类社会和种种苦难源于世界所存的九界,即国界、级界、种界、形界、家界、

---

① 孟子说:"杨子取为我,拔一毛而利天下,不为也。"(《孟子·尽心上》)当然,此说亦体现了杨朱"重生""贵生"的思想,即不愿以身之"一毛"以换取"天下",因天下再贵重,仍然属于外物,不若身之一毛。

产界、乱界、类界、苦界，消灭此九界，人类就可以进入"大同"世界。

三是社会与个人组合成一个有机体，社会需要个人的效用和从属，社会亦要为服务于个人而存在。如明末清初三大家之一的黄宗羲在其名著《明夷待访录》中就认为，治理天下就好比是拉拽大木头，在前面拉的人唱着号子用劲拉，在后面的人则和着号子用劲往前推，前后呼应；君与臣、民，就相当于是共同拉拽大木头的人，君主就相当于在前面拉的人，臣与民就相当于在后面推的人；天下、社会是所有人的天下，故天下之治乱，并不在于某一姓之兴亡，而在于黎民百姓之忧乐，每个人都应该有以天下为己任的责任感。

◇ 第三节　胸怀家国天下

在中国的哲学、伦理与政治理想中，有许多内容展示了中国思想家们对治国理政及处理国与国之间关系的论述。他们的思考，对中国传统文化的特质产生了深远的影响。

一　贵和少争

关于怎样避免因自己的愚蠢而摧毁人类文化与文明的成果这个问题，中国历代思想家皆做过深入思考。

一般说来，中国的道家哲学尤其崇尚和平，反对战争。春秋、战国时期，各个诸侯国为了自己的私欲，驱动百姓，战乱、杀伐不止，这在道家看来，是一个"不道"的世界。老子主观上反对战争，认为战争、武器、杀人等是凶险之事。他认为精良的武器是不吉祥的，为万物所厌恶，君子不能以自己掌握精良武器为荣，也不应该为了满足自己的私欲而来发动战争；即使善战、战则能胜的一方，也不应美化战争，因为美化战争会败坏人的道德，扭曲人的心灵，将在社会上倡导一种嗜杀成性的恶习，这种好战、好杀之徒，是不可能得志于天下的。

老子深刻认识到战争的残暴，强调不要为取得赫赫战功而喜悦。他甚至认为，即使是打了胜仗，获胜之师也要心怀悲哀，不奏凯旋之歌，而处之以丧礼。毕竟战争、杀人是整个人类社会的不幸。一个国家的统治者一定要认识清楚，不能依靠武力来征服天下，喜欢穷兵黩武的人必然遭受"以其人之道，还治其人之身"的下场；在现实中，经常看到的情况是，军队曾经驻扎的地方，颗粒无收，遍地长满野草荆棘，"大军之后，必有凶年"①，留下的只是灾疫流行、哀鸿遍野的惨景。

老子认为，如果天下有道，则马不是充当战马，载人在疆场厮杀；而是充当农民的耕田工具，在耕地中忙碌。反之，天下无道，则甚至怀孕的母马也不得不被用来作为战争的工具。之所以会有战乱，他认为这源于统治者炽盛的贪欲，诸侯为争夺一己之利，驱动天下百姓混战，杀人如麻。老子反对战争、希望天下和平，这在当时来说，代表了广大百姓的利益，道出了时代和民众的心声。也许老子没有区分战争的正义与非正义，但在"春秋无义战"的情况下，我们是不能苛求于古人的。

老子认为，理想的国家具有"小国寡民"的特征。所谓"小国"，

---

① 《道德经》第三十章。

不是说国家的规模要小，此处之"小"作动词用，指"小"其国事。但国家大了，国事自然多了，如何才能"小"其国事？老子认为，"小"其国事不是说没有或减少国事，而是指国家通过法道之自然，没有或少有频繁干扰百姓正常生产、生活的妄动，这种妄动越少，则国家的"有为"之政就越少，这就是"小"其国事，能做到这样，就是"小国"。同样，所谓"寡民"，不是指国家的百姓稀少，而是百姓寡欲之谓，寡欲则百姓朴实无华，故虽然有复杂的器具，但百姓们无利欲难填之心，精神和乐，在器用方面也因此就没有特别的企求，舟船车辆、盔甲枪械等皆用不上，文字也用不上，人们好像回到了结绳而用的古代纯朴社会。又因为天下太平，国家治理得很好，所以百姓们热爱生命、热爱生活，不用逃亡到远方去谋生；大家吃得好、穿得好、住得好、享有好的社会环境和风俗，故邻近国家的人们彼此虽然能听到各自鸡犬的叫声，但他们从生至老、死，也不用过分倚重频繁的贸易、交往来生活，更不会发生相互欺凌、侵伐的现象。

二　兼爱非攻

在先秦"百家争鸣"时期，墨家学派是与儒家学派齐名的一个学派。先秦墨家的主要代表人物有墨翟等人。墨翟乃春秋末年鲁国人，早年受过儒家教育，但后来转而批评儒家及其他学派思想，建立了一整套颇具政治价值理念的理论，如尚同、尚贤、兼爱、非攻、节用、节葬、非乐、非命等，创立了具有鲜明特点的墨家学派。

墨子认为，他所处的那个时代是一个乱世。其中，强有力之人欺凌弱小之人；人数众多的诸侯国劫掠人数少的诸侯国；富足有余的人看不起贫困之人；地位高贵者傲视地位低贱者；有智谋的人欺诈智慧不足的人。这些问题的存在，造成了天下人的离心离德，各诸侯国杀伐征讨不断，社会大乱。为此，墨子提出"兼相爱""交相利"之说，希望能引导社会摆脱困境，建设一个理想的乐土。

墨子所谓的"兼相爱""交相利"，要求天下之人和天下各诸侯国，彼此不分亲疏远近，互爱互利，要做到对待别人的国家，就好像对待自己的国家一样；对待别人的家庭，就好像对待自己的家庭一样；对待他人的身体，就好像对待自己的身体一样。墨子认为能做到这一点，那么就会形成"天下之人皆相爱"的局面，这也是墨子对理想的国与国之间关系的一个设想。

墨子认为，志士、仁人"必兴天下之利，除天下之害"①，以此作为自己所追求事业的标准。那么，天下之利是什么？天下之害又是什么？墨子认为，他所处的那个时代，诸侯国与诸侯国之间互相攻击，家庭之间互相篡夺，人与人之间互相贼害，君不惠、臣不忠，父不慈、子不孝，兄弟之间不和睦，他认为这些不良的社会现象就是天下之大害。

这种天下大害是因为人们彼此之间不相爱所造成的。诸侯国之间不相爱则必然引发战争，卿大夫之间不相爱则必然相互篡夺，人与人之间不相爱则必相贼害，君臣之间不相爱则没有恩惠与忠诚，父子之间不相爱则不慈爱、孝顺，兄弟之间不相爱则不和睦。天下之人都不相爱的话，就会导致"强必执弱，富必侮贫，贵必傲贱，诈必欺愚"②的情况。

要改变这种状况，墨子认为，应通过"兼相爱""交相利"的办法，使天下之人都相互爱戴，"视人之国若视其国，视人之家若视其

---

① 《墨子·兼爱中》。
② 同上。

家，视人之身若视其身"[1]，这样就会出现强不执弱、众不劫寡、富不侮贫、贵不傲贱、诈不欺愚的情况，天下之祸害、篡夺、怨恨等事就不会发生，从而形成"天下之人皆相爱"的局面。

在"兼相爱，交相利"的基础上，墨子建议国与国之间实现"非攻"。他反对战争，因为战争以亏人自利为目的，属不义之举。好比有人进入别人的果园偷窃桃李，大家都认为这是亏人自利的不义之举；上升到国家层面，一个国家为了自己一国之私利，侵略、掠夺他国，却有人说这是正义之举，墨子认为这是不能明了是非之理。

国与国之间的战争会导致大量人员的伤亡，这是对人生命不尊重的表现，也属不义之举。社会生活中，若有人杀人，大家都会谴责他，说他不义；故杀一个人，必以其自身之死罪来抵，杀十人有十条死罪，杀百人有百条死罪。但是，国与国之间的战争造成成千上万的人死亡，却有人对之赞誉不绝，墨子认为这也是不懂得什么是"义"。更何况国与国之间大规模的战争会严重影响民众生活，妨碍社会生产发展，这对于人类来说，也不是什么好事。故墨子认为战争在任何时候都不能进行。

三 协和万邦

儒家所推崇的一些重要典籍皆提及国与国之间应该"仁爱""和谐"，如《尚书·尧典》讲"协和万邦"，《周易·乾卦》之《象传》云："保合太和，乃利贞。""万邦"指大大小小的诸侯国，他们虽贫

---

[1] 《墨子·兼爱中》。

富强弱各有不同，但都有其存在的价值和自身的权利，应该得到其他国家的尊重；不同国家之间应该求同而存异，和平共处，这就是"协和"。尊重国与国之间的差异，就是"保合太和"；国与国之间和谐相处，这就是"利贞"的"正道"。

孟子认为，每个国家皆有行仁义的责任，国家也应当有正义感；国与国之间相处，不论大国还是小国，都要讲究仁义，如此才能有一个良好的国际环境。那么，大国如何对待小国呢？孔子认为，大国应该加强自己的文德教化，使远方的人来归服自己；归服之后，还要很好地对他们进行安顿，以仁德待之。孟子认为，勇武有小、大之分，一个人按着剑、瞪着眼说："谁敢抵挡我！"这是平常之人的小勇武，只能对付一个人罢了；有人横行天下、致天下有难，周文王、周武王怒而起，处罚横行之人，安定天下之民，这是大勇武。如果有国家不行仁义、残害天下百姓，则志士、仁人可以对之进行讨伐。

那么如何判断一国对另一国的讨伐是正义还是非正义呢？孟子认为当以被伐之国的民心为衡量标准。齐国人攻打燕国，大获全胜。孟子则认为，如果齐国占领燕国，燕国的老百姓高兴，"民以为将拯己于水火之中也，箪食壶浆，以迎王师"①，那就占领它；如果占领它而使燕国的老百姓不高兴，那就不能占领它。当齐宣王问起历史上商汤流放夏桀、周武王讨伐商纣之事时，孟子提出，破坏仁的人叫作"贼"，破坏义的人叫作"残"，毁仁、害义的残贼，叫作"独夫"，商纣王只是一个独夫，周武王处死了一个叫作纣的独夫，没有听说是君主被臣下谋杀了，"闻诛一夫纣矣，未闻弑君也"②。

---

① 《孟子·梁惠王下》。
② 同上。

在儒家看来，国家和个人一样，也要行仁义，行仁义当为立国之本。如汉初的陆贾认为，秦王朝所拥有的酒池可以用来泛舟，酿酒后剩下的酒糟堆积得像山丘一样，站在上面可以望远，不可谓其不富；秦统四海之权、主九州之众，不可谓其不强。但以秦之富强与威武，却功不能自存、威不能自守，这并非秦之贫弱所导致，而是由统治者道德不存于身、仁义不加于天下所致。所以，仅增加国之财富而行无道之政，其财必为众人所谋；仅强调国之威武而行不义，其威武必不能长久。秦尊于位而无德，为汉所黜；富于财而无义，为天下所刑。

在儒家看来，以礼义治国者积礼义，以刑罚治国者积刑罚。秦灭六国而王天下后，其道不易、其政不改，仍然重诈力而轻仁义，以暴虐为首务，其亡可立而待。故国家当以德治教化为本，君子不仅在国内要行仁义，处理国与国之间的关系也要行仁义。

四　富国强兵

根据《史记·太史公自序》的说法，在《春秋》经中，以下犯上、杀戮国君的事情有三十六件，国家被灭亡的事情有五十二件，诸侯被大夫放逐，国君不能保住江山社稷的事例，更是不胜枚举。这反映了在春秋、战国时代，象征着"周文"的礼乐制度已经破产，取而代之的是礼崩乐坏、诸侯纷争、群雄逐鹿的混乱状态。面对这一情形，诸侯国如何自强、自保，就成为一个非常突出而重要的问题。由此，战国时期百家争鸣中的重要一派——法家，便登上了历史的舞台。

法家认为，理想的国家就是法治的国家。好比一个兔子在田野中跑，可能会有上百人去追逐它，这并不是因为一只兔子足够分配给上百人，而是因为这只兔子最后归谁还没有确定。由于归谁没有确定，即便是尧这种道德高尚的人看到这只兔子也会竭力去追，更何况众人呢？另一方面，在市场卖兔子的地方，兔子多得很，但是路过的人不会太在意它们。这并不是说路过的人不希望得到兔子，而是因为兔子属于谁这个问题已经确定了。归属定下来后，人们虽然很贪鄙，但也不再争了。所以，治理天下国家的首要之点，不过在于定下规则而已。

通过什么来定规则呢？这就需要"法"。法是用来树立公义的，这种"公义"是用来抑制"私念"的。权与衡等度量工具是用来为社会确立公正标准的，书契是用来确立公信的，度量是用来确立公共的审核标准的，法制、礼籍是用来树立公义的。凡是为公义而立的各种法则，皆是用来抛弃私念的。

有了"公义"，有了"法"，治理国家就比较容易。治理国家如果没有法制则会产生混乱，坚守法制而不知道变更则国家衰亡。有法制而不遵守，施行一己之私意，可以称之为无法。百姓守法，官吏执法，君主立法、变法。这样，社会上下都无事，只有法在起作用。法家认为，国家的任何事务都以法来抉择，这就是理想的国家；依法行事就是治国的大道理。

商鞅是早期法家的重要代表，他主张富国强兵，认为耕战水平体现一个国家的实力，国家有实力，才能够在弱肉强食的春秋战国时期获得生存下来的权利。而要富国强兵，首先必须奖励耕战。对于耕与战的关系，商鞅提出，耕可以养战，认为农业生产不仅能够使国家富强、为战争提供丰富的物质基础，而且农田生产本身就是培养武卒的学校，老百姓若"归心于农，则朴而可正，纷纷则易使也，信可以守战也"①。另外，耕与战是紧密结合的，二者可以相互转化与促进，其中，农业的作用在于"生力"，能够使国家、社会增殖力量；而战争的作用在于"杀力"，在商鞅看来，作为"杀力"的战争也是必要的，如果一个国家只有"生力"而无"杀力"，就会造成民力增强而无处施，百姓自然就要谋其私利；若社会中人人谋私利，国家就会削弱，"故曰能生力不能杀力，曰自攻之国，必削"②。所以，国家要将耕与战紧密结合起来，不能只重视其中的某一个方面。

耕与战对于百姓而言，乃最为苦难之事，"夫农，民之所苦也；而战，民之所危也"③。那么，国家如何驱使民众乐于耕战呢？商鞅认为要依靠法的强制，其具体措施有二，即赏、罚，以刑治，民则乐用；以赏战，民则乐死。法家一般持人性好利论，人性好利主要表现为人的生存欲望和生存需要，所谓"民，生则计利，死则虑名"④；人好利之本性，是与生俱来、不可改变的。法家认为，民众这种好利的本性是合理的，君主可以"操名利之柄"以致功，达到富国强兵的目的。

韩非是先秦法家思想的集大成者，他继承了商鞅、慎到、申不害等人的思想，对先秦法家的理论进行了总结。他认为，"世异则事异""事异则备变"⑤，战国之世，各诸侯国竞于气力，故当今的君主不可能用"先王之政"来"治当世之民"⑥。而要实行变法、富国强兵，只有奉行弱肉强食的丛林法则，方能为国家觅得生存之机。韩非尤其

---

① 《商君书·农战》。
② 《商君书·说民》。
③ 《商君书·算地》。
④ 同上。
⑤ 《韩非子·五蠹》。
⑥ 同上。

反对儒家以"仁义"作为处理国与国之间关系的主张,"仁义用于古而不用于今",儒家"仁义"思想不合于战国时代发展的要求,如果今人还要去赞美尧、舜、禹、汤、武的"仁义"政治与外交,就必然为当代的圣人所嘲笑。

上古时期,大家在道德方面进行竞争;中古时期,大家在智谋方面进行竞争;战国之世,各国皆在气力方面进行角逐。韩非举了齐国与鲁国之间战争的例子来说明这个问题:齐国将要进攻鲁国,鲁国派子贡去游说,希望齐国不要攻打鲁国。齐国人的回答是,子贡所说并非没有道理,但我们所要的是土地,而不是那些合理、动听的言辞。因此,举兵讨伐鲁国,并战而胜之,齐国割占鲁国之地,一直到鲁国城门十里这个地方,以之作为齐国与鲁国的边界。

韩非持一种非道德主义的政治思想,认为政治的本质就是"力",国与国竞争是实力的较量,一国之内起决定作用的正是权力。他主张摒除道德原则于政治领域,认为在政治中坚持道德原则或把教化作为治国的基本手段是"缘木求鱼"。他强烈反对儒家以"仁义"治国的主张,认为其不合于时代发展的需要,而要求富国强兵以自保,实施刑罚以驱民,高度集权以强国。

五 民惟邦本

对于理想国家与社会的价值追求,在中国历史的不同发展阶段,存在不同的观点,但其基本内核皆离不开"民惟邦本"的思想。

(一)民惟邦本、以德配天

殷商时期,"我生不有命在天"是一种主流的天命论思想。这种天命论思想认为宇宙间存在着至上的主宰神,称作"帝""天"。天帝具有绝对权威，人间的一切事情都是由天帝安排的。天帝可以使一年风调雨顺，也可以让一年雨水不充足，年成好坏是由天帝来决定的；天帝的主要职责之一，就是监督下界百姓，决定他们的福祸寿夭；地上的君王作为统治者统治万民，这是受命于天的，是天帝赋予了君王统治百姓的权力。

但随之而来的一个问题就是，如果真有天意的话，天意是根据什么来赋予某个人以王权；天意能够赋予某个人王权，是否也可以收回或剥夺这种赋予；如果天意可以收回他赋予给某个人的王权，那他又是在什么情况下才收回呢？这些问题是对殷商时期"我生不有命在天"的天观的进一步追问。

这种理论的追问随着社会实践发展的深入而逐渐明确起来。虽然商纣王认为"我生不有命在天"，但当周武王的讨伐大军逼近他老巢的时候，天命却并没有护佑他，而且周朝最后是取代了商朝。周取代商为什么是可能的呢？周取代商之后，又在什么情况下才可能不重蹈商灭亡的覆辙呢？周初统治者对这个问题进行了深入思考。

历史上，大禹的孙子太康因为不修其德、不亲其政，在外田猎，长期不归，百姓怨声载道，后羿趁机侵占其国都。太康的母亲还有其五个弟弟被赶到洛河边，心里非常怨恨、哀悔，故追述大禹之言，告诫太康而作《五子之歌》："皇祖有训，民可近不可下，民惟邦本，本固邦宁"①，意思是人民是国家的根基，根基牢固，国家才能安定。

周初的统治者在此基础上深刻反省，认为自己之所以能得到天帝的青睐，是因为他们"修德以配天"的结果。他们提出，皇天上帝并不讲私情，它只选择有德性的人来赋予天命。人间的统治者必须"明

①　《尚书·五子之歌》。

德""敬德""修德"，才可能与"天命"相配，从而取得天帝的认可，保持自己政权的稳定。而修德的一个重要方面就是关心民生：

> 民之所欲，天必从之。①
> 天视自我民视，天听自我民听。②

天帝的意志是通过老百姓的愿望来表达的。如周初的统治者周公就认为，老百姓的眼睛和耳朵也就是天帝的眼睛和耳朵，天帝是通过百姓的耳目来监视君王的所作所为的。天帝监视四方，以百姓是否安定作为君主是否修德的标志，从而做出是否继续授以天命的决定。所以，要探知天意就必须了解民意；通过顺民意、得天心才能稳固自己的统治。

周初的统治者仍然认为自己是奉天命来统治天下的，但"天命靡常"，是会发生改变的，天命的更迭不是偶然的，而是有一种必然性的因素在其中，这就是"德"；天意重"德"，统治者要修"德"才可以配天；而"修德"必重民心，以民为大邦之本。这就强调了人民在社会发展中的重要地位和作用。

（二）民贵君轻、王道政治

孟子认为，民生是"王道"政治的根本。"王道"政治应该从关心民生开始，第一步就要使老百姓有相生养之道，老百姓有相生养之道，不饥不寒，这样，才能推行王道于天下。比如，百姓有五亩地来种植桑树，有百亩耕地种粮食，统治者不对他们征收额外的苛捐杂税，不随便占用百姓的时间，那么，普通百姓一家人就可以不忍饥挨饿；百

---

① 《左传·襄公三十一年》引《泰誓》。
② 《孟子·万章》引《泰誓》。

姓到了五十岁的时候还可以穿着很好的丝绸衣服，七十岁可以穿丝绸衣、食肉，可以休息，不用再劳作。百姓生活有保障后，还要对他们进行教育，使他们尊老爱幼。这样，"王道"政治就可以实现了。如果老百姓遭受冻饿之祸，统治者不知抚恤之，认为没有自己什么责任，或者把原因归之于天灾，这就是在推卸责任。

"王道"政治的实现，其首要的是要关心民之生计，这是为什么？孟子提出"民贵君轻"的思想。他指出："民为贵，社稷次之，君为轻。"① "保民而王，莫之能御也。"② "暴其民甚，则身弑国亡。"③ 孟子认为，君主只有得民心才可能成为天子，有了君主才可能有诸侯与大夫，所有这一切最基本的前提就是百姓。土地、人民、政事就是统治者的"三宝"。民心之向背是国家存亡的关键。君王、诸侯、社稷都是可以改变的，而人民却不可能改变。君王昏暗，可以另立贤明者；诸侯有害于国家，也可以更换；唯独人民无法更换，只有"得其心"，才能"得天下"。如果不得民心，甚至暴民过甚，这样的君主其下场必然是"身弑国亡"。在这里，孟子表达了一种非常可贵的"民本"思想。

（三）"尽伦""尽制"的王政

"王政"思想是荀子的一个政治理想。所谓"圣王"，就是恪尽人伦，遵守礼制、法度的人。在"尽伦""尽制"这两个方面，"圣王"是天下人的榜样。只有圣人才能担当起"天子"的角色，因为天下地广人众，天子担负的责任非常重大，而圣王能力强、明辨是非、充满智慧，只有他才能够称职。

---

① 《孟子·尽心下》。
② 《孟子·梁惠王上》。
③ 《孟子·离娄上》。

"圣王"之政，是王道而不是霸道。霸道的特点是统治者蹈一己之利，其方式是通过争与夺来得到，他们不隆礼重贤，只以力服人，能胜人之口而不能服人之心；虽然他们有时也谈仁义与礼让，但那只不过是他们掩饰自己争夺私利的遮羞布罢了。而"王者之法"则与之不同，在"王政"下，圣王裁制万物，使之能符合百姓生养的要求；薄赋税，不违背农时，不滥用民力，财物都能得到合理分配、流通；四海虽大，却有如一家，人人都努力为国家、社会劳作，贡献自己的聪明才智。圣王虽然能力很强，但这种能力不是用来压迫人民，而是用来救护弱者，引导不善之人使之向善；圣王以仁德来感化暴掠之国，其征伐、诛讨的只是不道之人。

当然，荀子也认为，王者之所以为王，原因就在于天下之人归附于他，他才可以称"王"；天下之人皆弃之而去，则王者必亡。所以，国家之本在天下之人而不在王。如果王者能兴天下之利，除天下之害，这就为天下人归附他奠定了基础。如果王者败坏道德，乱礼义，行禽兽之行，则天下人就将弃之而不顾。

（四）无为而治

先秦道家老子提出"无为而治"的理想社会，认为统治者不必刻意去崇尚贤能，以避免天下人因此都去争夺此虚名；也不能偏好稀奇难得之物，以避免诱发偷盗之心；要提防因物欲而勾起贪情，扰乱民众内心的安宁。圣人治理国家主要采取的手段有：净化百姓的心灵，满足百姓的基本生活需要；不煽动百姓，使之冲动，而应致力于增强百姓的体质；使民众不知虚名浮利，无意为此而竞争，不为物欲而妄行。这样，一些别有用心的人也不敢自恃聪明，胡作非为。统治者遵循道之无为的治政纲领，天下国家自然就能太平。

在这种理想社会里，圣人治理天下，只是顺人之情，顺物之性，无为而治。如果不顺人之情，不顺物之性，意图主观妄为，想把天下治理好是不可能的。老子认为，人心和社会安定，政权就容易维护；乱象还不明显，矛盾冲突尚在萌芽状态时，祸患就容易消除；危机不深时，局势就容易扭转；怨气轻微时，民情就容易被说服。所以，统治者应该在麻烦还没有产生时，就预先进行防治；在社会动乱还没有发生时，就对之进行治理。如果始终谨慎从事，则做任何事都能做成功。

理想社会的君王不能与民争利，不能压迫和剥削民众。老子认为，江海之所以能为百川之汇，原因就在于江海甘于处下，所以，百川奔流入江海。同样，圣王想要领导人民，就要效法江海甘于居下的谦逊态度，想要在前引导民众，就要事事为百姓考虑，吃苦在前，享受在后。只有这样，统治者虽居上位，百姓也不会感到有什么压力；虽处前位，对百姓来说也没有什么危害，天下人都拥戴他，而不感到厌烦，这是因为他时时、事事都不与民争利的原因。

（五）"养德"与"养力"并举

东汉王充认为，治国的道理有两种，一是重视增强国力；二是重视加强礼仪教化。

因此，治理国家光靠礼仪教化不行，只凭国力增强也不行。王充认为："夫德不可以独任以治国，力不可以直任以御敌也。"[①] 他对韩非的"尚法""任力"的治国观点发表了不同的看法：如果以这种理论来治理国家，必然也有"无德"之患。就好比一条河的旧堤坝一样，平时水量少，河水只在离堤坝很远的地方流淌，如果因此认为河的旧堤坝没有用处了，将之铲除，那么一旦到了雨季河水暴涨的时

---

① 王充：《论衡·非韩篇》。

候，必然就会因为旧堤坝的铲除而发生水患。礼义道德是维系一个社会正常运转的价值规范，如果认为它不能对富国强兵产生直接影响而将之废除，社会就会因之而产生祸乱。有了礼义道德，社会才有了对事物进行价值判断的标准，这个社会才有可能有序、和谐、安定地发展。因此，王充认为治理国家，既要"养德"，也要"养力"。

（六）天下为主，君为客

明末清初黄宗羲提出，理想社会应该是"天下为主，君为客"的社会。他所处之明末清初，正是中国封建社会的衰落期，封建社会最重要的核心就是专制君权，这时候的人们开始思考：专制君权在今后的社会历史发展中是否还有其意义？对此，黄宗羲的回答是否定的。

黄宗羲认为，封建君主专制制度是有缺陷的。如何解决这个问题，黄宗羲进行了艰苦的理论思考。

在《明夷待访录》中，黄宗羲首先探讨了君主和国家制度的由来。他认为，兴天下之"公利"，除天下之"公害"，是产生君主、国家制度、政府组织等的根本原因。起初，君主不过是为人民谋利益的公仆而已，"有生之初，人各自私也，人各自利也。天下有公利而莫或兴之，有公害而莫或除之。有人者出，不以一己之利为利，而使天下受其利；不以一己之害害之，而使天下释其害；此人之勤劳必千万于天下之人。夫以千万倍之勤劳，而己又不享其利，必非天下之人情所欲居也"[①]。相对于人之常情而言，担任古代的君主可不是一件容易的事。君主要为天下人谋取福利，他的责任就是要兴天下之利，除天下之害。

可是，历史发展到后来，情况便发生了变化。君主掌握了天下大

---

① 《明夷待访录·原君》。

权，把天下看成个人的产业，可以"传之子孙，享受无穷"，完全颠倒了百姓和君主之间的主客关系。"古者以天下为主，君为客，凡君之所毕世而经营者，为天下也。今也以君为主，天下为客，凡天下之无地而得安宁者，为君也。"① 后世担任君主的人认为，决定天下利与害的权力皆从自己而出，因而可以将天下之利尽归于自己，而将天下之祸害尽归于别人；他们要求天下之人不能自私、自利，却以自己个人之大私作为天下之大公。开始的时候，他们也感到惭愧，但久而久之，就心安理得了，把天下看作自己私人的莫大产业，传给子孙后代，让他们受享无穷。

黄宗羲力陈君主专制的危害，公开指出："为天下之大害者，君而已矣。"② 在君主还没有得到天下的时候，为了自己取得天下，他不惜使人民肝脑涂地，使天下之人妻离子散，以博取个人之私产，这难道不是很悲惨的事吗？当他们已然取得天下后，就敲榨、剥削天下之人，达到敲骨吸髓的程度，并且离散天下之子女，以供自己一个人淫乐，把这样做视为理所当然，将自己个人的享乐建立在万民的痛苦之上；他们要求天下百姓不能自私自利，却以一己之大私为天下之大公。

一些人见识狭小，他们认为君臣之义是天地间的真理，即使对夏桀、商纣这样的暴君，仍然认为商汤、周武不应当讨伐他们，而妄传伯夷、叔齐反对武王伐纣、义不食周粟，饿死于首阳山这样的无稽之事。黄宗羲对此反驳说，难道亿万兆百姓崩溃之血肉，还不如腐臭了的老鼠？天地这么大，于亿兆万姓之中，却单独让君主一人或其一姓享受天下所有的利益，这合理吗？因此，黄宗羲认为，周武王伐纣真

---

① 《明夷待访录·原君》。
② 同上。

可称得上是圣人的事业！许多君主实为"独夫"，是与百姓为敌的人，推翻他们是理所当然的。退一步讲，后世为君之人既然把天下作为私产来看待，这就必然引起天下人对之的激烈争夺。因此，从这个角度来说，天下最大的祸害仍然还是君主。

黄宗羲认为，天下设立君主的道理应该明确，那种被颠倒的君主与天下百姓的主客关系应该再颠倒过来，要以民为主而以君为客，真正使为君之人做到必须"不以一己之利为利，而使天下受其利；不以一己之害为害，而使天下释其害"①。这是黄宗羲对封建社会之后社会发展向何处去的一个回答，这个回答应该说具有鲜明的民主主义思想的特色。

六　和合大同

中国传统文化非常强调"和合"。所谓"和"，大概意指和谐、和平、祥和；所谓"合"，有融合、合作之意。"和"的最初含义，指的是不同音调的相应、和谐；而"合"的本义，则指的是上、下唇的合拢。

在政治、社会生活领域，"和合"常有和睦、同心之意。如《墨子·尚同》所说"内之父子兄弟作怨雠，皆有离散之心，不能相和合"，以及《史记·循吏列传》所说"施教导民，上下和合"等，皆是如此。而在自然领域，和合则指的是调和、混合或者汇合，如《韩诗外传》卷三所说："天施地化，阴阳和合。"引申开来，则和合还有顺当、吉利的意思。

---

① 《明夷待访录·原君》。

对于理想社会与国家，中国传统文化还提出"大同"世界，作为追求的目标。大同社会中，天下与国家是公共的，为天下所共有，并不是哪一个人、哪一家能够据为私有的。因此，应当在大众中公选贤能之人以任其职，不得世袭、传给自己的子孙兄弟。所谓"讲信修睦"，就是要讲究信用、睦邻友好。国与国之间，人与人之间，都各自平等、各自独立，不互相侵犯，互相订立和约并信守和约，根据不同时代的情况来确立社会法则，以促进人们之间的亲和与友好。

同时，每个人皆要把自己看成大众中的一分子，对其他人都平等地去爱戴。因为谁都不能保证自己不成为老年人、儿童、鳏夫、寡妇、无子女者、有残疾的人，若只靠自己的私亲来帮助自己，这是没有保证的，不如依靠天下大众之公助，这才是有保证的。所以，在天下为公之世，每个人都拿出一部分供养父母、养育妻子的物产、财力，以之作为公产，以抚养天下的老人和幼童，抚恤贫困的人，治疗有疾病的人。如此，则每个人都不再有年老、疾病、孤独、贫困的忧虑，社会风俗变得非常美好。

大同社会中，男子虽然强壮，但各有其权限，不得逾越；女子虽然柔弱，但各自自立，不能对之欺凌、压迫；男女各立和约而共同遵守，这是大同社会关于夫妇关系的公理。

大同社会的最重要特征是强调"公"，人与人之间没有贵贱之分，没有贫富之等。人没有私心，不为各种权术、欺诈、阴谋之术以损害信义；更不可能去做强盗、窃贼以损害自己的名声。每个人都能做到表里如一，不用防范别人，夜不用闭户，没有兵革之事。这就是大同之道、太平社会的情景。

中国传统文化将"和合"的"大同"之世看成人类进化的最高阶段。在大同社会里，天下为公，人们无阶级差别，一律平等，无贵贱之分、无贫富之等、无人神之殊、无男女之异；国家成了社会成员公共共有之器，不再是一个人或一家之私有财产，人人相亲相爱，都把自己的财富分出一部分来，作为公共财产，以帮助社会上失去劳动力和无人抚养的成员；大同社会建立在政治正义和社会公平的基础之上，没有剥削、压迫和歧视。

追求"和合""大同"的社会理想，要坚持贯彻"和谐"的价值精神。综观中国文化的发展，于其中始终体现出"和谐"的精神旨趣。以这种精神来解决当今世界的问题，未尝不可，虽然我们所面临的问题与古代相比，已经有了极大的不同，然而处理问题的精神与态度，则可以相近而有所借鉴。

◇ 第四节　顺应自然天理

一　道法自然、理通万物

我们的古人在很早就已经意识到，人类不是自然的主宰，它不能脱离自然界而独立存在；人是自然的一部分，要与自然相互依存、相互促进、共处共融。在道家看来，宇宙万物包括人类在内皆禀有本体之道或本体之性，万物包括人都是对此本体之道或本体之性的充分展开，故而万物和人只有遵循这些规律、法则，才可能与天道合一、取得成功。人与道相合，就不能主观地破坏自然的规律，而是要循自然规律而行，才能达到与天地合一，修成大道。这表明人对天道乃至万物应持尊重的态度，当然也包括对自然规律的尊重。《道德经》中所持的"尊道贵德"说、"道法自然"说，直至"反者道之动""弱者道之用"等对天地运转规律进行理论说明的各种理论等，都是人们对天道自然规律进行探讨所总结出来的理论成果。

《周易·系辞》谓："一阴一阳之谓道。继之者，善也；成之者，性也……日新之谓盛德，生生之谓易。"大自然也是这样，一阴一阳，相互作用、相互转化，这就是规律、法则；大自然有其规律、法则，虽阴阳交替、往来，但万物皆循此法则而不替，此则谓之善；事物皆有阴阳，阴阳各有其性，尽其阴阳之性，即是复其本质。阴阳之道有其显明易见者，这就是其生长万物的种种表现；也有隐藏难知者，这就是其之所以生育万物的功能、作用；阴阳鼓动万物、生长收藏，其无所用心，皆出于自然而能。万物在阴阳的相互作用下，生生不已，变化日新。天地变化有其规律、法则，日月运行有其规律、法则。人类要遵循大自然和社会的各种法则，使自己的行为与规律、法则相合。能够知道事物变化法则的人，就能够真正理解、体味大自然神妙莫测的变化功能。

《吕氏春秋》谓："凡举事无逆天数，必顺其时，乃顺其类"，强调了人应该顺应自然界的法则来从事生产、生活的重要性。道教的重要经典《太平经》说："天地之性，万物各自有宜，当任其所长。"认为自然界是人类所必须依赖的对象，人们对于自然物要顺其物宜，因其材而用。这些思想，都强调了人类要以文明的方式对待自然的态度。

近现代以来，由于人类中心主义思想作祟，人们习惯于对自然界进行过分的索取，导致大自然及其资源被严重透支，形成了恶性的生态危机，这直接威胁到人类的生存和发展。中国传统文化认为人与自然万物为一体，有其自身的运行法则，自然界不仅仅属于人类，也属于地球上的一切生命，人们要尊其道而贵其德，法天地之道，创造人与自然和谐相处的生态环境，方可能使"天长地久"，从而人类也能够得到可持续发展。这种价值观在今天看来，也还是有其积极的意义。

二　天行有常、参赞化育

自然的运行是有规律的，它不会因为人们主观意志的不同而有所改变。例如，荀子认为，天不会因为人们厌恶寒冷而废止冬季，地也不会因为人们厌恶辽阔、荒远而废止其广大，天有其不变的规律，地有其不变的常数。天地有天地之道，这就是自然的规律。

但是，人与自然和谐相处，并不意味着人不能利用自然为自己的生存、发展服务。人与自然虽为一体，然其理又各自有所不同，故人与自然各依其天性而存在，各有其所止之实，各有其所适之设，彼此不相紊乱，如此则各自皆能条达、适畅。关于这一点，荀子提出"明于天人之分"，认为"天行有常，不为尧存，不为桀亡。应之以治则吉，应之以乱则凶"①。在荀子的时代，农业是国家的根本，荀子认为，加强农业生产，这是治理国家的根本。节约开支，不奢侈浪费，则老天爷也不可能使人物质贫乏；衣食等生活资料储备丰富了，并按天时变化而活动，天就不可能使人得病；专一地循着事物发展的规律去认识事物，去生产和实践，则天也不可能祸害百姓。同样的道理，农业作为国家之本没有得到重视，奢侈浪费现象严重，则老天爷也没有能力使人富裕起来；衣食等生活资料少，又不辛勤劳作，则天也不可能使人富足；违反天道之规律而主观妄为，老天也不会降下吉祥。

----

① 《荀子·天论》。

人们在乱世所遇到的天时条件同治世是一样的，却遭受到治世所没有的灾殃、祸患，这是不可以埋怨老天爷的。因为人们的行为不合于治世之道，故有此祸患。人有人之道，这就是治国的规律，天和人各有其职分，不可混为一谈。人类社会治理得不理想，不能把原因归结到天，天人各有其职，"明于天人之分"，人就能够知道自己应尽的职责，知道要治理好社会，应该从哪些方面去努力。荀子说："日月星辰瑞历，是禹桀之所同也。禹以治，桀以乱，治乱非天也。"① 那么，人类社会的治与乱是不是由时所决定的呢？荀子认为，春、夏之际，植物众多的萌芽茂盛地生长起来，到了秋、冬季，果实成熟蓄积收藏起来，禹之时与夏桀之时都是一样的，但禹时天下治而夏桀时天下乱，所以治乱也不是由时所决定的。那么，治乱是由土地所决定的吗？荀子认为，拥有土地就能够生存，失去土地就不能够生存，这也是禹与夏桀所相同的。但禹之时治而夏桀之时乱，所以治乱并不是由土地来决定的。治乱是不由天、不由时，也不由地，全在于人的努力和作为。

荀子认为，尊崇天的伟大而思慕它，还不如畜养万物而控制它；顺从天而歌颂它，还不如掌握天体和天时变化的规律而利用它；坐待天时而来，还不如顺应不同的时节而利用它；因循物性而增加它，还不如施展人的才能而改变物之性；思念物而使物成为物，还不如顺物之理而使之不消失；希望万物之生长，还不如赞助物，使之能够生成。所以，放弃人的作为而只思慕大自然，则会失去万物之情。

人类通过观天察地，探赜索隐，了解天地自然的奥秘，则可以"范围天地之化而不过，曲成万物而不遗"，从而"参赞天地之化育"

---

① 《荀子·天论》。

"知周乎万物，而道济天下"①。人们上则仰观天象，下则俯察地理，观天察地，所以能够知道天之光明、地之幽隐的道理；考察事物之始，故能知道其所以生之理，探求事物终结之因，故能知道其死之理；精与气聚，则生物而有形，精与气散，则魂消而物变，事物之变化虽神妙莫测，但有其理，得其理则能推知其生长、消散的种种情状。所以，人们要遵守自然的规律，与天地自然法则相适应，而不违背天地之道，能通达大自然阴阳对立转化之理而智慧地处理其事。

三 物各有宜、贵和有度

人们通常将自己的欲望追逐到极致，只考虑自己，而不顾及自然，故庄子提出不能"以人灭天"。

但是，现实生活中，人们对待自然，常常是以遂己之愿而为，根本不考虑自然的承受能力。

如果人们对于自然不是持"参赞天地之化育"，而是持绝对的人类中心主义，以征服者的姿态来征服自然、改造自然，这种行为超过其度，犹如《庄子·应帝王》中"倏"与"忽"凿开"浑沌"而"浑沌"死，是同一道理。

儒家也强调人与自然和谐相处。如孟子虽主张人们要发展物质生产，不断提高生活水平，但他也强调尊重和保护自然，强调人们在生产中不能随心所欲、盲目蛮干、为所欲为。"不违农时，谷不可胜食矣"②；细密的渔网不被用到大的池沼中去捕鱼，否则鱼与鳖就会多得吃不完；在特定的季节才到山林中去伐木，否则木材就会多得用不

---

① 《周易·系辞》。
② 《孟子·梁惠王上》。

完。人要尊重自然的法则、规律，自然就可以不断生产、恢复自己，人在自然中就能获得丰厚的回报，从而达到人与自然的双赢。

人们对于自然的改造，应该遵循其固有的法则，不能揠苗助长，如果只以一己之愿来对待自然，自以为是在恢复自然的生机，而实际的效果可能恰恰是扼杀了自然的生机。

孟子也强调，资源与环境的可再生能力是人们生存、发展的基础。《孟子·告子上》有一个例子讲到"牛山"的树木，山东临淄南边的牛山上，树木曾经非常繁茂，可是因为生长于大城市的郊外，总是有人用斧头去砍伐，牛山的树木还能长得繁茂吗？虽然按照其生长的习性，这些树木日夜不停地在生息、繁殖，大自然的雨水露珠也滋润着它们，树木也有新条、嫩芽生长出来，可是人们对其用之过度，马上就在牛山上放牧牛羊，这就超过了它的更新、恢复能力了，因此，牛山上就只能那样秃秃的了。自然生态也是这样，假如得到了好的滋养，没有什么东西不能生长；假如丧失了好的滋养，则没有什么东西不会消亡。

因此，自然生态之所以出现问题，其根源还在于人类自身，最主要的在于人类的活动与发展方式。如果想要解决生态问题，归根到底应该检讨人类自身的行为方式、节制人类自身贪得无厌的欲望。只有尊重自然，爱护生态，遵循自然发展规律，才能真正实现人与自然界的协调发展。"夫大人者，与天地合其德，与日月合其明，与四时合其序，与鬼神合其吉凶。先天而天弗违，后天而奉天时。"[1] 这也可以反映出中国文化在人与自然的关系问题上的基本态度和价值取向。

---

① 《周易·文言》。

四 生生不息、开物成务

中国文化中，探讨人与自然"和谐"相处的价值观念，必然离不开人与宇宙、世界关系的讨论，这也是中国文化的一大特色。中国古代价值观一般都强调"天人合一"，这种天人"和谐"的价值观，强调人们应该致力于建立人类与自然和谐相处的亲密关系；中国文化还强调"生生不息"，其中，必然蕴含有对自然界、人类社会可持续发展追求的重要内容。

应该说，"天人合一"的命题包含有强调人与自然"和谐"相处的内涵，这种内涵对于化解当今全球生态危机具有重要的参考价值。近现代以来，人们强调以"科技"来征服和宰制自然，然而，科技不但征服了世界，也宰制了人类。我们在追求经济高速发展的同时，更要强调保持一种"和谐""科学""可持续的发展"，要保护好我们的生态环境，节约资源，倡导人类与自然和谐相处。故而中国哲学与文化精神对于人与自然关系所做的独特思考，在我们现代仍然有着重要的启示意义。

中华民族在长期的社会历史实践过程中，形成了独具特色的民族文化、民族精神，如我们所熟知的"良知""仁""诚"等价值之本的思想；"急乎天下国家之用""开物成务""通天下之志""成天下之务""自强不息""经世济民"的社会责任感；"善"与"恶"、"公"与"私"、"义"与"利"、"群"与"己"、"荣"与"辱"的价值评判思想；"厚德载物""乐天知命""与天地合其德"的道德价值的超越境界等，这些方面构成了我们民族文化和民族精神的主要内容；其所倡导的积极入世、济世之爱国精神，关于理想人格、理想社会之建构的理念等，在我们当前建构社会主义和谐社会的过程中，仍然具有重要意义，可以为构建社会主义核心价值体系服务。

　　同时，为了实现"教化"，我们的民族文化探讨了关于德性之善的种种表现和实现方式，为个体修养和社会完善提供了基本的价值原则和尺度，使之成为调整人自身、人与社会、人与自然等各种关系的行为规范和准则，这部分内容在我们的民族文化中也相当丰富，如"知"与"行"、"涵养"与"省察"、"正心"与"修身"、"持敬"与"存诚"、"格物"与"致知"等。综观我们的民族文化与民族精神，关于理想人格与理想社会养成的内容中存在着许多健康的、积极的、高尚的道德和价值追求，能够激励人们进行创造性的探索，为人们提供追求崇高理想的精神活力。

第 二 章

继承与转折:近现代中国的价值观建构

中华民族拥有数千年的古老文明。在很长的历史时期,中国是整个东亚文明的文化导师,其文明的影响超越国界,惠及周边的国家和民族,因此,人们很容易以为华夏文明才算得上文明,至少是最高级的文明,或是世界文明的中心。由于持续处于东亚文明的中心,近现代以来,我们逐渐产生了故步自封的心理:兼收并蓄的灵活性逐渐让位于固守家业的心态,民族文化的创造力蜕变成唯我独尊的偏执。这种保守文化心态,不把历史看成发展进步的过程,不把传统看成继往开来的起点,结果成为中华民族文化现代化的巨大障碍。在这种心态支配下,整个19世纪,中国人对挟持现代工业文明的西方文化的挑战毫无准备。直到20世纪初,仍处于被动挨打的局面。鸦片战争和甲午战争的失败,更加使得社会结构的沉浮和统治阶级的无能暴露无遗。

围绕着"中国向何处去"的问题,一大批先进的知识分子肩负"救亡图存"的时代使命,进行了见仁见智的多种求索,最终选择了符合国情的马克思主义作为现代化的价值目标。由此,开启了马克思主义与中国实践相结合的马克思主义中国化,经过许多曲折的探索,步入了建设中国特色社会主义的伟大历史进程。

◇ 第一节 "救亡图存"中的价值求索

从人类文明的一般进程而言，近代史是一部"走出中世纪"的历史，即由农业文明转型为工业文明的历史。然而，中华民族走过的这段历程，其情形迥然不同。西欧的现代化是在社会自身的演变中完成的，中国却是由于西方殖民势力的侵入，被迫中断本国历史的自然进程，被强行纳入世界现代化过程。这决定了近代中国的所有价值关切都与解决民族救亡的危机紧密联系在一起。

一 "师夷长技以制夷"

晚清以降，中华民族内忧外患。鸦片战争以前，中国的封建统治者巩固了中央集权的皇家政权，这个政权对内能以强大的力量克服地方势力的分裂割据，对外雄踞东亚，没有与之匹敌的对手。长此以往，清朝统治者养成了"唯我独尊"的心态，把暂时的相对优势作为闭关自守、与世隔绝的依恃。1840年鸦片战争的炮声惊醒了酣睡已久的中华民族，西方殖民者通过鸦片叩开了这个僵滞而封闭的国家。与此同时，传统农业文明也面临被近代工业文明取代的必然命运，旧中国陷入了"以夷变夏"的"千古之变局"中。在此大背景下，以龚自珍、林则徐、魏源为代表的一批思想家开始寻找"中国向何处去"的出路。

"变易"的观念在中华传统文化中是一个起衰振弱的重大命题，所谓"穷则变，变则通，通则久"。在"变易"思想的指导下，近代中国的知识分子首先从华夏文化模式的最外层认识到自己"技不如人",提出只有在"器物"层面向西方学习,才能最终达到"师夷长技以制夷"。

为力图挽救国家走出"衰世",清代著名思想家魏源(1794—1857)首倡"师夷长技以制夷"的思路,并撰著《海国图志》向中国人介绍西方"长技"。按照魏源的见解,世界之大远远超过中国人心目中的"天下",中国人面对自己并不占优的"华夷相争",不仅不应鄙视西方文明,自我隔绝于外域文化,还必须老老实实地"师夷",以彼之长补己之短。即"善师四夷者,能制四夷;不善师外夷者,外夷制之"①。魏源"师夷长技以制夷"的主张,既承认"夷之长技",同时也要求华夏文明在面对优势文化时,敢于奋起应战,通过吸收对方的长处来壮大自己,保持自身的独立地位与自主发展。立足近代价值的视角,魏源通过"睁眼看世界",起到了使华夏文明"受光于天下见四方"(魏源语)的思想启蒙,代表了民族文化在"世界历史"新境遇中自我保存与发扬光大的理性选择。

二 "以群为体,以变为用"

近代中国在"器物"层面的"师夷长技",嬗变至"洋务运动",走到了发展可能的极点。然而,1894 年的中日甲午战争宣告了"洋务运动"的破产,它同时开启了中国现代化进程的"变法时期"。以康有为、梁启超为首的维新派和以孙中山为代表的革命派,试图以传统中国的"仁政"为基础,构筑西方式的新型政制,实现制度创新。

---

① 魏源:《海国图志》卷三十七。

　　康有为首开近代中国"变法"运动的先河。目睹洋务运动解决不了民族救亡的问题，康有为试图另辟蹊径——通过改变传统政体的方式来完成"救亡图存"的历史使命。其思想的价值理路以"求乐免苦"的人本质论为开端，主张"普天之下，有生之徒，皆以求乐免苦而已，无他道也……"① 因此，每个人都有权依据自主活动追求物质与精神的满足，获得世俗幸福。与此相关，"求乐免苦"的生命个体必然要过社会生活，因为"喜群而恶独，相扶相植，乃人情之所乐"，而自由平等的个人之所以能"合群"，其根据在于人的本质中含有宇宙本体所授予的"仁"质，它在个体身上体现为"不忍人之心"，扩至人类表现为"博爱"精神，博爱的"仁德"归落在社会管理上，就是民主的"仁政"。在康有为看来，"仁"还会随着社会的演进不断进化：古代社会，"仁"在亲亲；现代社会，"仁"及同类；而"仁"之终极——"至仁"——就是"大同世界"。"大同"社会是康有为所认为的"求乐免苦"人性的完满完成，是宇宙"仁—爱"本质的真正达成。

　　从人的自由平等说"群"，以"博爱"解释"仁"，康有为思想的价值逻辑是："仁"必"爱"，"爱"必"通"，"通"则"群"；由此，"人道"即是"仁道""群道"。"以群为体"归落到政治上的"以变为用"，就是主张用近代的民主新制改变旧的君主专制。这种具有现代意义的"仁政"从本质上超越了古典式的"仁政"理念。康有为的民主"仁政"，主张"圣不秉权，权归于众。古今言论以理为衡，不以圣贤为主……"在此之前，中国人追求国家富强、人民幸福的"仁政"的所有努力，都定位于故有君臣框架内的"贤者在位"。

---

　　① 康有为：《大同书》。

康有为提出的"以群为体，以变为用"的思路，开启了中国社会从民主层面追求"仁政"的近代价值探索。而其关于"大同"社会的构想，也在相当程度上契合了当时中华民族心理的"社会期待"。当近代中国身陷绝境，"大同"理念为近代中国问题的解决提供了希望，一批志士仁人在为之奋斗的事业中找到了精神寄托，点燃了中国人民摆脱黑暗、奔向光明的希望，激发中国人朝向"终极目标"的不懈追求，对此后中国社会的价值取向具有不容小觑的范导作用。

三 人权、民权与国权

肇端于康有为、梁启超、谭嗣同、严复等人的近代中国的"变政"运动，延续至孙中山时代。孙中山领导的"辛亥革命"结束了中国的千年帝制，为中华民族创设现代民主提供了历史前提。

孙中山时代，西方资本主义自身的弊端开始暴露，引发了中国人对于"模仿"西方模式的救亡道路的质疑。面对历史性难题，孙中山通过对西方和中国现代化进程的深刻反省，设计了超越西方模式的中国现代化道路。孙中山认为："我们学习外国，是要迎头赶上，不要向后跟着学……现在我们去学外国所长，亦必可以学得比外国还要好，所谓后来居上。"① 中国作为后发的现代化国家，无须将西方走向现代化过程中的每一环都充分展开，可以借鉴其经验教训，"举政治革命、社会革命毕其功于一役"，直接进入社会主义。

围绕当时社会主义思潮倡导的"平等"价值，孙中山契合近代中国追求的人权、民权与国权，设计了"三民主义"的现代化纲领，即

---

① 《孙中山选集》，人民出版社1981年版，第690页。

民生主义、民权主义、民族主义。孙中山认为，民生主义是三民主义之本，它代表着每个人求生存的不可剥夺的人权。在孙中山看来，历史是一个由"天演而人为"的过程。"人的本源是动物……我们要人类进步，就是在减少动物性，增多人性。"随着社会的发展，人性的成分不断增长，"物种以竞争为原则，人类则以互助为原则，人类须顺应此原则"。因此，在孙中山看来，只有立足于"平等互助"的社会主义，才属于"人性"社会。民权主义，代表了孙中山的"社会主义"理想中关于政治制度的价值主张。其"民权"的本质是人民群体的政治委托权，而其实现形式则是政治精英引领民众走向完全的民有、民治、民享，最终实现"大道之行，天下为公"的境界。

民族主义，即所谓"国权"，是孙中山倡导"民生""民权"的根本目的所在——构建现代民族国家，拯救民族危亡，体现出对国家主权平等的价值追求。中国的有识之士已经清醒地意识到，首先要找到"界他国而自立"的民族特性，在此基础上构建适合自身国情的民族国家。孙中山认为，中华民族的立国之基与西方的"契约论"不同，"中国国民和国家结构的关系，先有家族，再推到宗族，再然后是国族"，所以华夏民族国家不像西方"以个人为本位"，而应采取"集体关怀"的方式。与此相关，中华民族的民族精神也与西方不一样。"欧美的文明，在物质的一面……他们的物质科学，一百多年来发明到了极点，许多新发明巧夺天工"，而中国的民族精神为"心性文明"，"中国从前的忠孝仁爱正义和平种种，这些特别好的道德，便是我们民族的精神。我们对于这种精神不但要保存，而且要发扬光大"①。

---

① 《孙中山选集》，人民出版社1981年版，第788页。

面对近代中国的现实处境，孙中山慧眼独具地意识到了中国现代化价值求索与西方的根本差异——它是一场救亡图存的民族复兴运动。因此，他试图引导国人到传统、到文化中，找寻构建近代民族国家的价值资源，鼓励国人"居住"在传统中，在传统精神的推动下自己发展自己。

四 重塑"国民性"的"新文化运动"

辛亥革命结束了千年帝制，但"救亡"的任务并未迎刃而解。取代了专制政体的共和政体，因为缺少民众参与的基础，最终沦为了军阀混战的工具。接踵而至的袁世凯称帝、张勋复辟、军阀混战，使得国家形势仍然危在旦夕。要解决这一问题，迫切需要重建适应近代中国现代化进程的价值体系和文化系统。1919 年前后的"五四"新文化运动，以陈独秀、胡适、鲁迅等为代表的"新青年"，倡导用"民主"与"科学"作为新的价值认同系统，重塑华夏民族的"国民性"。

所谓"民主"，在陈独秀看来，一方面意味着"个人之自由权利，载诸宪法，国法不得剥夺"①；另一方面，民主所提倡的个人权利，其目的在于"立人"——培育以天下为己任的个性，改变国民性，从而使每个人都能自觉投身"救国"运动，致力于建设"新国家""新社会""新民族"。与此相应，鲁迅坚持此"立人"的取向，开辟了"国民性"改造的新路径。鲁迅认为，中国传统文化导致的国民性的三大弱点，一是不知有己的愚昧，二是缺乏责任的自私，三是自我感觉的

---

① 丁守和主编：《中国近代启蒙思想》中卷，社会科学文献出版社 1995 年版，第 33 页。

偏执，而解决国民性问题要采取"拿来主义"的态度，以西方民族的国民性为参照，重铸中国的国民性。其具体实践既要从"外部"，通过社会改造致力于社会规范与制度的再造，更要从"内部"，借助国民性批判，启发个人自觉，激发人的主体性、独立性。

所谓"科学"，在首倡者陈独秀那里，主要是作为"民主"的意识形态的保证，其实际意图是将"科学"看作统摄世界万物、重估所有价值的依据。在此基础上，胡适进一步伸张了"科学"的怀疑精神与探索方式，力图用"实验主义"作为科学方法论，寻求"科学救国"。胡适认为，"科学的根本精神在于求真理"。受美国实用主义哲学家杜威影响，胡适所谓的"科学知识"即是"经验"。其"大胆假设，小心求证"的主张，一是要求"证据"，二是"实验室态度"。在胡适看来，"科学实验"应该成为中国现代化的根本方法。据此他详细设计了"研究问题""输入学理""整理国故""再造文明"的四大"科学实验"工程。其中，"研究问题"和"输入学理"是中国现代化的奠基工程。所谓研究问题，是指研究中国社会向现代转型过程中的种种切要问题。而为了解决问题，就要"输入学理"——西方实验主义的科学理论，使得人们在研究问题的过程中培养出现代思维模式。而"整理国故"，在胡适看来，是民族现代化的关键，它具有两方面的重要意义："一方面是反对盲从，反对调和；一方面是用科学的方法来做整理的功夫。"[1]"整理国故"既可以化玄妙为平常，化神奇为凡庸；又可以对固有文明中至今仍然具有价值的精神蕴藏进行发掘，它是胡适为了中国的今天和明天，朝向"昨天"所做的询问，也是其引导传统文化向现代转型的文化"实验"。

---

① 《胡适文存》第 1 集，远东图书公司 1983 年版，第 736 页。

　　"再造文明"是胡适心目中中国现代化的成型工程，即通过学习西方，实行整体改革，最终在中国实现"新文明"。按照胡适的思路，中国"再造文明"的方法需要"科学实验"，即必须依靠各种"科学工具"解决具体问题。由此，进一步引申出其工具主义的"社会改良观"和实用主义的"科学人生观"。前者主张，鉴于科学实验的工具效能只能逐步释放，社会进步也应采取改良途径。后者则强调中国人必须采借西方的"科学"思想、"不知足"精神来重构自己的人生观，从而为实现民族现代化发挥人的"实用"功能。可以看出，胡适倡导的"实验主义"是其"科学救国"思想的必然选择，也是"五四"知识分子寻求"救亡图存"的一种积极努力。

　　整体而言，"五四"新文化运动开启了近代中国在现代化进程中价值观念由"破"到"立"的重要历史转折。中国思想文化的承前启后，中国社会现代价值追求由浅入深、由表及里的发展，以及崇尚科学、反对盲从、注重求实、追求个性解放等思想观念，经由新文化运动，逐渐成为近代中国社会文化的普遍共识。但是，与西方的启蒙运动相比，新文化运动自始至终禀承着自身的历史轨迹和民族特点，其根本目的服从于近代中国"救亡图存"的现实革命运动，"社会改造"是其价值关切的主流逻辑和旨趣。正逢其时，马克思主义唯物史观伴随着十月革命来到中国，作为一种完整的、逻辑严密的世界观和方法论，它满足了五四新青年对于中国社会问题做"根本解决"的内心期待。特定的历史境遇，决定了近代中国的价值目标必然从"科学""民主"的求索转向符合进一步"救亡"需求的马克思主义。在林林总总的"主义"中，中国人民选择了马克思主义，从此开始了马克思主义中国化的理论与实践探索。

◇ 第二节　民主革命时期的价值转向

20 世纪初，民族危机的加剧与国内军阀混战，使得"民族与人民的生存"成为当时中国最为急迫的问题。面对特殊的历史境遇和现实国情，五四新青年的思想逻辑开始从"争取个性自由"的意向，进一步延伸为"天下兴亡，匹夫有责"的使命感。既然建立现代主权国家与确立现代工业文明的价值求索，难以在学习西方资本主义模式的基础上完成，那中国的先进知识分子就开始另辟蹊径。以 1919 年爆发的"五四"爱国运动为标志，中国社会价值的主流取向开始转入新民主主义和社会主义的轨道。

一　社会主义思潮应运而生

十月革命送来的最直接的革命理论和最实际的成功经验，直接促成了中国式的社会主义革命运动。

从近代中国的客观条件看，社会文化价值目标的社会主义转向，一方面，直接源于当时的中国"民族与人民的生存问题"比"争个性自由而图发展"更为急迫（蔡和森语），由此导致五四新青年的主流价值旨趣顺理成章转向"争互助以求共生"。另一方面，则因缘于中国传统文化的思想理据。从主张"存天理，灭人欲"到强调"大公无私"，以所谓"理欲之辨"要求在个人与集体关系的问题上服从集体的利益与意志，是中国传统价值观的鲜明特色。立足于这一基点，"不患寡而患不均"的价值观念和"先天下之忧而忧，后天下之乐而乐"这一中国传统思想中的整体意识，很自然地构成了近代先进知识分子接受社会主义的思想基础。

从"主观逻辑"看，近代中国社会的价值追求向社会主义转折，主要源于国人向资本主义文化学习的失败。五四新文化运动试图用"民主"与"科学"取代传统文化的价值认同系统，采取了对本土文明激烈的"反传统"态度。事实证明，在民族文化变迁过程中，旧有的文化价值体系并不简单只是一种反面的现实，对此进行简单的、绝对的否定，会使得变革者的价值判断陷入历史性悖谬。五四新文化运动中几次关于东西文化的论争，充分说明资产阶级文化在 20 世纪早期的中国已经无力再起主导作用。"因为中国资产阶级的无力和世界已经进到帝国主义时代……旧的资产阶级民主主义文化，在帝国主义时代，已经腐化，已经无力了，它的失败是必然的。"[1] 不仅如此，当变革者试图用一种"他者"的价值文化体系完全取代本土文化系统时，这种价值选择如果不能合理地纳入本土文明的"主观逻辑"，也就违背了社会文化自我变迁的规律，必然导致价值转换难以完成。历史境遇的改观，决定了张扬个性的社会文化价值取向，最终让位于符合进一步拯救民族的"救亡"和人民解放的"革命"需求的马克思主义。

就内在规定而言，新文化运动倡导的"科学"与"民主"包含着向马克思主义、社会主义过渡的精神机制。首先，五四时期的"个体主义"本质上是一种"精神个体主义"。它伸张的是个人为救国而参与政治的权利和责任，并非某种现实既得利益。因此，当近代中国历史运动的重心转向直接的社会革命时，五四新青年顺理成章地在人

---

① 《毛泽东选集》第 2 卷，人民出版社 1952 年版，第 657 页。

道主义层面实现了"个体主义"与马克思主义的契通，将"救亡"工具从"个体主义"转换为马克思主义。面对巴黎和会关于山东问题的消息，中国的知识分子既对"个体主义"能否作为救国理论观念开始有了怀疑，其自身所禀赋的"师夷变革"与"反传统"的特性，又决定了他们不可能回转到旧有文化传统中汲取对资本主义的批判力量。此时，马克思主义对于帝国主义的批判，以及其追求"人类解放"的价值旨趣，既来自"先进的"西方，也适应五四爱国主义对西方资产阶级的怀疑，使得对于狭隘的"爱国主义"与"国家主义"持批判态度的启蒙学者倍感亲切。由此，个体主义的救国功能被马克思主义所承续就有了某种历史必然性。

其次，五四时期"个体主义"的真谛在于唤醒以天下为己任的个性自觉。由于现实中的个人大多数是"平民"，关注平民的个性觉悟并组织民众团结救国，从而达到群体奋起共赴国难的集体主义目标，这种价值关怀进一步落实到底层劳苦大众与初步出现的工人即"无产阶级"，合逻辑地转化为消灭阶级剥削与压迫、实现民主与平等的社会主义价值诉求。如李大钊所言："真正合理的个体主义，没有不顾社会秩序的；真正合理的社会主义，没有不顾个人自由的。个人是群合的原素，社会是众异的组合。"① 此外，新文化运动倡导"个体主义"的真意，在于完成中国社会从农业文明向工业文明的转型，实现文化变革。然而，由于缺乏系统的方法论基础，社会转型的"根本解决"没能经由五四时期的"个体主义"真正实现。马克思主义的唯物史观伴随十月革命来到中国，为五四新青年提供了完整的世界观和方法论。对于近代中国先进的知识分子来说，唯物史观不仅可以科学

---

① 《李大钊文集》下册，人民出版社 1984 年版，第 437 页。

地说明历史和现实，而且为他们明确使命，坚定信念，满足了"根本解决"中国社会问题的价值期待。唯物史观因此成为近代中国先进知识分子理所当然的选择和归宿。

二 社会主义价值的"中国式"早期诠释

五四时期，传统封建专制制度及其文化价值体系开始土崩瓦解，但是由辛亥革命创设的"共和"新政体也屡遭挫折。同一时期，两件世界性的大事也深刻影响着当时中国的政治、文化等诸多方面：一是第一次世界大战以及大战结束后的巴黎和会，暴露了帝国主义的真实面目，使得一部分先进知识分子丢掉了对帝国主义的幻想；二是俄国十月社会主义革命的胜利，又使得一部分中国先进的知识分子试图以俄国方式解决中国的问题。围绕着"中国向何处去"的问题，以陈独秀、李大钊为代表的五四知识分子展开了见仁见智的空前探索，开始了中国现代化运动在实践上突破早期资本主义"西化"模式，寻求中国道路的创造性尝试。

社会主义在新文化运动中是被当作西方文化引进的，但究竟什么是社会主义在当时的中国并不十分清晰。社会主义从空想走向科学，在欧洲曾经过几个世纪的漫长岁月。列宁在讲述俄国人寻找科学社会主义的过程时说："俄国在半个世纪期间真正经历了闻所未闻的痛苦和牺牲……它经过失望，经过检验，参照欧洲经验，终于找到了马克思主义这一正确的革命理论。"① 诚然，有了欧洲经验和俄国经验，特别是十月革命的巨大影响，中国人找寻马克思主义，不再需要几个

---

① 《列宁选集》第 4 卷，人民出版社 1972 年版，第 182 页。

世纪或"半个世纪"的漫长岁月，但是，就认识运动的一般规律而言，实践、认识、再实践、再认识，却是一条必经之路。

从1920年下半年开始，大批具有初步共产主义思想的知识分子，形成了追求科学社会主义的热潮。一批青年马克思主义者，从国内的实际活动中，从留俄、留法的勤工俭学运动中脱颖而出。1921年7月，中国出现了无产阶级的政党——中国共产党。中国早期的马克思主义者，对经济和文化的关系、文化的定义和本质、文化的阶级性和为人民大众服务、文化的民族性和继承遗产等方面，进行了许多探索性的分析和论述。在这些先进知识分子当中，李大钊最早通过俄国十月社会主义革命，发现马克思主义是"世界的新文明"和"新潮流"，并预言：20世纪初叶以后的文明，"必将起绝大之变动，其萌芽即苗发于今日俄国革命的血潮之中"[1]。

不同于陈独秀对"俄式社会主义"实用功能的更多青睐，李大钊对马克思主义的解读重在理论层面、价值层面。对于如何理解社会主义经济，李大钊指出，资本主义的根本缺陷在于迫使劳动者与生产资料相互分离，从而使劳动者成为无自由自觉本质的"非人"。社会主义公有制取代资本主义私有制的必然性在于，打破一切奴役人和压迫人的经济特权，消除社会经济利益的对抗，从而真正奠定人自由发展的基础。此外，他进一步强调，人的自由发展要有丰厚的生产力基础做保障，因而"社会主义是要富的，不是要穷的"，"社会由竞争而进步，良好的竞争，是愉快而有味，无不可以行之。至于资本主义的竞争，使人类入于悲惨之境，此种竞争，自不可以"[2]。

关于如何理解社会主义政治，李大钊认为，唯物史观承认人民群

---

① 李大钊：《东西文明根本之异点》，《言治》季刊第3册，1918年7月。

② 《李大钊文集》下册，人民出版社1984年版，第671、374页。

众是历史的创造者，无论在经济基础还是上层建筑领域，社会主义都应该实行"民主"。因为只有在民主制度下，人民群众才能真正发挥主人作用，从而名副其实地体现历史创造者的地位。在此意义上，社会主义运动的任务包括以人道主义改造人类精神，同时以社会主义改造经济组织两个方面。"我们主张物心两面的改造、灵肉一致的改造"，由此可见，在早期马克思主义者李大钊这里，社会主义是一种人道的社会制度，它在经济上实行合作生产，在社会关系上注重互助协调，在道德生活中提倡博爱精神。与此相应，李大钊强调，民主而人道的社会主义政治其运行机制是"自由"和"法治"。一方面，社会主义政治必须扎根于"自由"的基础。马克思主义的本质力量在于以理服人，任何借学理之外的"强权"推行"一尊"学说的行为，只能使学说成为无本质力量的外在异化物，绝不会在人心上起到真正进步的作用。另一方面，人的自由必须以"法治"为归依。"宪法上之自由，为立宪国民生存之必需之"，因此，"当先求宪法能保障充分之自由"，而"此类尊重自由之风习……其持己之严，至尊重他人之自由，与要求他人尊重己之自由相为等量，则自由之基始固，立宪之治始成"①。

对于社会主义的文化价值目标，李大钊立足辩证理性，指出社会主义须以"个人与社会相统一为本位"，发展个性自由的任务，是社会主义新生活新秩序所必不可少的。而社会主义对人性的改造，也应选择符合人道的方式。在李大钊看来，要解决劳动问题，除了实行"按劳分配"与"不劳动者不得食"的原则之外，更重要的是要在全社会形成"劳动神圣"的共识。社会主义的文化价值目标应被合理界

---

① 《李大钊文集》下册，人民出版社 1984 年版，第 315 页。

定为："真正合理的个人主义，没有不顾社会秩序的；真正合理的社会主义，没有不顾个人自由的。"① 在社会主义社会中，个性是自由的，社会又是有秩序的，而秩序不是划一的规范，它同时保有个性选择的自由度。

综观以李大钊为代表的早期马克思主义思想家，其对于社会主义价值的诸多真知灼见，特别是对于社会主义社会中个人与社会、自由与秩序关系的本质理解，寄托了近代中国先进知识分子寻求理想社会的浪漫情怀和理性思索。在这种历史眼光中，社会主义成为扬弃西方文明模式的中国现代化的替代方案。

三　社会主义文明演化的"中国式"理解

如果说以李大钊为代表的早期社会主义观重在对社会主义价值的理论诠释，那么，作为中国共产党早期重要领导者与理论家之一的瞿秋白，则开启了中国式社会主义演进过程中不可或缺的重要一环：根据历史运演的规律，合乎逻辑地将社会主义文明作为中国现代化的理想目标，进而赋予国人为社会主义奋斗的理想信念。

经过五四新文化运动，瞿秋白发现，中国的现代化问题绝非单纯的学理问题，而是实际国情问题。带着"担一份中国再生思想发展重任"、向苏俄寻求救国之道的瞿秋白，将重视个体的能动作用与人类演进的普遍规律关系作为首先要掌握的真理，提出人类的发展是一个由个性而社会、由自发而自觉的演变过程。个人的动机总是从自己出发的，但他既然是在社会中，则不可避免又是社会的和阶级的。因

---

① 《李大钊文集》下册，人民出版社1984年版，第151页。

此，尽管每一个个体都参与了历史由利己而利他的转换过程，但无数自我的不同意欲与活动无不来自社会文化情境。社会文化情境是一个由全部社会历史的人通过文化交互作用而构成的"合力"世界，它不仅是自我意识的策源地，更是自我与外部世界的中介，自我意识只有通过这个中介才能不断深化、延伸、扩大，为新的实践认识铺平道路。

在一般意义上，东西文明并无本质上的高下之分，站在世界文化的角度，如果将某种具体的文化模式视为绝对先进的价值，却大谬不然。但瞿秋白认为，根据生产力发展程度，东西文明具有时间上的迟速。西方的技术文明已进至科学阶段，由于科学能极大地创造物质财富，因此西方的物质文明成就显得尤为突出。在历法时间上处于共时态的东西文明，在历史时间中分别处在封建主义与资本主义两个不同阶段。然而，资本主义的科学文明并非人类的理想胜境，它存在两个致命弱点：一是科学技术被少数资产阶级所垄断、所利用，科学不能为人类大多数造福，甚至还给人类带来灾祸；二是科学技术不能解决人与人的关系。瞿秋白说："技术的发展一定影响到社会关系……能使人与人之间的关系形成一种新形式……此种新形式中，大多数平民成为无产阶级，实际上享受物质文明而绝对没有幸福……"[1]据此，瞿秋白指出，人类为了能"科学"地处理人与自然、人与人的关系，就不能驻足于资本主义的科学文明，还要进一步演进到"技术有艺术性"的社会主义文明。而这种"演进"必须通过激烈的社会革命，在这种情况下，无产阶级借助革命打破垄断，成为实现社会主义文明的前提条件。

---

① 《瞿秋白文集》第 1 卷，人民文学出版社 1953 年版，第 107 页。

瞿秋白依据人类发展的客观规律，描绘了人类文明发展的三个阶段，即从"技术有神秘性"的封建文明到"技术有科学性"的资本主义文明，再到"技术有艺术性"的社会主义文明。而中华民族自救的正确路向，就是要实现"技术有艺术性"的社会主义文明。

瞿秋白断言，任何民族的文化不论显示怎样的个性，归根到底都要受"文化整体律"的制约。"我对社会为个性，民族对世界为个性。无我无社会，无民族性无世界。"同样，"无社会与世界，无交融洽作的社会与世界，无所谓我，无所谓民族，无所谓文化"①。这意味着，围绕自我、民族、国家有多种文化价值力量，构成一种超越自我以及个别民族和国家而存在的整体文化价值，表现出一种总体性的规律性趋势，制约着处于该时代的任何具体文化模式。社会主义文明是代表当代的整体文化价值力量，是任何国家文化演进趋向的总归宿。

社会主义文明能够扬弃在它之前的所有文明，充分扩延科学的功能，使之为社会发展服务。瞿秋白指出，文明最高的境界是艺术文明，那是人类向往的自由世界，而艺术文明的主要特征是圆满谐和——人与自然的谐和圆满，人与人关系的谐和圆满，以及个体人生的圆满快乐。在社会主义条件下、圆满的社会关系之中，人类对于技术自当精益求精，不单为适应环境或改良物质生活而工作；工作的结果已经无足轻重，而工作的过程成为社会主义制度下每个人的必需品。于是，社会主义文明不但是自由的世界，而且是正义的世界；不但是正义的世界，而且是更美的世界。在瞿秋白笔下，社会主义文明暗合着马克思所说的"每个人的自由发展是一切人自由发展的条件"

---

① 《瞿秋白文集》第 1 卷，人民文学出版社 1953 年版，第 166 页。

的人道主义精神。

瞿秋白沿循历史逻辑推绎出的社会主义文明，以未来愿景的形式提醒国人对自身境况的关注。他承认人类文化的一般演进规律构成东西文化的同一性，指出可做比较的两种文化的差异是时代性的差异，对时代向度上滞后的东方文化要持鞭策态度；同时，从西方的当下推演至超越当下的理想明天，把人的实践的创造力看作社会运行的基本动力，主张通过革命的急风暴雨催生出一种超越现时代、超越东西范畴的文化，充分反映了当时知识分子急于实现民族解放和国家发展的心态。

四　马克思主义中国化的最初实践

社会主义思想在中国，自陈独秀、李大钊奠基，经瞿秋白的发展，至毛泽东，他不仅从理论上阐明了开展民主革命的目标、前途、方针、政策等问题，而且逐渐将社会主义的理想与中国具体国情相结合，开辟了"农村包围城市"的成功之路，开启了马克思主义中国化——中国式社会主义道路的最初实践探索。

毛泽东登上中国政治舞台的时代，正是华夏身临外患催逼的剧变之中，旧的社会形态因剧变而解体，新的社会形态迟迟没有在巨变中长成。对于近代中国数十年的现代化历程一直成效甚微，毛泽东认为，因为"今日变法，俱从细节入手"，没有抓住"大本大源"，而只在"枝节"上下工夫。沿循这一心路，毛泽东求索人类社会的"大本大源"，并在唯物史观中找到了答案：设置民众能够接受的奋斗目标——社会主义，从"心"之深处激发动员"民"的社会关怀和热情，通过"动"的变革实践改造中国社会。

在毛泽东看来，既然人类的前途在于追求宇宙的"大本大源"，那么与此相应，个体生命只有融入这一追求，才能获得终极关怀的意义，此乃个人对于"大本大源"应负的责任和实践主体地位。它意味着，人之所以拥有做人的权利，其正当性源于"我"的正当性，个人有权做自我生存和自我创造的行为并自我负责。不仅如此，个人还应将责任扩延至社会与他人，尽自己所能服务于社会与他人。这种逻辑顺理成章导向"个人与社会相统一"的价值取向，同时强调"集体主义"是所有个人维护能保障他们共同权益的"真正的集体"，就构成了内在的辩证张力。

在毛泽东的社会主义运思中，包含着求索"大本大源"的道德理想国的情结，更有不执迷于学理教条，根据具体国情采取"可行性"的现实主义态度，后期进一步发展为"实事求是"的马克思主义思想路线。依此精神，毛泽东成功地解决了中国现代化的历史难题，创造性地运用马克思主义于中国实践之中，实现了马克思主义的中国化，启动了东方古国向现代社会转型的历史任务，达到了理论与实践的双重超越。

依据世界历史的新格局，毛泽东坚持"学无体用，不分中西"，文化的民族差异不在于中西各有不同的"学"，更在于基本理论在各国实践的不同表现。在文化问题上，真正的"体"不是任何思想，而是物质实践活动，理论要以实践为基础。同时要坚持"古为今用，洋为中用"，借鉴历史经验要为现实的社会实践服务，吸取西方文化要以解决中国问题为目的。坚持"批判创新"，对待古今中外的文化要有分析有批判，取其精华，去其糟粕。而鉴别精华糟粕的客观标准只能是人民群众的实践。在实践中，传统文化既获得了批判性继承，也得到推陈出新的效果。创新就是实现各类文化精华的有机结合，而不是机械拼合。新文化不但要有助益于革命和建设的内容，还要有新鲜活泼为老百姓喜闻乐见的中国作风和中国气派，[①] 要在形式和内容上都有所创新。

依据中国近代现实境遇，毛泽东提出了社会主义革命"分两步走"的战略思路，将"新民主主义革命"设定为社会主义的前站。长期遭受帝国主义、封建主义、官僚资本主义三重压迫和剥削的旧中国，其社会主义的远景要借助近期目标来催生。毛泽东创设的"新民主主义论"，立足近代中国半封建半殖民地的现实，鉴古辨今，中西对勘，提出了"政治自由"（新民主主义共和国）、经济繁荣（工业化）、文化先进（民族的科学的大众的文化）三位一体的现代化纲领，是对近代维新运动、革命运动、新文化运动等一系列改革运动的价值整合，进一步明确了社会主义的现代化前景。通过设置近代中国转型为现代社会主义的价值"中转"，中国的社会主义运动得以有效展开。

毛泽东和他的战友们根据实事求是的现实主义原则，进一步依据中国具体国情，开拓出"无产阶级领导的农民战争"的独特路径。在此之前，社会主义道路的唯一范例是苏俄的"十月革命"。但是，中国的国情决定了简单地套用经典马克思主义或俄国模式，只能事与愿违。毛泽东匠心独具地超越了教条主义的理论范式，在东方农业大国中发现了中国革命的主体——农民；确定了中国革命的性质——新民主主义革命；找到了变革中国革命的重要力量——工农联盟（以农民群众为主体，工人阶级为领导），其农民革命理论具有伟大的原创性意义，开辟了东方殖民地半殖民地农业国走向社会主义现代化的可行

---

① 《毛泽东著作选读》下册，人民出版社1991年版，第751页。

性路径，也揭示了实现社会主义道路的曲折性和复杂性。

◇ 第三节　中华民族精神的近现代重铸

秦汉以降，中国社会大致经历了古代封建社会、近现代半殖民地半封建社会以及当代社会主义社会三种不同的社会形态。从历史发展的角度来看，近现代中国处在中国历史向现代过渡的重要转折阶段，其独特的承上启下的"过渡"特性，使得近现代中国社会发生的变迁显得尤其广泛而又深刻。处于过渡时代的中国社会，各种不同的变迁形式并存互动，在不断改变着中国社会的面貌的同时，也重塑了中华民族的精神传统。

一　民族意识的觉醒

民族意识是维系民族生存、发展最基本的思想价值观念，它是所有与民族有关的观念形态，诸如民族精神、民族道德、民族文化等的基础。近代中国的百余年间，中华民族以危机意识、自强意识、复兴意识为主要内容的民族意识，经历了从鸦片战争、甲午战争时期的初步觉醒，到五四时期的意识升华，再到抗日战争期间全面高涨的发展历程。

两次鸦片战争，给中华民族带来空前的灾难和耻辱。战争的惨痛教训深深刺激了中国人，迫使他们不得不重新思考中国与世界的问题。束缚中国人千百年之久的"夷夏之辨"开始动摇，一批先进的中国人开始睁眼看世界。面对西方国家不仅具有先进于中国的"夷之长技"，诸如战舰、火器和养兵练兵之法，更有在人才使用、经济发展、社会制度等方面优势的事实，中华民族的危机意识、雪耻自强意识应运而生。以林则徐、魏源、冯桂芬等为代表的近代中国先进知识分子，承认中国落后于他人的严酷事实，但同时又明确指出："人自不如，尤可耻也，然可耻而有可为也。如耻之，莫如自强。"① 主张中国人不能因落后而望洋兴叹、无所作为，应该以落后为耻，树立雪耻自强的信心。

1894 年中日甲午战争爆发，中华民族陷入空前危机，"山河破碎""亡国灭种"成为当时中国人必须面对的严酷事实。甲午战败给国民心理带来的巨大震撼，促使中华民族的民族意识开始普遍觉醒。"吾国四千余年大梦之唤醒，实自甲午战败割台湾，偿二百兆以后始也。"② 而这一时期民族意识的普遍觉醒，集中表现为危机意识的强化和新的民族观念、民族意识的形成。康有为、梁启超等维新派发动"公车上书"，痛陈民族危机之重，号召国人"保国、保种、保教"，以强烈的民族忧患意识，对国人进行爱国救亡的思想启蒙。孙中山成立的兴中会，提出"驱除鞑虏，恢复中华"的口号，并进一步将民族主义作为其三民主义思想的重要组成。其代表的革命派明确主张："今日救国存种之策，惟民族主义，乃一线之生机。"③ 20 世纪初的中国，其进步群体在把民族主义看成中华民族摆脱危机、走向独立富强的必由之路的同时，已经开始注重对民族主义、民族革命等问题的理论阐发，逐步摆脱传统民族观念的狭隘

---

① 冯桂芬：《制洋器物议》，载中国史学会主编《戊戌变法》第 1 册，第 29 页。
② 梁启超：《饮冰室合集》专集，中华书局 1989 年影印本，第 6 册，第 1 页。
③ 转引自郑师渠、史革新主编《历史视野下的中华民族精神》，广东人民出版社 2014 年版，第 313 页。

性，吸收西方近代民族理论，从学理上深化近代民族主义的内涵，形成了近代民族观念和民族主义思想。

辛亥革命后，中国外交在巴黎和会的失败，为抗议列强对中国主权的侵害践踏与北洋政府的卖国行径，爱国的青年学生、民众高呼"外争国权，内惩国贼"，发动了声势浩大的五四爱国运动。"在巴黎和会的祸害中，产生了一种令人鼓舞的中国人民的民族觉醒，使得他们为了共同的理想和共同的行动紧密结合在一起。"① 五四运动表现出了中国真正的、积极的民族特性，中华民族的民族意识由此得到了历史性升华，国人对于帝国主义列强本质的认识有了新深化。正如毛泽东在《实践论》中指出的："中国人民对于帝国主义的认识，第一阶段是表面的感性的认识阶段……第二阶段才进到理性认识的阶段……看出了帝国主义联合中国买办阶级和封建阶级压榨中国人民大众的实质，这种认识是从一九一九年五四运动前后才开始的。"② 这一时期的陈独秀、李大钊初步运用马克思主义学说，揭露帝国主义的本质，呼吁国人反对帝国主义，争取民族独立。同时期的孙中山，进一步提高了对民族问题的认识，把抵制和反对帝国主义侵略作为民族主义的任务提了出来，为新三民主义中民族主义的提出奠定了思想基础，也为第一次大革命时期反帝反封建爱国斗争浪潮和争取民族独立运动高潮准备了重要的政治条件。

1931 年的"九一八"事变之后，日本帝国主义吞并东三省。1937 年 7 月 7 日，日军制造卢沟桥事变，发动了旨在灭亡中国的全面侵华战争，中华民族处在生死存亡的关头。在抗日民族统一战线的感

① 保罗·芮恩施：《一个美国外交官使华记》，商务印书馆 1982 年版，第 284—285 页。
② 《实践论》，《毛泽东选集》第 1 卷，人民出版社 1991 年版，第 289 页。

召下，中国各阶层、各族人民团结一致，同仇敌忾，掀起了全民抗战高潮。抗战期间，中华民族的民族意识空前高涨，成为中国人民最终战胜日本法西斯的巨大力量。抗战期间，民族意识高涨的最突出表现是：面对强敌，国人以民族利益为重、国家存亡为上，空前一致地团结，体现出全民族万众一心、共赴国难的坚强意志。中国人的民族意识从未如此强烈，中华民族的凝聚力、向心力发挥到最佳状态。"几千年来，中国人所怀抱的观念是天下，是家族，近代西方的民族意识和国家观念，始终没有打入我们老百姓的骨髓。现在，顽敌攻进来的巨炮和重弹轰醒了我们的民族意识……我们从亡国灭种的危机中，开始觉悟了中国民族的整全性和不可分。生则俱生，亡则俱亡，这是民族自觉史的开端，是真正新中国国家的序幕。"①

　　抗战时期，日本帝国主义的野蛮侵略空前加深了中国的民族危机，也激发了国人民族复兴的强烈意识。民族意识的日益增强、民族自觉的不断升华，最终成为催生近代中国民族解放运动的伟大精神动力。正是依靠这种"热烈的民族意识"，中华各族人民捍卫了祖国的独立和民族的尊严，书写出可歌可泣的历史篇章。

二　爱国主义的升华

　　中华民族精神根植于中华民族历史的丰厚土壤，并不断随着时代的变化而推陈出新。近代以后，中国各族人民在争取民族独立、国家富强的斗争中，升华发展了爱国救亡、科学民主、开拓自强等精神追求，使得中华民族精神得到了前所未有的发扬光大。

---

　　① 晏阳初：《农民抗战的发动》，转引自《历史视野下的中华民族精神》，广东人民出版社 2014 年版，第 318 页。

相比古代中国，中华民族精神在近代所面临的最重要问题，就是转变其固有形态，适应时代发展。以"爱国"为例。自古以来，中华民族就有爱国主义精神的历史传统，先秦至明清的千百年间，爱国主义始终维系着中华民族全体成员的意志和信念，是鼓舞中华民族开拓进取的强大精神动力。鸦片战争以后，中国的历史条件发生了翻天覆地的变化，爱国主义在时代动荡、社会变革的熔炉中得以"重铸"，升华为近代爱国主义，成为鼓舞中国各族人民进行爱国救亡斗争的强大精神力量。

在古代，"天下兴亡，匹夫有责""先天下之忧而忧，后天下之乐而乐"，历来是广受赞誉的民族优秀品德。但是，中国古代所说的"国"，其最大特点是把国家等同于君主，君主是国家的代表和化身。因此，中国古代的爱国观，既有对国家民族的热爱，又存在着"君国不分，忠君就是爱国"的思想。当中国社会步入近代，随着爱国救亡斗争的深化以及西方观念的输入，以"君权至上"为核心内容的国家观受到挑战和冲击。近代仁人志士开始用"民为国本"等新的观念取代"朕即国家"的君权思想，实现了国家观念以及与此相关的爱国主义从传统向近代的历史性转变。

戊戌维新运动中，维新派重新审视传统的国家观念，"国家"不再被视为君主的"私产"，而是全体国民的"公产"。所谓"国者，斯民之公产也；王侯将相者，通国之公仆隶也"①。以严复、谭嗣同为代表的思想家，用近代民权思想大胆抨击君权观念，初步阐明了新的国家理念。20世纪初，梁启超在其《爱国论》《少年中国说》等文章中，围绕国家的构成、主体，以及国民的权利、国与民的关系等问

---

① 严复：《辟韩》，《严复集》第1册，中华书局1986年版，第36页。

题，阐明了对国家的看法："国者何？积民而成也……爱国者何？民自爱其身也。故民权兴则国权兴……言爱国必自兴民权始"①，进一步丰富了新的国家观念。

不同于严复们的国家观与君主立宪的关联，以孙中山为首的革命派用"创立民国"完全否定了君权，主张实行民主共和制度，建立新型的现代国家，进而用现代化的国家结构，彻底划清了"忠君"与"爱国"的界限，成为传统爱国主义升华为近代爱国主义的认识起点。"……使我二十世纪初之中国，进而为世界第一强国，是则吾人之主义：爱国主义。"② 诚然，20世纪初，尽管人们在表达爱国主义一词时，更多使用的是"爱国心""国魂""民魂"等词汇，但这一时期，爱国主义思潮经过传统向近代的转型，已经成为近代中国激励人心的一股重要精神力量。

1894年中日甲午战争的爆发及其引发的空前民族危机，对于激发中华民族的爱国主义具有特殊的意义。梁启超曾说："甲午以前，吾国之士夫，忧国难，谈国事者，几绝焉。自中东一役……慷慨爱国之士渐起，谋保国之策者，所在多有……"③ 甲午战败产生的亡国灭种的危机感，对中国人震动极大，国人的爱国情感因民族危机的空前加深而进入了新的阶段。这一时期的维新派积极探索救亡之道，在疾呼救亡图存，用民族危亡唤醒国人的爱国意识、"保国情怀"的同时，提出通过变法改制，学习西方国家发展经济的办法和政治制度，探索强国之道，为近代爱国主义注入充实的内容。维新志士们不仅宣扬爱

---

① 梁启超：《新民说·爱国论》，转引自郑师渠、史革新主编《历史视野下的中华民族精神》，广东人民出版社2014年版，第330页。

② 同上书，第332页。

③ 梁启超：《饮冰室合集》文集三，中华书局1989年版，第67页。

国救亡思想，努力探索变法强国之路，而且舍生忘死参与了戊戌变法的政治实践。为变法而献身的谭嗣同等人，其牺牲个人变法强国的政治理想，成为近代中国弘扬爱国主义精神的典范。

20世纪初，面对东西方列强的瓜分危机，中国爱国志士把救亡图存同民主共和、民族主权结合在一起，使推翻帝制、建立共和的思想深入人心。孙中山及其领导的中国同盟会，以"振兴中华"的时代强音，用为国家民族舍身成仁的革命豪情，联合其他进步力量，为实现民族独立和国家富强进行了可歌可泣的斗争。他们对中华民族繁荣富强的未来蓝图的描画，为救国救民披肝沥胆的革命实践，在中华民族的爱国主义史上写下了壮丽的一页。

三 中国共产党人对民族精神的光大

诞生于中华民族生死存亡危急时刻的中国共产党，以国家独立、人民解放为己任，继承发扬中华民族爱国主义光荣传统，团结一切可以团结的力量，在长期的革命斗争中，使爱国主义精神进一步发扬光大。

经过新文化运动的洗礼以及俄国十月革命的影响，中国共产党人选择马克思主义作为民族独立、人民解放的思想武器，将爱国主义和为人民服务作为立党的精神支柱。陈独秀、李大钊、毛泽东等中共领导人及无数党员，在拯救国家于水深火热的道路探索过程中，对爱国主义进行了精辟的阐述和总结。毛泽东亲自撰文表彰倡导"鲁迅精神""张思德精神""白求恩精神""愚公精神"，以崭新的内容丰富和发展爱国主义。中国共产党人团结领导全国人民，在爱国主义的旗帜下，为中华民族的独立、解放和振兴进行艰苦卓绝的斗争，创造和培育了催人奋进的"井冈山精神""长征精神""延安精神",推翻了"三座大山"的黑暗统治,取得了新民主主义革命的伟大胜利。

（一）井冈山精神

1927 年大革命失败后,"中国革命往何处去"成为摆在共产党人面前的一个极为尖锐的问题。同年 8 月,周恩来、贺龙、朱德等共产党人发动南昌起义,开始了"中国革命只能走武装斗争、夺取政权的道路"的第一步。随后,毛泽东等共产党人领导秋收起义,在湘赣边界的井冈山创建了由中国共产党领导的第一个农村革命根据地,点燃了"工农武装割据"的星星之火。从此,中国革命走上了建立农村根据地、以农村包围城市、最后夺取全国胜利的道路。在血与火的战斗与考验中,中国共产党人以崇高的理想信仰和不怕牺牲的顽强意志,铸就了一种先进的思想、优良的作风及革命精神,这就是井冈山精神。胡锦涛曾将井冈山精神精辟概括为:在新的历史条件下,发扬井冈山精神尤其要弘扬实事求是、敢闯新路的精神;矢志不渝、百折不挠的精神;艰苦奋斗、勇于奋斗的精神。[①]

井冈山革命根据地是中国革命史上的伟大创举,井冈山精神则是中国工农红军创立并维持其发展壮大的重要支柱。井冈山精神凝结着中国共产党人和工农红军对祖国和人民的深切热爱,他们坚信,只有经过革命斗争,才能推翻国内外反动势力的统治。因此,井冈山精神成为以后中国革命发展历程中各种革命精神的源头。

（二）长征精神

1934 年 10 月至 1936 年 10 月两年间,中国工农红军第一方面军、第二方面军、第四方面军和第二十五方面军在中国共产党领导下,爬

---

① 参见赖华林、傅乐《再论井冈山精神》,《江西社会科学》2003 年第 12 期。

雪山，过草地，进行了艰苦卓绝的万里长征。红军将士粉碎围追堵截，克服艰难险阻，其历时之长、行程之远、路途之艰险、与敌作战之激烈，在人类战争史上罕见。"长征是历史纪录上的第一次，长征是宣言书，长征是宣传队，长征是播种机……它散布了许多种子在十一个省内，发芽、长叶、开花、结果，将来是会有收获的。"① 中国工农红军以英勇无畏的战斗精神，战胜了无数敌人和苦难，用鲜血和生命走完了史无前例、震惊世界的伟大征程，谱写了一曲革命英雄主义的壮丽史诗，铸就了伟大的长征精神。"长征精神，就是把全国人民和中华民族的根本利益看得高于一切，坚定革命的理想和信念，坚信正义事业必然胜利的精神；就是为了救国救民，不怕任何艰难险阻，不惜付出一切的牺牲精神；就是坚持独立自主、实事求是，一切从实际出发的精神；就是顾全大局、严守纪律、紧密团结的精神；就是紧紧依靠人民群众，同人民群众生死相依、患难与共、艰苦奋斗的精神。长征精神，是中国共产党人和人民军队革命风范的生动反映，是中华民族自强不息民族品格的集中展示，是以爱国主义为核心的民族精神的最高体现。"②

长征精神具有十分丰富的内涵，艰苦卓绝是其表征，百折不挠是其底蕴，团结进取是其中坚，实事求是是其内核。作为一种精神，长征精神是中国共产党人和人民军队革命风范的生动反映，它既是中国革命历史传统的延伸，又具有浓郁的时代气息，拥有非凡的影响力、号召力和感染力，给炎黄子孙和世界人民留下了宝贵的精神遗产。

---

① 《论反对日本帝国主义的侵略》，《毛泽东选集》第 1 卷，人民出版社 1991 年版，第 149—150 页。

② 胡锦涛：《在纪念红军长征胜利 70 周年大会上的讲话》，人民出版社 2006 年版，2006 年 10 月 22 日。

（三）延安精神

延安是中国革命的圣地。从 1935 年到 1948 年，以毛泽东为首的中共中央在这里领导、指挥了抗日战争和解放战争，为成立中华人民共和国奠定了坚实的基础，孕育了催人奋进的延安精神。20 世纪三四十年代，面对日军和国民党顽固派的双重夹击，经历了长征艰苦战斗风雨洗礼的中国共产党及其武装力量，在思想上、政治上进一步成熟，确立了以毛泽东为核心的党中央的领导，科学总结正反两面经验，开展思想整风，成功推进了马克思主义中国化。毛泽东的许多重要著作，如《实践论》《矛盾论》《新民主主义论》《论联合政府》等，都是在延安时期完成的，毛泽东思想在这一时期逐渐成熟并正式写在了党的旗帜上。

延安时期，为克服因为封锁而造成的物资匮乏，中共中央及时发出"自己动手，丰衣足食"的号召，指出克服根据地困难的唯一出路是"自己动手"，并从人类历史发展的高度强调发扬自力更生精神的深远意义，动员全体党政军民，开展大生产运动，涌现出把南泥湾改造成"陕北好江南"的先进典型。同时，为培养大批推动抗战的干部和骨干，组建中国人民抗日军政大学，以革命理论、军事理论为主要内容，边学习、边战斗、边生产，总结出一套适应抗战需要，富有中国民族特色的革命教育理论。"抗大"禀承"团结、紧张、严肃、活泼"的校训，坚持"坚定不移的政治方向，艰苦奋斗的工作作风，机动灵活的战略战术"，形成了崭新的学风和校风。这些"抗大精神"连同中国共产党实事求是、艰苦奋斗、联系群众、批评和自我批评等优良作风，构成延安精神的精华，成为代表中国未来和希望的时代新风。

延安精神是中国共产党人在革命年代形成的一整套革命经验和优

良作风，其基本内容包括：坚定正确的政治方向；解放思想、实事求是的思想路线；全心全意为人民服务的根本宗旨；自力更生、艰苦奋斗的创业精神。[①] 它是在中国共产党领导下以延安为中心的各根据地、各解放区军民体现出来的革命精神的总汇。

（四）抗战精神

历时 14 年之久的抗日战争是自鸦片战争近百年间中国人民第一次取得完全胜利的民族解放战争，是中华民族从衰败走向复兴、中国民族解放和民主革命走向胜利的重要转折。中国人民抗日战争的胜利，得益于国际反法西斯力量的支持与援助，更得益于抗战精神的激励和鼓舞。

抗战时期，中华民族精神的迸发，是在日本侵华过程中逐渐被激发而形成的，并随着日本侵略的扩大和加深而逐渐深化。1931 年"九一八"事变，全国上下掀起了规模空前的反日浪潮。中国共产党人高举爱国主义旗帜，号召全国同胞停止内战，一致抗日。1937 年 9 月，抗日民族统一战线的建立，对于动员形成全民抗战形势起到了关键作用。在伟大的抗日战争中，中华民族空前觉醒，万众一心，同仇敌忾，召唤中国人民全力以赴投入抗战洪流，成为鼓舞全民抗战的力量源泉。

中华民族在抗战时期体现出的民族精神具有鲜明的时代特征，一是舍身为国的牺牲精神；二是同仇敌忾的团结精神。[②] 抗日战争中，中国各族人民为拯救祖国的危亡，地不分南北，人不分老幼，前赴后

---

① 李文海：《延安精神：爱国主义教育的重要教材》，《高校理论战线》2004 年第 12 期。

② 郑师渠、史革新：《历史视野下的民族精神》，广东人民出版社 2014 年版，第 358 页。

继，舍身为国。壮烈殉国的杨靖宇烈士、挽臂投江的抗联女战士、毅然跳崖的狼牙山五壮士……集中体现了革命军人杀敌报国、不畏牺牲的牺牲精神；著名的平型关大捷、百团大战、全连殉国的刘老庄战斗……是我军指战员英勇顽强、无所畏惧的战斗精神的最高表现。"八路军、新四军的英雄主义，不是为个人利益打算、为反动势力服务的英雄主义，而是新英雄主义，革命的英雄主义、群众的英雄主义。……它视革命的利益高于一切，对革命事业有高度的责任心和积极性，以革命之忧而忧，以革命之乐而乐，赤胆忠心，终身为革命事业而奋斗……为了革命利益的需要，不仅可以牺牲自己的某些利益，而且可以毫不犹豫贡献出自己的生命。"①

抗日战争期间，中华民族团结在全民抗日统一战线的旗帜下，各阶层各民族实现了前所未有的大团结，万众一心，同仇敌忾，打响了一场拯救祖国危亡、炎黄子孙人人有责的伟大的民族解放战争。在抗战期间，分布在广袤神州大地的少数民族组织的各种抗日团体遍布全国，成为抗战的重要力量。抗战中参加的少数民族之多、地域之广、斗争之坚决，远远超出鸦片战争以来的历次对外自卫战争。全国抗战爆发后，宗教界爱国人士纷纷声讨日本帝国主义的侵略罪行，成立了救国会等救亡组织，参加抗日宣传、救护等工作。随着战事的进一步扩展，全国各阶层人民纷纷出钱出力通过各种方式支援抗战。居住在海外的华侨，通过为将士募捐、抵制日货等活动，筹集大量物资，以各种形式支持参加祖国的抗战事业。国民党军队和中国共产党领导的抗日军队，分别担任着正面战场和敌后战场的作战任务，形成了共同抗击日本侵略的战略态势。整个中华民族，上下一致，同心同德，众

---

① 《八路军新四军的英雄主义》，《朱德选集》，人民出版社1983年版，第116—118页。

志成城，共赴国难，为捍卫民族生存、拯救祖国危亡，同呼吸、共命运，在中华民族史上谱写了惊天动地的辉煌精神篇章。

◇ 第四节 社会主义精神的时代彰显

1949 年 10 月 1 日，中华人民共和国的成立，标志着中国历史从此翻开了新的篇章，中华民族进入了崭新的社会主义新时代。中国是有着五千多年历史的文明古国，但人民当家做主，真正成为国家、社会和自己命运的主人，只是在新中国成立以后才成为现实。新中国的成立，彻底结束了旧中国一盘散沙的局面，实现了国家的高度统一和各民族的空前团结。中国共产党作为执政党，把实现由新民主主义向社会主义的转变作为首要任务，领导人民为实现国家繁荣富强和人民共同富裕进行不懈探索，创造了前所未有的辉煌业绩。国家的经济实力、国防实力、科技实力明显增强，工业、农业、国防和科学技术领域的许多方面进入了世界先进行列，为中华民族的伟大复兴奠定了良好的物质基础。

在经济实力和综合国力显著增强的同时，新中国不断发展社会主义文化。中国共产党坚持马克思主义的指导地位，用爱国主义、集体主义、社会主义教育人民，大力推进社会主义精神文明建设。社会主义精神作为一面最鲜明、亮丽的旗帜，成为这一时期中国人的核心价值和精神追求。

一 独立自主、自力更生

自古以来，独立自主、自力更生就是中华民族的立国之本和坚不可摧的精神力量。在这一精神力量的鼓舞下，中国作为人类文明的发祥地之一，在几千年的历史进程中，文化传统始终独立自主地绵延发展。近代中国，虽屡遭列强欺辱，全国各族人民仍矢志不渝，坚持独立自主的百年抗争。抗战时期，中国共产党明确指出，无论何时何地中国都应以自力更生为基本立足点，坚信中国依靠自力更生，完全应该并且能够战胜日本侵略者。新中国成立后，本着自力更生的决心和意志，中国共产党领导中国人民战胜了许多难以克服的困难，在工业、农业、国防、科技等各条战线上，涌现出一大批自力更生、艰苦奋斗的时代英雄。

新中国成立初期，为摆脱"一穷二白"的落后面貌，中国人民以主人翁姿态，积极投身社会主义革命和建设。以孟泰、郝建秀、时传祥等为代表的一批来自社会底层的劳动模范，坚持在平凡的岗位上做出不平凡的业绩，他们不怕脏不怕累，爱岗敬职，艰苦创业，以一种对事业不求回报和全身心为他人为社会付出的奉献精神，生动展现了社会主义时代精神的内涵。在炮火连天的抗美援朝战场，杨根思、黄继光、邱少云、罗盛教等无数志愿军战士，用自己的血肉之躯和大无畏的精神，彰显了社会主义精神和国际主义精神的伟大。在科研战线，面对新中国落后的条件，华罗庚、钱学森等科学家，放弃国外优厚待遇，投身祖国科学事业，长期潜心研究，克服种种困难，为繁荣祖国科技事业做出了巨大贡献。他们满怀对社会主义祖国的深厚热爱，为中国的科技发展做出了开创性成就，是社会主义时代科技战线上的民族英雄。

20 世纪 50 年代中后期，中、苏两党在意识形态上发生严重分歧，中、苏关系恶化，导致中国很多企事业建设处于停顿或半停顿状态，中国经济发展严重受损。面对困难，毛泽东再次强调，中国的革命和中国的建设，都是以发挥中国人民自己的力量为主，以争取外援为辅。这一时期，南京长江大桥的修建，开创了中国自力更生修建大型桥梁的新纪元。南京长江大桥于 1960 年 1 月 18 日开工，1968 年 12 月 29 日建成，是中国第一座自行设计、自行施工、规模最大的铁路公路两用桥。邓小平在总结这段历史时指出："中国的经验第一条就是自力更生为主，从五十年代中期到七十年代，我们完全或基本处于没有外援的状态，主要依靠自力更生。没有外援，迫使我们奋发努力。在这种精神的激励下，我们在此期间搞出了原子弹、氢弹、导弹，发射了人造卫星等。"①

1964 年开始，一场声势浩大的"工业学大庆，农业学大寨"的社会主义建设运动在全国展开。作为工农业学习模范的大庆、大寨，成为社会主义建设时期自力更生、艰苦创业精神的象征。新中国成立初期，石油问题一直困扰中国经济的发展。面对物质条件极端困难、工业基础薄弱、技术力量严重不足的艰苦形势，以"铁人"王进喜为代表的中国石油工人和科技工作者，发扬自力更生精神，实现了大庆油田大会战的全面胜利，为中国经济走出困难时期立下了汗马功劳。从此，大庆精神和铁人精神成为中国工业建设的榜样。1990 年，江泽民同志把大庆精神高度概括为：为国争光、为民族争气的爱国主义精神；独立自主、自力更生的艰苦创业精神；讲究科学、三老四严的求实精神；胸怀全局、为国分忧的奉献精神。至此，大庆精神"爱国、创业、求实、奉献"的精神内涵，新时期再焕新光芒。

大寨，是中国太行山区的一个普通小山村，200 户人家，500 多口人，自然环境恶劣。勤劳勇敢的大寨人，靠自力更生、艰苦奋斗，

---

① 《邓小平文选》第 2 卷，人民出版社 1994 年版，第 406 页。

开垦荒坡造梯田，实现了农业机械化、水利化，成为当时人与恶劣自然条件抗争的典范。难能可贵的是，大寨人在改善自身生活的同时不忘国家，在当时困难重重、粮食产量普遍不高的条件下，10 年间坚持向国家交售粮食 175 万斤。大寨人的先进事迹和奉献精神，极大地激发了全国人民发愤图强的斗志，大寨精神为困难时期中国农民解决温饱、战胜自然提供了宝贵的精神财富。

20 世纪 80 年代，面对世界新形势新格局，中国共产党坚持"一个中心，两个基本点"的发展目标，确立了坚持以经济建设为中心，坚持四项基本原则、坚持改革开放的发展方向。在对外开放和独立自主的关系上，中国共产党人明确指出：独立自主不是闭关锁国，自力更生不是盲目排外。讲独立自主、自力更生，绝不是要关起门来搞建设，而是要把改革开放提高到一个新的更高水平。对外开放是中华民族自强不息精神和变革创新精神在当代的集中体现和创造性发展。这样的自力更生，是对外开放的自力更生，它随着时代的发展，赋予中华民族独立自强的精神传统以新的特色和内涵。

进入 21 世纪，一场突如其来的灾难，让全世界再次见证了社会主义的精神力量。2008 年 5 月，四川汶川发生特大地震灾害。面对这场新中国历史上破坏性最强、涉及范围最广的特大灾难，中国人民万众一心，众志成城，迎难而上，百折不挠，涌现出无数感人至深的英雄人物。这些社会主义时代精神的传承者，以实际行动向世界展示了可歌可泣的伟大抗震救灾精神。

二 全心全意为人民服务

"为人民服务"，是中国共产党领导革命制胜的重要法宝。新民主主义革命时期，中国共产党人一贯重视人民群众的作用，将其作为取得胜利的根本保证。毛泽东认为，在中国民主革命的历史舞台上，推动社会历史发展的革命主体，就是千百万的劳苦大众。"革命的动力，有无产阶级，有农民阶级，还有其他一切阶级中愿意反帝反封建的人，他们都是革命力量。但是，这许多人中间，根本的力量，革命的骨干，就是占全国百分之九十的工人农民。"① 正是依靠人民群众的力量，中国共产党战胜了日本帝国主义，打败了国民党政权，成立了社会主义新中国。

为人民服务也是中国共产党的宗旨，毛泽东的光辉篇章《为人民服务》是在张思德同志的追悼会上的讲话。毛泽东亲自参加一位普通战士的追悼会，号召大家学习他为人民服务的精神。学习张思德精神，就是要学习他毫无怨言服从工作需要的精神，学习他"为人民的利益""拼出命"也要把工作做好的精神，学习他真心诚意待人、处处与人为善、时时助人为乐的精神。如何才能得到群众的拥护？只有真心实意地为群众谋利益，把群众的利益放在第一位，全心全意为人民服务。"每个共产党员应该把全心全意为人民服务视为毕生的责任，共产党员的一切言论行为，必须以合乎最广大人民群众的最大利益、为最广大人民群众所拥护为最高标准。"②

共和国成立 60 多年来，涌现出无数的榜样典范。既有轰轰烈烈的战地英雄，更有无数在平凡岗位上"全心全意为人民服务"的劳动模范。20 世纪 60 年代，"学习雷锋好榜样，忠于革命忠于党"这首雷锋之歌，妇孺皆知，响彻中国南北大地。在中国，雷锋这一名字，是与"好人好事"紧密联系在一起的。雷锋在其短暂的一生中，助人

---

① 《毛泽东选集》第 2 卷，人民出版社 1991 年版，第 562 页。
② 《毛泽东选集》第 3 卷，人民出版社 1991 年版，第 1096 页。

无数，事迹平凡而伟大。雷锋牺牲后，1963 年 3 月 5 日，毛泽东主席亲笔题词"向雷锋同志学习"，并把每一年的 3 月 5 日定为学雷锋纪念日。雷锋全心全意为人民服务、做一颗永不生锈螺丝钉的精神，激励着从部队到学校、从城市到乡村的一代又一代人。雷锋精神作为一股强大的精神力量和道德境界，成为社会主义时代精神不可或缺的重要部分。

全心全意为人民服务是中国共产党的宗旨。新中国成立以来，涌现出焦裕禄、孔繁森等一批优秀党员干部，他们心系群众，舍己为公，执政为民，忠实履行中国共产党全心全意为人民服务的宗旨，为广大干部群众树立了光荣榜样。焦裕禄 1962 年 12 月上任河南省兰考县县委书记后，为改变兰考穷困落后的面貌，组织带领全体干部群众，继承发扬奋发图强、自力更生的优良传统，抢灾救灾，访贫问苦，被誉为"党的好干部""人民的好公仆"。孔繁森是焦裕禄精神的继承者和发扬者。在其有生之年，他不顾家庭困难，两次进藏，为改善藏族人民的生活，促进藏族经济发展，他深入基层，进行实地调查研究，寻找群众致富道路，为此贡献了全部心血和力量，用生命践行了"一个共产党员的最高境界是爱人民"的无私奉献精神。

新时期，以焦裕禄、孔繁森为榜样，优秀干部不断涌现。他们牢记"权为民所用，情为民所系，利为民所谋"，忠实履行全心全意为人民服务的宗旨，成为社会主义精神的时代符号和时代坐标。这些英雄模范及其光辉事迹，构成了我们时代的脊梁，他们所代表的时代精神，转化成国家建设的强大物质力量；同时，也深深滋养塑造着中国人的心灵，内化为中华民族精神的一部分，成为中国人民的精神共识。

三　民族复兴的道路探索

新中国成立以来，中国社会经历了两次大的社会变迁：一次是新中国成立后，以毛泽东同志为核心的党的第一代中央领导集体，带领全党全国各族人民，创造性地进行社会主义改造，建立起社会主义基本制度；一次是党的十一届三中全会以后，中国共产党做出进行改革开放的历史性决策，开创了中国特色社会主义道路。实践证明，这条道路是一条建设富强、民主、文明的社会主义现代化国家的道路，也是一条实现中华民族伟大复兴的道路。

改革开放是中国共产党历史上的一次伟大觉醒，孕育着新时期从理论到实践的伟大创造。1978 年底，中国共产党十一届三中全会召开。这次会议全面纠正"文化大革命"及以前的"左"倾错误，把党和国家的工作重点从以阶级斗争为纲转移到社会主义建设上来，做出了实行改革开放的重大决策。中国改革开放的总设计师邓小平从反思什么是社会主义、怎样建设社会主义这个根本问题入手，提出了"改革是第二次革命"的论断，第一次比较系统和科学地回答了在中国这样一个经济文化比较落后的国家如何建设社会主义、如何发展和巩固社会主义等事关中华民族前途和命运的重大问题，开创了建设有中国特色社会主义的历史新时期。

中国特色社会主义体现了科学社会主义理论逻辑和中国社会发展历史逻辑的辩证统一。中国共产党和中国人民之所以选择马克思主义和社会主义，是因为它植根于中国大地、反映中国人民的意愿和价值追求、适应中国和时代发展的进步要求。一个国家实行什么样的主义，关键要看这个主义能否解决这个国家面临的历史性课题。1840

年，帝国主义列强用枪炮打开了古老中国的大门，闭关自守的东方文明古国跨入了近代的门槛，中国也自此陷入了民族危机之中。在中华民族积贫积弱、任人宰割的时期，各种主义和思潮都进行过尝试，但所有这些主义和思潮最终都没能拯救当时多灾多难的中国，没能解决中国的前途和命运问题。什么样的主义能够救中国？中国的出路在哪里？中国的先进分子从俄国十月革命的胜利中找到了中国的出路，用马克思列宁主义、毛泽东思想引导中国人民走出了漫漫长夜，建立了新中国。

如果说，中国共产党领导的第一次革命，使得中国人民摆脱了被奴役、被压迫和被剥削的命运，实现了政治上的"翻身"，那么，作为"第二次革命"的改革，是要使中华民族摆脱旧的僵化的体制束缚，实现经济、文化上的全面"翻身"。新中国成立 60 多年特别是改革开放 30 多年来，中国人民沿着改革开放和建设有中国特色社会主义道路，开展了一场复兴中华民族的伟大实践，取得了举世瞩目的巨大成就，经济实力、综合国力大幅增强，人民生活显著改善，国际地位空前提升……历史和现实都雄辩地证明：改革开放是当代中国最鲜明的时代特色，也是当代中国共产党人最鲜明的品格；中华民族的伟大复兴同中国特色社会主义的政治命运紧紧连在一起，坚持建设中国特色社会主义，是实现中华民族伟大复兴的唯一正确道路。

中国特色社会主义体现了道路、理论、制度三位一体的紧密结合。中国特色社会主义道路，是实现中国社会主义现代化和创造人民美好生活的必由之路；中国特色社会主义理论体系，是马克思主义中国化的最新成果，它同马克思列宁主义、毛泽东思想是坚持、发展和继承、创新的关系；中国特色社会主义制度既坚持了社会主义的根本性质，又借鉴了古今中外制度建设的有益成果，是中国社会发展进步的根本制度保障。

对于广大中国人民来说，什么样的人生是最光荣、有意义的人生，就是投身于建设有中国特色社会主义的伟大实践。在中国，每个人的人生道路都与国家的发展紧密相关，建设有中国特色社会主义的"基本结论"和人生观建设的"最大光荣"是紧密联系在一起的。建设有中国特色的社会主义，把中国建设成高度文明、高度民主的社会主义现代化国家，是现阶段中国各族人民的共同理想。这一共同的价值理想，反映了中国社会客观实际与发展需要，体现了中国人民的迫切愿望和根本利益，关系到中国的国际地位和前提命运。

四　用社会主义核心价值观汇聚共识

经过 60 多年的发展建设，社会主义中国解决了 13 亿人的温饱问题，国民生活总体上达到小康水平。在工业、农业、国防和科学技术领域，中国在诸多指标上已经跨入世界先进行列。1979—2012 年，国内生产总值年均增长 9.8%，经济总量跃居世界第二位，成功实现了从低收入国家向中等偏上收入国家的跨越。

在政治领域，人民代表大会制度、中国共产党领导下的多党合作和政治协商制度、民族区域自治制度和基层群众自治制度不断完善，社会主义民主法治建设不断加强，政治体制改革稳步推进。改革开放以来，中国共产党团结带领中国人民在发展社会主义民主政治建设方面取得了重大进展，坚持党的领导、人民当家做主、依法治国的有机统一，成功开辟和坚持了中国特色社会主义政治发展道路。

在文化领域，坚持走中国特色社会主义文化发展道路，弘扬社会主义先进文化，推动社会主义文化大发展大繁荣，不断丰富人民的精神世界，增强人民的精神力量，努力建设社会主义文化强国。党的十八大以来，党中央坚持以民为本、以人为本的执政理念，把民生工作和社会治理工作作为社会建设的根本任务，让改革发展成果更多更公平地惠及全体人民。同时，按照尊重自然、顺应自然、保护自然的理念，贯彻节约资源和保护环境的基本国策，把生态文明建设融入经济建设、政治建设、文化建设、社会建设的各方面和全过程，建设美丽中国，大力推进社会主义生态文明建设。

面对改革开放以来当代中国社会发生的巨大而深刻的变化，习近平总书记指出："今天之中国，同新中国成立以前的中国相比，同鸦片战争以后的中国相比，有天壤之别！"① 同时，我们也清醒地看到，建设中国特色社会主义是前无古人的伟大事业，前进的道路不可能一帆风顺。中国的社会主义还处在初级阶段，面临许多没有弄清楚的问题和待解的难题，对许多重大问题的认识和处理都还处在不断深化的过程之中。就社会价值而言，经济体制的改革，也带来了政治、文化、社会等方面的改变，在发展社会主义市场经济的过程中，人们的价值观也随着发生变化，社会价值观相应地呈现出多元的趋向。在生活中，对财富的合理追求不再被人所诟病；在生产中，人们追求的往往是"最大效益"。在这种时代背景下，中国人的价值观念更多了一些对实际利益的关注，关注在实际生活中如何实现人生理想、获得幸福。当竞争、效率等价值观念在市场经济中进一步得到强化，唯利是图、享乐主义、拜金主义等也在不断滋生。一些人为了金钱不顾良心、责任，不惜贪赃枉法，腐化堕落，这些人尽管是少数，但在社会上产生了很坏的侵蚀作用。对此，邓小平旗帜鲜明地指出，特别要防

---

① 《习近平总书记系列重要讲话读本》，学习出版社 2014 年版，第 15 页。

止只顾本位利益、个人利益而损坏国家利益、人民利益的破坏性的自发倾向，批判和反对损人利己、唯利是图、"一切向钱看"的腐朽思想，批判和反对无政府主义、极端个人主义。

如何实现人生理想获得幸福？徇私舞弊、腐败堕落现象使人触目惊心，如何看待人们价值观的变化，是我们在新的历史时期必须要面对的一个问题。从历史发展的角度看，人们的价值观从单一到多元，是一种时代的进步，价值观的变化扩展了人们的活动天地，可以让人们找到实现人生价值的多种途径。然而，当社会的价值观呈现一种多元价值冲突的格局时，不同利益主体的价值取向不同，使得社会价值观处于一种无序乃至冲突的状态，人们在多元的价值观面前必然会出现茫然迷失的困惑。这种情况说明，当代中国社会需要树立起一面汇聚共识的"旗帜"，确立社会主义的核心价值观。

当今时代，世界各国间的文化交流进一步扩展与加强，呈现出多元文化并存的局面，各文化间相互影响、相互渗透的程度也空前增强。面对经济全球化、国际政治多极化和文化多元化的挑战，伴随着中国改革开放和社会主义市场经济的不断深化，中国共产党适时提出了大力建设社会主义核心价值观，以社会主义核心价值观引领社会思潮，尊重差异、包容多样，最大限度地形成社会思想共识的重要任务。社会主义核心价值观具有强大的激励作用，它可以引导社会多元价值观向着正确的方向行进。作为价值指南，它对社会民众具有独特的内在感召力和外在约束力，能够引导人们面对纷繁复杂的价值现象和价值冲突，做出科学合理的判断，进行恰当的价值选择，形成和遵守共同的社会道德规范。

什么样的社会，就需要什么样的价值观。中国特色社会主义事业的发展需要社会主义核心价值观的伴随和支撑。我们当前所倡导的富强、民主、文明、和谐、自由、平等、公正、法治、爱国、敬业、诚信、友善的社会主义核心价值观，既有面向构建什么样的国家的价值观，也有指向建设什么样的社会的价值观，还有属于公民道德层面的价值观。可以说，国家和社会层面的核心价值观既是中国特色社会主义道路的本质体现，也是中国社会主义制度对中国人民的承诺、对人类未来命运的把握、对历史发展方向的定位；而公民道德层面的价值观则是人民群众生活的伦理规范，用来调节人们之间以及人与社会之间的关系。三者之间既有密不可分的联系，又有着性质和功能上的区别，共同构成中国价值观的重要内容。

第三章

当代中国国家发展的价值目标

在当代中国倡导的社会主义核心价值观中，"富强、民主、文明、和谐"是从国家层面提出的价值理想。在经历跌宕起伏的历史变迁后，中国进入前所未有的发展新时期。这个价值目标的确定，深刻表达了中国的国家意志，体现了人民的普遍意愿和诉求。践行这些要求，将凝聚全中国的力量，形成建设幸福家园、贡献世界发展的巨大合力。

◇ 第一节 富强

尽管制度不同、肤色各异、信仰有别，但是无论哪个国家的人民，都向往更好的生活、更多的福祉。历史上的中国，有过国家繁荣昌盛、人民安居乐业的辉煌，也有过山河支离破碎、人民流离失所的苦难。民富才能国强。为此，中国共产党明确将富强作为国家价值目标的首要观念。

一 国富民强是百年期盼

富强，简单解释就是让人民富裕、国家强大，古代中国对此曾经形成过两种不同的追求理念。一种是中国春秋战国时期（公元前770—公元前221年），诸侯争霸，形成了以法家为主的"国家本位"的富强路线。正如中国古代著名哲学家、政治家、军事家管仲所说："主之所以为功者，富强也。故国富兵强，则诸侯服其政，邻敌畏其威。"① 另一种是与法家不同的"民富为先"的富强路线，认为法家的富国之策虽然可以快速见效，但急功近利，并不能带来持久的富强，主张以"仁义"为治国之本，重义轻利，藏富于民。这主要体现了儒家的治国理念，而自汉代以后，儒家思想在中国占据主流地位，因此历代贤明的君主总是把人民丰衣足食放在首位。

在"裕民""富民"理念的影响下，古代中国曾是同时期世界上最强大富饶的国家之一。从经济发展水平来看，古代中国的经济总量曾经达到世界经济总量的一半以上，直到18世纪末期，中国的经济规模仍然是世界上最大的。根据典籍记载，隋唐时期是中国经济繁荣昌盛的重要时期。例如，西市是1400多年前隋代的大兴城和唐代的长安城里最著名的国际贸易中心，它始建于隋，兴盛于唐，是当时世界上最大最繁荣的商业贸易中心，占地1600亩，建筑面积100多万平方米，有220多个行业，商贾云集，贸易兴隆，被誉为"金市"，是当时世界上最重要的国际性市场和时尚娱乐中心。繁华程度盛极一时，是丝绸之路的起点，是世界商品贸易的鼻祖。北宋的都城汴京当

---

① 《管子·形势解》。

时经济发展极盛，城内外四河流贯，陆路交通也四通八达，是当时的水陆交通中心，也是商业和贸易的中心，汴京当时的人口将近 100 万。北宋著名画家张择端的《清明上河图》表现了当时汴京的繁华。公元 10 世纪末，中国民间已经出现了最早的纸币——交子。中国成为世界上最早使用纸币的国家。元朝统一后，颁布了《至元宝钞通行条画》十四款，是世界上最早的较为完备的币制条例。16—18 世纪的中国是世界上最大的商品出口国，那时英国销往中国的商品总值，尚不足以抵销中国卖给英国的茶叶一项，全世界 50 万以上人口的 10 个大城市中国就占了 6 个。明末，传教士利玛窦《中国札记》这样记载中国："这里物质生产极大丰富，无所不有，糖比欧洲白，布比欧洲精美……人们衣饰华美，风度翩翩，百姓精神愉快，彬彬有礼，谈吐文雅。"

从科技成就来看，古代中国有很多重大科技发明，对世界的生产生活产生了重要影响。英国著名科学史专家李约瑟在《中国科学技术史》的序言中指出："在近代以前的所有文明中，没有一个国家的文明比中国文明更发达、更先进。"

中国古代主要科技成就一览表

主要成就	发明者/起源	发明时间
十进位制	甲骨文	公元前 13 世纪
冶铁	佚名	公元前 513 年
水力鼓风设备	杜诗	公元 31 年
造纸术	蔡伦	公元 105 年前后
浑天仪	张衡	公元 2 世纪初
圆周率计算	祖冲之	公元 5—6 世纪
《齐民要术》	贾思勰	公元 533—544 年

主要成就	发明者/起源	发明时间
火药	沈括《梦溪笔谈》	公元 7 世纪
指南针	沈括《梦溪笔谈》	公元前 4 世纪
活字印刷	毕昇	约公元 1041—1048 年

中国古代的统治者也非常注意防范周边国家的进犯，以保国泰民安，西汉将领在给皇帝的报告中说："明犯强汉者，虽远必诛"，就反映了古代中国对于国防的看法。但是，熟悉中国历史的人都知道，古代中国在反击外来入侵时有一个特点，那就是强力反弹、有限扩张。面对强敌，坚决反击，但反击胜利，就适可而止。从总体上看，中华民族在每次战胜大危机之后，都没有西方帝国或东方成吉思汗式的爆发扩张，而总是将胜利限定在一定范围之内。对于这个"度"的把握，充分体现了中华民族深邃的战略洞察能力和对战争的深刻看法。《孙子兵法》开篇就说，"兵者，国之大事也，死生之地，存亡之道，不可不察也"，中国古代兵书《司马法》也说，"国虽大，好战必亡。天下虽安，忘战必危"，都说明中华民族在对待战争的问题上是冷静清醒，是爱好和平的。

不同于欧洲在历史上就是由许多文明相似的国家组成的民族生存区域，中国一直是拥有稳定的共同文明的大家园，对不同文明崇尚"和而不同"，对文明冲突总是"以仁为本"。具体说，不夺其地，不变其俗，不杀其人。例如，战国秦昭王时期的统帅白起战功卓著，每战拔城十座以上，最后打得山东六国无人敢于挂帅迎敌。后来的长平大战中，白起秘密挂帅，一战歼敌 50 万人，创造了中国兵法的最高典型，堪称战神当之无愧！然则由于他坑杀赵国降卒 40 万人，却被中国的正统史家唾弃，从来不列为名将褒奖。这种事例在中国历史上屡见不鲜。春秋对夷狄，秦汉对匈奴，隋唐对胡人，明对蒙古，民国对满洲，第二次世界大战中对日本战俘，抗美援朝对美国战俘……中华文明在对外战争中所具有的人道主义光辉，永远是世界历史的一盏明灯。也许有人会说，战争就应该是残酷的，但是中国人内心的"以仁为本"，使中国不会因为战争而与敌人一起坠入灵魂的地狱，会坚守文明和正义，从而在危亡关头敢于大无畏地面对任何强敌。相比之下，日本的靖国神社却堂而皇之地供奉肆虐屠杀的"英雄"，这显然是不同的价值体系使然。

中国，这个千年文明古国，到了封建末期，儒家"德为本，财为末"和"富强在天"的富强理念不再适应当时的世界。当英国工业革命兴起，西欧各国相继由农业文明进入工业文明的时候，中国依然沉浸在往日的繁华中，错误地实施了"闭关锁国"政策，把自己与日益先进的世界隔离开来。1840年鸦片战争以后，中国逐渐沦为半殖民地、半封建社会。这个曾经辉煌一时、自诩为天朝上国的古老国度，开始靠不断割地赔款来委屈求和，仅八国联军侵华就赔了10亿两白银。中国内心深处的自满和骄傲被硬生生扭转为自卑和羞耻，这种伤痛潜移默化地影响到现在。

面对中华民族前所未有的灾难，先进的中国知识分子开始"睁眼看世界"，探索实现国家富强的道路。清朝政治家、文学家魏源最早主张学习西方的技术来抵抗西方。清政府的官员中，以张之洞、李鸿章等一批重臣为代表，在坚持"中学为体、西学为用"的前提下，开展洋务运动，创办军事、民用企业，建立海军，设新式学堂，派遣留学生出国学习。这些措施在一定程度上促进了中国民族工业的发展，加快了中国的现代化进程。甲午战争失败后，以康有为、梁启超为代表的资产阶级维新派传播维新思想，主张效仿日本进行变法，实行君主立宪制。1894 年，清朝政府与日本签订了不平等的《马关条约》后，中国面临亡国灭种的危机。1898 年 6 月 11 日，光绪皇帝根据维新派的建议发动了戊戌变法，在政治方面广开言路、改革政府机构；在经济方面鼓励民办企业、发展资本主义；在教育方面鼓励学习西学。但变法仅进行了 103 天，就在清王朝的实际掌权者慈禧太后的镇压下夭折，光绪皇帝被囚禁，康、梁流亡国外，戊戌变法主要成员被处死或迫害。变法的失败说明，不触动封建统治的根基，仅靠学习西方先进技术和政治制度的皮毛来进行革新，无法让中国走向富强。

1911 年，革命党人发动了辛亥革命，结束了中国两千多年的封建君主专制制度，建立了资产阶级共和国。以孙中山为首的资产阶级革命派希望"此后社会当以工商实业为竞点，为新中国开一新局面"，主张通过兴办实业建立起独立自主的中国民族资本主义经济体系，以求实现国家的独立富强。大力兴办实业的措施极大地促进了当时中国经济社会的发展，增强了国家的实力，但是这种"实业救国"的尝试并没有从根本上清除在当时占统治地位的封建经济、封建政治和封建文化，这条道路并没有走通。辛亥革命后，军阀割据，百姓饱受欺凌，依然生活在水深火热之中。对那一段历史，毛泽东曾说过："在一个半殖民地的、半封建的、分裂的中国里，要想发展工业，建设国防，福利人民，求得国家的富强，多少年来多少人做过这种梦，但是一概幻灭了。"①

二　新中国对富强之路的探索

在马克思和恩格斯看来，无论社会主义还是共产主义，在其追求

---

① 《毛泽东选集》第 3 卷，人民出版社 1994 年版，第 1080 页。

的价值目标中，都应当包含有富强的维度，这具体体现为：创造财富、摆脱贫困、发展社会生产以及保证社会成员过上充裕的物质生活等价值追求，接受了马克思主义的中国共产党人将这一富强理念付诸治国实践。正如毛泽东所说的："中国一切政党的政策及其实践在中国人民中所表现的作用的好坏、大小，归根到底，看它对于中国人民的生产力的发展是否有帮助及其帮助之大小，看它是束缚生产力的，还是解放生产力的。"①

1949 年 10 月 1 日，中华人民共和国宣告成立。新中国成立初期，经济处在崩溃边缘，由于国民党时期长期滥发纸币，财政赤字巨大，通货膨胀严重，市场极度混乱。从产值产量来看，1949 年我国工农业总产值只有 466 亿元，主要产品产量普遍低于新中国成立前的最高水平；钢产量只有 15.8 万吨（新中国成立前最高年产 90 多万吨），粮食产量只有 2162 亿斤（新中国成立前最高年产 2774 亿斤）。面对严峻的考验，中国共产党制定了在过渡时期的总路线，要在一个相当长的时期内，逐步实现国家的社会主义工业化，并逐步实现国家对农业、手工业和工商业的社会主义改造。要完成这些任务，原本预计需要 18 年左右的时间，但到了 1952 年，经济就已经恢复到了新中国成立前的最高水平，这不能不说是个奇迹。1952—1956 年，中国经济取得了较快的发展，市场繁荣、物价稳定，人民生活水平得到显著提高，这样的成就除了当时有苏联的支援外，更多是因为"三大改造"充分调动了全国人民的生产积极性，是适合当时生产力发展需要的，也由此创造性地实现了由新民主主义到社会主义的历史性转变，实现了中国历史上最深刻最伟大的社会变革，为当代中国发展进步奠定了

---

① 《毛泽东选集》第 3 卷，人民出版社 1994 年版，第 1079 页。

坚实基础。

1978年，中国共产党召开了具有重大历史意义的十一届三中全会，把工作中心转移到经济建设上来，实行改革开放，开启了中国改革开放的历史新时期。十四大后，将高度集中的计划经济体制转变为充满活力的社会主义市场经济体制，由封闭半封闭转向全方位开放的格局。经过30多年的不懈努力，中国经济以年均9.7%的速度快速增长，GDP由1978年的3645亿元增长到2011年的47.3万亿元，人均GDP也由1978年的不足100美元上升到2011年的4930美元，人民的生活水平从"尚未温饱"达到"总体小康"。目前，中国已经成为世界第二大经济体、第一大货物贸易国和第一大外汇储备国，综合国力大幅度提升；同时，中国经济对世界经济增长的年平均贡献率超过20%，已成为世界经济发展的重要引擎和推动力量。国家面貌发生翻天覆地的改变。

联合国粮农组织驻华代表珀西·米斯卡曾提到，根据联合国粮农组织的统计，20世纪90年代初（1990—1992年）到今天，全球长期营养不良人口减少了2.09亿，这其中，中国减少了1.38亿，贡献之大是其他任何一个国家都难以相比的。从2004年起，中国粮食连续十年增收。当前，无论是从粮食储备，还是从消费渠道来看，中国的粮食安全局面都是有保障的。这不仅对中国自身意义重大，对于稳定整个国际粮食市场，同样具有重要作用。事实上，中国史无前例的经济发展奇迹和实现粮食安全的独特模式，在国际上或是报道不足，或是没有被准确报道。

中国的改革开放取得了举世瞩目的成就，也让许多人对中国迅速崛起的中国模式产生了强烈的兴趣。中国的现代化进程，没有进行全球资源掠夺，没有惨绝人寰的奴隶贸易，更没有发动对外侵略战争。

中国模式扎根于中国土壤，是最适合中国发展，也是最有利于世界和谐的中国发展模式。

尽管中国经济总量已跃居世界第二位，但对于一个人口超过13亿的国家来说，任何总量一经平均分配就会变得很小。中国人均GDP还排在世界第80位左右，按国际标准还有2亿人生活在贫困线以下。历经30多年的扶贫开发，剩下的多半是"硬骨头"，贫困人民面临吃水难、行路难、用电难、上学难、就医难、增收难、贷款难等问题，贫困地区大多生态环境脆弱、生存条件艰苦、脱贫难度很大，发展中的新贫困问题凸显，必须以更好的发展来解决发展中的新问题。因此，中国共产党第十八次全国代表大会提出了全面建成小康社会的新要求，那就是：经济持续健康发展，转变经济发展方式取得重大进展，在发展平衡性、协调性、可持续性明显增强的基础上，到2020年，实现国内生产总值和城乡居民人均收入比2010年翻一番；科技进步对经济增长的贡献率大幅上升，进入创新型国家行列；工业化基本实现，信息化水平大幅提升，城镇化质量明显提高，农业现代化和社会主义新农村建设成效显著，区域协调发展机制基本形成；对外开放水平进一步提高，国际竞争力明显增强。

三 建设共同富裕的现代化强国

恩格斯曾指出，社会主义社会，在全社会占有生产资料的基础上，"通过社会生产，不仅可能保证一切社会成员有富足的和一天比一天充裕的物质生活，而且还可能保证他们的体力和智力获得充分的自由的发展和运用"①。

第一，富强要解放和发展生产力。社会主义制度不等于贫穷，而是要创造远远高于资本主义的生产力，创造丰富的物质财富和精神财富。中国改革开放的总设计师邓小平曾说："按照历史唯物主义的观点来讲，正确的政治领导的成果，归根结底要表现在社会生产力的发展上，人民物质文化生活的改善上。如果在一个很长的历史时期内，社会主义国家生产力发展的速度比资本主义国家慢，还谈什么优越性？"② 因此，中国共产党和中国政府坚持"贫穷不是社会主义，社会主义要消灭贫穷"③ 的观念，破除一些固有的思想障碍，着力发展生产力，使物质财富不断增长，使人民生活水平日益提高。改革开放是发展中国特色社会主义、实现民富国强的必由之路。通过改革开放，中国连续 30 多年保持近 10% 的经济增长率，城乡居民收入增长 30 倍以上，在经济发展的同时用十年时间构筑起一些西方国家近百年才完成的基本社保网，不到 20 年里就为全球减贫事业做出了超过 70% 的贡献。中国经济令人惊异的快速发展向世人展示了中国特色社会主义的优越性。

当前，中国在发展中依然面临一系列突出矛盾和挑战，前进道路上还有不少困难和问题。比如：发展中不平衡、不协调、不可持续问题依然突出，科技创新能力不强，产业结构不合理，发展方式依然粗放，城乡区域发展差距和居民收入分配差距依然较大，社会矛盾明显增多。中国要解决这些问题，关键在于深化改革，要进一步解放和发展生产力，以发展来解决发展中的问题。

---

① 《马克思恩格斯选集》第 3 卷，人民出版社 1995 年版，第 633 页。
② 《邓小平文选》第 2 卷，人民出版社 1994 年版，第 128 页。
③ 《邓小平文选》第 3 卷，人民出版社 1993 年版，第 116 页。

第二，富强必须是共同富裕。解放和发展生产力是社会主义目标实现的根本途径，但是"唯生产力论"也是必须要反对的。社会主义社会不仅取决于生产力的发展，还取决于生产力是否归人民所有，财富应当是属于全体人民的。中国在发展过程中，的确出现了贫富差距拉大的现象。但是，中国共产党和中国政府坚定地认为，两极分化不是社会主义，社会主义的根本目标是实现全体人民的共同富裕。邓小平多次明确指出："社会主义的特点不是穷，而是富，但这种富是人民共同富裕"①，"社会主义不是少数人富起来、大多数人穷，不是那个样子。社会主义最大的优越性就是共同富裕，这是体现社会主义本质的东西"②。中国实行改革开放的目的就是要让一部分地区、一部分人先富裕起来，以先富带动和帮助后富，最终实现共同富裕。

共同富裕体现了社会主义注重效率与维护公平的美好愿景。富强是达到共同富裕的物质基础，要实现富强的现实目标和共同富裕的最终目标，就要求中国在发展过程中既注重效率又维护公平，真正做到效率与公平的完美结合。只有注重效率，才能大力发展社会主义物质基础，大力发展社会生产力；只有维护公平，才能避免造成贫富悬殊，两极分化，真正实现共同富裕。因此，中国的社会主义经济建设，必须以效率促公平，在追求高效率、坚持注重效率的同时，更加维护公平；必须以公平促效率，在维护社会公平、更加注重公平的同时，高度重视效率。党的十八届五中全会进一步指出以人民为中心的发展理念，为构建创新、协调、绿色开放和共享的经济模式指明了方向。

第三，富强是打造"命运共同体"和"利益共同体"。习近平主

---

① 《邓小平文选》第 3 卷，人民出版社 1993 年版，第 265 页。
② 同上书，第 364 页。

席这样解释中国梦，"中国梦是和平、发展、合作、共赢的梦，我们追求的是中国人民的福祉，也是各国人民共同的福祉"。虽然中国曾经屡遭侵略与蹂躏，但中国人骨子里热爱和平、珍视和平，几经风雨与抗争、屈辱与奋起，在改革开放中日益崛起的中国，更加懂得和平发展、合作共赢的现实意义。如今的中国秉承了古代中国的"富而不骄，强而不霸"和"己所不欲，勿施于人"的发展理念，致力于树立与世界各国同舟共济的"共同体"。正如邓小平所说："中国现在不是，将来也不做超级大国……如果中国有朝一日变了颜色，变成一个超级大国，也在世界上称王称霸，到处欺负人家，侵略人家，剥削人家，那么，世界人民就应当给中国戴上一顶社会帝国主义的帽子，就应当揭露它，反对它，并且同中国人民一道，打倒它。"①

从习近平在俄罗斯莫斯科国际关系学院的演讲中提到"命运共同体"，到博鳌论坛中强调"坚持同舟共济""不能这边搭台、那边拆台，而应该相互补台、好戏连台"，中国与亚非国家正在广泛建立"命运共同体"。2014 年，中国出资 400 亿美元建立丝路基金，与之前中国主导建立的亚洲基础设施投资银行一起，真正体现了中国作为负责任的发展中大国的国际形象。表明中国没有走别国殖民主义的老路，通过掠夺殖民地致富，而是选择共同富裕、建立命运共同体和利益共同体的共赢道路，落实睦邻、富邻、安邻的周边外交政策，用丝路基金帮助发展、互联互通，用中国的资金、技术、建设能力与周边国家共享发展成果，实现共赢发展。

---

① 《邓小平文集（一九四九——一九七四年）》下卷，人民出版社 2014 年版，第 355 页。

◇ 第二节 民主

民主是人类政治文明发展的结果，是各国人民的普遍追求。近代百年来，中国人民矢志不渝地追求民主政治，君主立宪制、议会制、多党制，中国都经历过、尝试过，但都没有成功。最终，中国人民在实践中成功开辟了一条有中国特色社会主义民主政治发展道路。这条道路，得到了最广泛的支持，带领人民取得了民族解放和国家独立；也是这条道路，使中国在改革开放的征程中上下一心，取得了经济发展和社会进步的巨大成就。

一 人民的选择，历史的选择

"民主"在希腊语中的本意是指"众人的统治"，意即大多数人当家做主，同君主制、寡头政治、独裁政权相对立。历史传统、具体国情和发展阶段不同，各个国家的民主道路和模式就会呈现出不同的特征。比如，英国是在君主制基础上通过改良方式发展为君主立宪制；美国是在移民文化基础上通过革命形式建立起以联邦制为基础的总统共和制；而法国则在革命和复辟的多次反复中，建立了兼具议会制和总统制特征的混合制。可以看出，民主无论是作为思想观念，还是作为国家形态，都不是抽象的、绝对的、静止的，而是具体的、相对的、发展的。民主的具体形态总是同产生它的社会历史条件存在密切联系，并深深根植于这个国家或社会的经济基础、历史传统、民族特性等土壤中。

19 世纪末期，西方近代民主理论曾在中国进步知识界广为传播，一些爱国志士希望通过学习西方先进技术和政治制度变革落后的社会制度，但都没有达到预想的目标。早在鸦片战争前，清朝重臣林则徐就组织翻译、编纂《四洲志》，开始了解和研究西方资本主义国家情况。到了太平天国运动时（19 世纪中叶中国著名的反清反外国侵略的农民运动，被清王朝镇压），领袖洪秀全借用西方基督教中平等、互爱等思想创立了拜上帝会。1898 年戊戌变法的失败，促使后来的知识分子觉醒，放弃君主立宪制，转而希望通过革命建立美国那样的共和国。民主革命先驱孙中山第一次比较完整地提出了资产阶级共和国方案，他的主张是"三民主义"，即民族、民权、民生。民族是要通过革命手段，推翻清王朝，建立民族独立的国家；民权是要推翻君主专制制度，建立资产阶级民主共和国；民生是要平均地权。1911 年的辛亥革命推翻了清王朝统治，通过一系列法令宣布了各项民主权利。但令人遗憾的是，革命派只把斗争的矛头对准封建皇帝，对多数封建地主官僚集团则实行妥协，以至于把革命果实拱手让给了北洋军阀头目袁世凯，袁世凯和张勋分别复辟帝制又被推翻，之后中国再一次陷入封建军阀割据的混乱。清末官员梁济（中国著名思想家梁漱溟之父）曾对民主共和制寄予厚望，然而现实无情地粉碎了他的期望。他曾记载"每当召开国会期间，各省议员纷纷下火车时，各政党工作人员就会在火车站前，树立起本党招待处的招牌，竭力拉刚下火车的议员们住到本党安排的招待所中去。那些议员们前呼后拥先住到甲党招待所，得到各种好处与红包，承诺投该党的票，然后再住到乙党招待所，再拿一份好处与红包，并答应投该党的票，拿到所有的好处后，最后投了自己的票"。[①] 因

---

① 梁焕鼎、梁焕鼐编，梁济著《桂林梁先生遗书·伏卯录》，载沈云龙主编《近代中国史料丛刊》第三十四辑，文海出版社印行，第 354 页。

此，民主共和国在中国只是昙花一现。

从以上简要回顾可以看出，当初中国人学习西方先进制度是十分热烈、十分认真和十分虔诚的。但维新派和革命派的失败也表明，当时的中国与变革前的英国、日本、美国等国家不同。中国的封建制度长达两千多年，根基太深太久，这种制度已经发展到它自身极精致和极完备的地步，要改变它又必然触及那些深层的盘根错节的利益关系，封建势力更顽固，改革的阻力更大。在封建统治和殖民侵略的双重压力下，中国的民族资产阶级太软弱，革命不彻底，他们不能得到占人口绝大多数人民的支持，救不了中国。

俄国十月革命给追求进步的中国人带来了新的希望。1921 年，中国的马克思主义政党组织——中国共产党成立，中国共产党提出了建立民主政治的行动纲领，即采用无限制的普遍选举制，保障人民结社、集会、言论、出版自由权，废止治安警察条例和压迫罢工的刑律等。此外，为促成民主主义革命的早日成功，中国共产党提出建立民主主义的联合战线，以达到实现国内和平和民族完全独立的奋斗目标；主张制定关于保障工人权益、改良农民待遇和男女平等的法律。1931 年 11 月，中国共产党成立了中华苏维埃共和国中央临时政府，颁布制定了宪法大纲、土地法和劳动法等，第一次将人民民主理论和主张付诸革命的行动和实践，人民群众依法享有选举权和被选举权，享有集会、结社、言论、出版等民主权利，讨论和决定国家及地方的政治事务。

1937 年，日本发动全面侵华战争，中国共产党根据形势发展与变化，主张实施新的民主改革，以便建立更广泛的抗日民族统一战线，共同抵御外敌的入侵。毛泽东指出，中国必须进行两方面的民主改革。"第一方面，将政治制度上国民党一党派一阶级的反动独裁政体，改变为各党派各阶级合作的民主政体。""第二方面，是人民的言论、集会、结社自由。没有这种自由，就不能实现政治制度的民主改革……政治制度的民主改革和人民的自由权利，是抗日民族统一战线纲领上的重要部分。"① 各抗日根据地政权都颁布实施宪法性文件，规定保障各种民主权利，并且在民主政权组成人员的分配上实行"三三"制原则，共产党员、非党员的左派进步分子、中间分子各占1/3，使各党派及无党派人士均能参加边区民意机关的活动和边区的行政管理。中国共产党还在边区革命根据地规定了选举可以采取多种投票方法：识字多的选民用票选法，识字不多的选民用画圈法、画杠法，完全不识字的选民用投豆的方法选举。通过这些选举方式，广大民众实现了有史以来从未有过的民主。中国共产党提出的民主政治改革主张，使中国共产党团结了一切可以团结的力量，获得国内外广泛的关注、支持和赞誉。

民主是社会主义的本质要求，人民民主是社会主义的生命，人民当家做主是社会主义民主政治的本质和核心。1949年9月，中国人民政治协商会议第一次全体会议在北平召开。会议制定了具有临时宪法作用的《中国人民政治协商会议共同纲领》，第一次用法律的形式赋予人民当家做主的权利。20世纪50年代初，地方各级人民民主政权逐步建立起来，各项管理制度的民主化改革有序推进。1954年，新中国第一部宪法公布实施，人民代表大会制度在全国范围内建立。从那时起，特别是改革开放以来，中国共产党总结发展社会主义民主正反两方面经验，领导中国人民进行了社会主义民主的伟大实践，社会主义民主呈现出旺盛的生命力。

---

① 《毛泽东选集》第1卷，人民出版社1991年版，第256—257页。

近代中国对民主制度的探索历程表明，每个国家选择什么样的民主制度，必须从实际国情出发，不能照抄照搬他国民主制度。社会主义民主之所以行得通、有生命力、有效率，就是因为它是从中国的社会土壤中生长起来的，并在实际中不断得到验证。可以说，中国革命的胜利，就是社会主义民主的胜利；中国国家的发展，社会主义民主是力量源泉。社会主义民主是中国的历史选择。

二 广泛而真实的民主

评判一种政治制度是否民主，不能只看重外在的表现形式。即使实行了三权分立、议会制和多党制，进行了全国性竞选，但政权实际上是控制在富人或者财阀手中，出现关塔那摩监狱、斯诺登披露的国内外监听等现象，那就不是真实的民主。1945 年抗日战争即将胜利的时候，民主人士黄炎培等访问延安。黄炎培直言向毛泽东问道："我生六十余年，耳闻的不说，所亲眼见到的，真所谓'其兴也勃焉，其亡也忽焉'。一人，一家，一团体，一地方，乃至一国，不少单位都没有能跳出这周期率的支配力。大凡初时聚精会神，没有一事不用心，没有一人不卖力。既而环境渐渐好转了，精神也就渐渐放下了。有的因为历时长久，自然地惰性发作，由少数演为多数，到风气养成，虽有大力，无法扭转，并且无法补救。"毛泽东肃然相答："我们已经找到了新路，我们能跳出这周期率。这条新路，就是民主。只有让人民起来监督政府，政府才不敢松懈。只有人人起来负责，才不会人亡政息。"

因此，民主的关键要看人民的意愿是否得到充分反映、管理自己国家的要求是否充分实现、合法权利是否得到充分保障。掌握全国政权后，中国共产党建立起社会主义基本政治制度，既有民主的实质内容，又有民主的有效实现形式，较好地实现了民主原则与中国国情的统一。

（一）人民代表大会制

早在新民主主义革命时期，中国共产党就开始对未来国家政体模式进行理论探索与制度实践。土地革命战争时期，在各革命根据地创建苏维埃代表大会制度；抗日战争时期，实行参议会（县议会、村民代表会等）制度；解放战争时期，各大行政区先后实行人民代表会议（大会）制度。1953年，中国在全国范围内开始推行基层普选，选举产生的人民代表逐级召开人民代表大会。1954年9月，第一届全国人民代表大会第一次会议正式召开，全国各省市和各群体选举产生的代表共1226人参会。会议制定和颁布了中国第一部社会主义类型的宪法——《中华人民共和国宪法》，该宪法在草案讨论期间，短短两个多月时间里，有1.5亿人参与讨论和提出意见。宪法以国家大法的形式把人民代表大会制度确立为国家政体的形式。

实行人民代表大会制度是中国社会主义民主政治最鲜明的特点。在国家机构体系中，人民代表大会作为国家最高权力机关统一行使国家权力，实行民主集中制，集体行使职权，集体决定问题；国家行政机关、审判机关、检察机关由人民代表大会产生，对它负责、受它监督，合理分工、协调一致地工作，保证了国家统一有效地组织各项事务，保证一切权力属于人民。

60多年发展历程中，人民代表大会制度不断得到巩固和发展，独具中国特色的政治制度安排，能够有效保证人民的权利和自由，能够有效调节国家政治关系，能够集中力量办大事，能够有效维护国家独立自主。实践充分证明，人民代表大会制度是符合中国国情和实际、体现社会主义国家性质、保证人民当家做主、保障实现中华民族伟大复兴的好制度。

（二）中国共产党领导的多党合作和政治协商制度

抗日战争时期，国民党实行一党专政的法西斯统治。在国共两种政治军事力量的尖锐斗争中，各民主党派为了共同反对国民党的专制统治，就先后同中国共产党联合起来，逐步形成了共产党领导的多党合作和政治协商的政党制度。在解放战争即将胜利前夕，中国共产党号召各民主党派、各人民团体、各社会贤达召开政治协商会议，讨论并实现召集人民代表大会，成立民主联合政府，得到了民主党派的热烈响应。1949 年中国人民政治协商会议第一届全体会议的召开标志着共产党领导的多党合作、政治协商的新型政党制度形式在中国基本确立。

中国人民政治协商会议是在中国共产党领导下，由中国共产党、8 个民主党派、无党派民主人士、人民团体、各少数民族和各界的代表，台湾同胞、港澳同胞和归国侨胞的代表，以及特别邀请的人士组成，具有广泛的社会基础。中国人民政治协商会议设全国委员会和地方委员会。政协全国委员会每届任期 5 年，每年举行一次全体会议。

中国共产党领导的多党合作和政治协商制度，是中国共产党与各民主党派在中国革命、建设和改革的长期实践中确立和发展起来的，是中国共产党同各民主党派风雨同舟、团结奋斗的成果，是中国社会主义民主政治中独特的、独有的、独到的民主形式，它与两党制或多党制相比，具有自身独特的优势。第一，中国共产党是执政党，民主党派是参政党，不是在野党，更不是反对党。中国共产党和民主党派之间"长期共存、互相监督、肝胆相照、荣辱与共"。第二，中国共产党和各民主党派有着共同的根本利益和共同的目标，以建设中国特色社会主义为共同理想。第三，各民主党派参加国家政权，参与国家事务的管理，参与国家大政方针和国家领导人选的协商，参与国家方针、政策、法律、法规的制定执行。第四，中国共产党和各民主党派都以宪法为根本活动准则，都受到宪法的保护，享有规定范围内的政治自由、组织独立和法律上的平等地位。

民主不是用来装点门面的花瓶，而是要真正解决人民要解决的问题。多党合作和政治协商制度既能实现广泛的民主参与，集中各民主党派和无党派人士的智慧，促进执政党和各级政府决策的科学化、民主化，又能实现集中统一，统筹兼顾各方面的利益诉求；既能避免一党执政缺乏监督的弊端，又可避免多党纷争、互相倾轧造成的政治混乱和社会不安定团结。协商民主在中国的成功实践丰富了民主的形式、拓展了民主的渠道、加深了民主的内涵，为人类文明做出了自己的贡献。

（三）中国的民族区域自治

世界上的多民族国家在处理民族问题方面有不同的制度模式，如联邦制、邦联制、民主自治等。中国作为一个多民族国家，采用的是民族区域自治。邓小平说："解决民族问题，中国采取的不是民族共和国联邦的制度，而是民族区域自治的制度。我们认为这个制度比较好，适合中国的情况。"①

迄今为止，中国共建立了 155 个民族自治地方，包括 5 个自治区、30 个自治州、120 个自治县（旗）。五大自治区成立以来，发生了翻天覆地的变化。内蒙古自治区国内生产总值由 1947 年成立时的 5.3 亿元跃升至 2013 年的 16916.5 亿元；宁夏回族自治区由 1958 年

---

① 《邓小平文选》第 3 卷，人民出版社 1993 年版，第 257 页。

成立时的 3.29 亿元增至 2013 年的 2577.57 亿元；西藏自治区由 1965 年成立时的 3.27 亿元增至 2013 年的 815.67 亿元；新疆维吾尔自治区由 1955 年成立时的 12 亿元增至 2013 年的 8443.84 亿元；广西壮族自治区则由 1958 年成立时的 146 亿元增至 2013 年的 14449.9 亿元。

为什么说民族区域自治适合中国国情呢？第一，统一的多民族国家的长期存在和发展，是中国实行民族区域自治的历史依据。第二，近代以来在反抗外来侵略斗争中形成的爱国主义精神，是实行民族区域自治的政治基础。第三，各民族大杂居、小聚居的人口分布格局，各地区资源条件和发展的差异，是实行民族区域自治的现实条件。

新中国成立 60 多年来，中国民族区域自治在促进各民族共同发展上发挥了至关重要的作用，少数民族地区发生了翻天覆地的变化，经济、政治、社会、教育、文化、卫生等各个方面都取得巨大成就。实践一再证明，中国的民族区域自治制度从保证民族文化的多样性、民族发展的自主性与国家政治结构的统一性角度实现了制度构建。这一制度"体现了民族因素与区域因素的统一，政治因素与经济因素的统一，制度因素与法律因素的统一，历史因素与现实因素的统一"。也正因为如此，这一制度一方面维系了中国民族格局的文化传统与历史渊源，通过单一制的国家结构形式体现、巩固和发展国家的统一性；另一方面，则尊重中国民族结构上的多元性，在促进中华民族多元一体格局在社会主义条件下、在统一的国家政治环境中，实现各民族之间的融合和发展。

（四）城乡基层民主自治

目前，中国建立了以农村村民委员会、城市居民委员会和企业职工代表大会为主要内容的基层民主自治体系，成为当代中国最直接、最广泛的民主实践。

中国 13 亿人口中仍有近一半生活在农村。如何使农民真正当家做主，充分行使民主权利，是中国民主政治建设的重大问题。中国村民自治式的基层民主，主要体现在以下四个方面。一是民主选举，村民可以直接选举或罢免村民委员会成员。二是民主决策。凡涉及村民利益的重要事项，都由村民会议或村民代表会议讨论，按多数人的意见做出决定。三是民主管理。村民委员会和村民按照被形象地称为"小宪法"的自治章程，实行自我管理、自我教育和自我服务。四是民主监督。村民通过村务公开、民主评议村干部、村民委员会定期报告工作、对村干部进行离任审计等制度和形式，监督村民委员会工作情况和村干部行为。实行村民自治，极大地激发了广大农民当家做主的积极性、创造性和责任感，掀开了中国农村民主政治建设的新篇章。

中国城市居民对居住地公共事务管理的民主自治依托居民委员会进行。在民主选举方面，居民委员会的选举打破了地域和身份的限制，民主程度不断提高。在民主决策方面，社区居民是民主决策的主体，通过社区居民会议、协商议事会、听证会等有效形式和渠道，对社区内公共事务进行民主决策。在民主管理方面，按照社区居民自治章程和规约管理。在民主监督方面，凡是居民关心的热点、难点问题和涉及全体居民切身利益的重大事务，都及时向居民公开。居民在日常工作中的民主权利主要通过职工代表大会制度来实现。自 1957 年起，中国就普遍建立起职工代表大会制度。至 2011 年 9 月，建立职工代表大会制度的企事业单位有 278.1 万家，职工代表大会在实行民主管理、协调劳动关系、保障和维护职工合法权益、推进企事业单位的改革发展稳定等方面发挥了不可替代的作用。

通过介绍和分析中国民主政治制度可以看出，在中国，人民当家做主，从来都不是一句空话，而是给予人民实实在在的权利。享有民主权利，不仅在选举时有投票的权利，更要在日常政治生活中有持续参与的权利。中国民主制度的设计不仅保证了民主主体的广泛性，同时也保证了享有民主权利的广泛性和真实性，真正形成人民群众参与各层次管理和治理的机制，凝聚起了推进社会进步的智慧和力量。邓小平曾说："我们评价一个国家的政治体制、政治结构和政策是否正确，关键看三条：第一是看国家的政局是否稳定；第二是看能否增进人民的团结，改善人民的生活；第三是看生产力是否得到持续发展。"[1] 按照这三条标准，中国特色社会主义民主政治制度是成功的，是符合中国国情和人民利益的。它不仅确保了中国社会政治稳定，真正实现了人民当家做主的民主权利，而且为中华民族伟大复兴事业注入了无限的活力和动力。

三　让人民享有更广泛的民主

一个不断进步的社会，应该是越来越民主的社会，这是国家发展的需要，更是全体人民的期盼。中国正在民主的道路上不断探索和创新性发展，通过深化政治体制改革确保人民越来越多地参与社会管理且能够决定社会发展的进程。

（一）完善和发展社会主义民主，必须坚持中国共产党的领导

中国幅员辽阔、人口情况复杂，13 亿人口中有 56 个民族、80 余种民族语言。人民利益的广泛性和实现人民利益的复杂性与艰巨性，必然要求一个代表最广大人民根本利益的坚强政治核心，来广泛地动

---

[1] 《邓小平文选》第 3 卷，人民出版社 1993 年版，第 213 页。

员、领导和组织人民掌握好国家权力，管理好国家、社会事务和各项事业。中国共产党的领导是实现社会主义民主的根本保证，在中国这样一个发展中大国，离开了共产党的领导，就不可能把全国人民的力量凝聚起来，发展民主就无从谈起。

中国共产党没有让人民失望，在取得了国家独立和改革开放的巨大成功后，在新的历史时期，中国共产党面对已有成绩和不足，胜不骄、败不馁，保持应有的政治定力和眼光，不断加强和改进自身建设，大刀阔斧地进行反腐斗争，坚定不移地走好走稳自己的路，有决心、有章法地完善和发展中国特色社会主义制度、推进国家治理体系和治理能力现代化，正如习近平总书记所说：我国国家治理体系需要改进和完善，但怎么改、怎么完善，我们要有主张、有定力。有了中国共产党的领导，中国人民对未来发展充满信心，改革大业必将持续稳定地推进。

（二）坚持和完善各项民主制度，让每个人都过上有尊严的生活

一个民族要跻身时代的前列，一刻也离不开理论的指引；一个政党要实现理论的创新，一刻也离不开实践的探索。当前，中国改革呈现出全面播种、次第开花的生动景象，为中国发展注入了强大动力，也浇灌着每个人的梦想。中国共产党和政府致力于不断扩大人民民主，健全民主制度，丰富民主形式，拓宽民主渠道，从各个层次、各个领域扩大公民有序政治参与。推进决策科学化、民主化，保证人民依法实行民主选举、民主决策、民主管理、民主监督，进一步保障人民的知情权、参与权、表达权和监督权。尊重和保障人权，依法保证全体社会成员平等参与、平等发展的权利。切实解决人民最关心、最直接、最现实的利益问题，努力使全体人民学有所教、劳有所得、病有所医、老有所养、住有所居，让人民生

活得更加幸福、更有尊严。

中国将进一步坚持和完善人民民主专政的国体和人民代表大会制度的政体，使国家的立法、决策、执行、监督等工作更好地体现人民的意志、维护人民的利益。健全社会主义协商民主制度，完善协商民主制度和工作机制，推进协商民主广泛、多层、制度化发展，坚持和完善中国共产党领导的多党合作和政治协商制度，巩固和发展最广泛的爱国统一战线。不断完善民族区域自治制度，牢牢把握各民族共同团结奋斗、共同繁荣发展的主题，不断加快民族地区经济社会发展，巩固和发展平等团结互助和谐的社会主义民族关系。完善基层民主制度，以扩大有序参与、推进信息公开、加强议事协商、强化权力监督为重点，拓宽范围和途径，丰富内容和形式，保障人民享有更多更切实的民主权利。

（三）法治正在以潜移默化的力量，塑造着中国社会的新生态

依法治国是中国特色社会主义民主政治发展的根本保障，"发展人民民主必须坚持依法治国、维护宪法法律权威，使民主制度化、法律化，使这种制度和法律不因领导人的改变而改变，不因领导人的看法和注意力的改变而改变"[①]。2014 年，中国共产党第十八届中央委员会第四次全体会议把法治中国提升到前所未有的高度。这是中国共产党首次以依法治国为主题的中央全会，在依法治国基本方略提出 18 个年头之后，法治中国的建设将展开新的蓝图、迈向更高境界。

社会主义法律是人民利益和意志的集中体现，是人民通过一定程序来制定和确认的，是不以少数人的意志为转移的。要推进科学立法、严格执法、公正司法、全民守法，坚持法律面前人人平等，保证

---

① 习近平：《在庆祝全国人民代表大会成立 60 周年大会上的讲话》，人民出版社 2014 年版，第 7 页。

有法必依、执法必严、违法必究。任何组织或者个人都不得有超越宪法和法律的特权，绝不允许以言代法、以权压法、徇私枉法。中共十八大以来，从"把权力关进制度的笼子里"到"提高立法科学化、民主化水平"，从"凡属重大改革都要于法有据"，到"让人民群众在每一个司法案件中都感受到公平正义"，一系列重大论断和重要举措，既有对多年来党治国理政思想的一脉相承，又有应对新形势、新挑战、新任务的创新发展。而一以贯之的，就是"法治"与"改革"这一推动当今中国在时代大潮中劈波斩浪的"双引擎"。以改革破除利益藩篱、疏浚矛盾淤积，以法治减少社会震荡、缓解转型阵痛，是适应新常态、推动中国现代化进程的基本保障。坚持依法治国、依法执政、依法行政共同推进，坚持法治国家、法治政府、法治社会一体建设，法治正在成为社会共同体有机联系的纽带，塑造人们共同行为规范的基石，巩固社会主义核心价值观的基石，维护国家安全和社会稳定的卫士。

（四）改变政府职能，健全权力运行监督体系

走中国特色社会主义民主政治道路，既要坚持社会主义基本政治制度，又要改革具体的领导和管理体制。在社会发展过程中，具体的政治制度与基本政治制度往往存在着不太适应的现象。这就需要从实际出发，对具体制度进行调整和改革。因此，中国共产党在坚持社会主义基本政治制度的前提下，敢于直面问题，积极改革具体的政治体制。改革开放以来，中国政府机构分别在 1982 年、1988 年、1993 年、1998 年、2003 年、2008 年、2013 年进行了 7 次规模较大的改革。国务院组成部门由 1981 年的 100 个减为现在的 18 个。初步建立起以市场经济宏观调控、社会服务与管理为主体的政府机构框架，切实解决政府部门机构重叠、职权交叉、政出多门的矛盾。经过调整和

改革，中国政府逐步增强市场配置资源的基础性作用，也有了更多的时间和精力履行社会管理和公共服务职能。

在改革职能的同时，加强权力的运行制约和监督，是深化政治体制改革、发展社会主义民主政治的客观需要。保障人民知情权、参与权、表达权、监督权，是权力正确运行的重要保证。凡是涉及群众切身利益的决策都要充分听取群众意见，凡是损害群众利益的做法都要坚决防止和纠正。中国积极建立健全决策权、执行权、监督权既相互制约又相互协调的权力结构和运行机制，推进权力运行公开化、规范化，完善党务公开、政务公开、司法公开和各领域办事公开制度，健全质询、问责、经济责任审计、引咎辞职、罢免等制度，加强党内监督、民主监督、法律监督、舆论监督，让人民监督权力，让权力在阳光下运行。

◇ 第三节　文明

文明是社会进步的重要标志，也是社会主义现代化国家的重要特征。人类文明是多姿多彩的，不同文明各有千秋，并在交流互鉴中变得更加丰富。

一　文明是社会进步的重要标志

自从人类揖别古猿时代，开始刀耕火种，文明的种子就开始在地球上萌芽生长。日月轮回，世事变迁，人们在改造自然的坚定步伐中，也让自己的精神世界发生着潜移默化的变化。这些变化，成为世界发展的"年轮",忠实地记录着文明带给我们的深刻变化。

（一）物质文明的进步，为社会的"物阜民丰"做注脚

"仓廪实而知礼节，衣食足而知荣辱。"只有具备了充分的物质文明，精神文明乃至整个社会的面貌才会发生根本的转变。衣食无忧、物质富足，一直是人们翘首以盼的理想社会状态。而物质文明的进步与发展，正是让这一理想变成现实的不二法门。纵观人类历史的发展进程，我们不难发现，从文明时代开始，社会形态的变化，正是与物质文明的推进相互应和的。

就中国的物质文明进步来说，我们有过辉煌，也曾经经历过"白骨露于野，千里无鸡鸣"的饥馑，在物质匮乏的时代，人们对自己的生活期待，只能是"宁为太平犬，不做乱世人"的喟叹。而"贞观之治"和"开元盛世"的盛唐景象，《清明上河图》描绘的繁华汴梁，"康乾盛世"的空前发展，都能让我们感受到物质文明的发展对社会面貌的巨大改变和塑造，感受到"物阜民丰"时代的精神状态。改革开放以来，中国更是清楚地认识到物质文明对于社会发展的重要性，明确提出了"以经济建设为中心"的发展战略，致力于实现国民经济的总体发展和人民生活水平的持续提升。到2015年，中国国内生产总值达到67.7万亿元，较上年增长6.9%，粮食产量实现"十二连增"，全国居民人均可支配收入实际增长7.4%，这些数字的背后，是劳动者的努力与汗水，也是"富强"宏图在神州大地的不断实现。而中国的整体面貌，也正是在物质文明的发展基础上不断改观的。

（二）精神文明的发展，为社会的"精神家园"奠基

物质文明的发展，解决的是"饱暖"问题，而社会的发展还离不开精神的成长。因此，一个社会的发展程度，也是与其精神文明的发

展程度息息相关的。无论是西方还是中国，都有足够多的案例让我们对此深有体会。古希腊罗马时期的繁华，中世纪时期的黑暗，文艺复兴的勃发，是西方精神文明对物质文明发展的曲折体现，也是我们认识西方社会的根据。而中国的春秋战国时期的百家争鸣、秦朝的"焚书坑儒"，以及唐诗宋词等的发展，则可以为我们勾勒出一幅华夏文明曲折发展的画卷，让我们对中华文明的发展有更加深刻的认识。精神文明是社会发展的标尺，为我们标记社会发展的高度和水准。

要全面建成小康社会，离不开精神文明的建设。发展社会主义精神文明，不仅能够全面提高劳动者的科学文化素质，为国家的物质文明发展和现代化建设提供强大的科学支撑和智力支持，还能够提高人们的思想道德素质，引导人们认同国家的基本经济制度和政治制度，树立正确的世界观、人生观和价值观，为全社会构筑"精神家园"。为此，中国政府在近年来不断加大投入力度，努力提高科研水平和理论创新能力，也开展形式多样的群众性实践活动，丰富人民的业余文化生活，充实人民的精神世界，提高人民的精神修养。文明城市、文明村镇、文明行业、文明单位等群众性精神文明创建的遍地开花，让精神文明建设的成果，变成了普通百姓可感受、可参与的现实生活。

（三）物质文明和精神文明的全面发展，是社会实现新发展的重要表现

物质文明与精神文明，是相辅相成的两个方面，其发展也不是非此即彼的两个极端。中国要实现的物质文明新发展，不是"只要金山银山，不要绿水青山"的片面发展，而是"既要金山银山，也要绿水青山"的全面发展；中国要实现的精神文明新发展，不是"不讲理由，只讲态度"的灌输式发展，而是"百花齐放，不断创新"的生成式发展。物质文明建设和精神文明建设的齐头并进，才能让中国的

社会状态和面貌实现更新，进而为世界文明的整体推进贡献自己的力量。

为避免片面发展带来的种种问题，我国实施了经济建设、政治建设、文化建设、社会建设、生态文明建设五位一体的社会建设总布局，将物质文明、精神文明与政治文明、社会文明和生态文明视为有机整体，致力于实现创新、协调、绿色、开放、共享的新发展理念，从整体上改变中国社会的面貌。这样的新发展，一定是充满生机与活力的。也只有这样的发展，才能真正构建和谐的社会，才能正确处理国家现代化过程中出现的各种矛盾和问题，才能保证中国走在生产发展、生活富裕、生态良好的文明发展道路上。

二　传中华文明薪火

中国有历史悠久的文明传统，有灿烂辉煌的文明成就，更有加强社会主义文明建设的迫切要求和现实需要。

（一）中国历史上的文明成就奠定了中国社会发展的文化基石

回顾中国社会的发展历程，我们可以看到，中华民族的文化创造和文化成就，不仅是中国社会发展成就的体现，也对世界文明的推进产生了非常重要的影响。

中华优秀传统文化为世界贡献了杰出的思想观念和精神创造。中国传统文化，尤其是作为其核心的思想文化的形成和发展，经历了先秦诸子百家争鸣、两汉时期经学兴盛、魏晋南北朝玄学流行、隋唐时期儒道释并立、宋明理学发展等几个不同的历史时期，形成了儒家、道家、法家、墨家、兵家、名家、阴阳家等形态各异的思想流派。每个思想流派都试图用自己的方式，为当时的中华文化发展描绘蓝图。

孔子的"仁者爱人"、老子的"道法自然"、荀子的"礼仪之治"等思想，都成为对后世产生深远影响的重要内容。而自董仲舒以后的"罢黜百家，独尊儒术"，更是为千年中国文化发展确定了轨迹。中华文化的思想贡献，也得到了世界的认可。英国伦敦大不列颠国家图书馆广场，伫立着世界十大思想家的雕像，而老子、孔子和惠能位列其中。美国《世界名人辞典》和英国《人民年鉴手册》推选的"世界十大思想家"，孔子都在首位。这充分体现了中华文明的发展对世界思想文化发展的深远影响。

中华传统文化为世界贡献了不朽的文学名篇和传世巨著。中华民族曾被称为诗性的民族。峨冠博带、衣袂飘飘，抚琴而歌、仗剑而行，也成为中华文化的典型形象。从劳工号子的抑扬顿挫，到吟游诗人的浅唱低吟，都成为中华文化生根发芽的丰沃土壤。《诗经》三百篇，以风、雅、颂的形式，记录下了地方民歌、国风和朝廷乐歌；以赋、比、兴的手法，抒情达意，开创了诗歌发展的先河。气势磅礴的汉赋，意味久远的唐诗宋词，嬉笑怒骂的元曲，再现世间百态的明清小说，都让人难以忘怀。这些作品，并没有随着岁月的流逝湮没，却如耀眼的明珠，在历史的长河中闪耀着迷人的光芒。这些文明成果的取得和传播，也就成为中华文化发展的一道靓丽风景。

中华传统文化为世界贡献了伟大的发明创造和永恒的文明见证。中华文化推崇思想观念的发展，重视诗性的塑造，并不等于说我们没有科学与技术方面的文化发展和文明贡献。无论是"四大发明"还是圆周率推算，无论是地动仪的发明还是黄赤交角的发现，无论是都江堰还是赵州桥，都是中华文明的突出成就，对世界科技的发展产生着深远的影响。至于秦砖汉瓦、唐三彩、敦煌莫高窟、故宫等的气势与精细，《清明上河图》的热闹与繁华，都成为中华文化的典型符号，被世界各地的人们关注和认可。初到中国的国际友人，大多要去故宫和长城，体会昔日"紫禁城"的神秘，感受"不到长城非好汉"的豪迈。这些都成为世界文明发展进程中不可或缺的部分，也成为今天的中国百姓引以为豪的文化根脉。

（二）当代中国的精神文明建设推动着中国社会不断发展进步

中国是一个历史悠久的国家，更是一个充满活力的国家。千年传承、延绵不断的文化生命，在今天的中国依旧绽放着富有活力的光芒。新中国成立，特别是改革开放以来，我国在文明发展的道路上，承担了双重的任务和使命。中国不仅要在经济发展上实现飞跃，努力实现民族复兴的伟大使命，更要在精神文明建设中实现飞跃，在多元共生的时代，确立精神文明的发展标尺。

中华优秀传统文化的传承蔚然成风，良好家风的提倡使得传统文化在今天有了新的生命活力。将中华优秀传统文化的思想精髓，置于全球化的时代背景之下，让那些曾经对中华文化发展产生积极和深远影响的时代精华，结合时尚的元素，继续对社会发展产生正能量，既是对中华文化的最好继承，也是对时代问题的最好回答。凡人善举虽然不惊天动地，但其中蕴含的丰富内容，让我们对"规矩"有了更直观的感受，对于我们的祖先恪守的东西有了更多的亲切感和自豪感。这正是文明发展的应有之义。

社会风气和精神面貌的改善，是当前文明建设最直观也最生动的呈现。随着"排队日"的出现和推广，我们看到越来越多的人意识到了"秩序"带给我们的美好；随着"一米线"的约束和遵守，我们看到越来越多的人开始习惯以"尊重他人"作为行为标准。当越来越多的人知道并自觉做到不乱丢垃圾、公共场所不大声喧哗、礼让需要关爱的弱势人群，当"一方有难、八方支援"成为社会主流的舆论声音，当欺凌、虐待成为"人人喊打"的"过街老鼠"，我们就可以很自豪地为我们生活于其中的社会点赞了。

（三）继续推进文明建设是中国社会进一步发展的需要

文明的发展造就了今天的中国，中国的发展更需要文明发展的继续推进。唐朝魏征在《谏太宗十思疏》里，有"求木之长者，必固其根本；欲流之远者，必浚其源泉；思国之安者，必积其德义"的隽语。在今天，这一名言对于我们进行文明建设也富有启迪。贫穷不是社会主义，抛弃精神追求的物质发展也不是社会主义。今天的中国，对于文明建设的需要，不是比以往少了，而是更多、更迫切。

继续推进文明建设，是实现民族复兴的时代要求。要实现民族振兴的梦想，就必须建设文明中国，通过落实文化建设的各项任务，促进文化的繁荣与发展。也只有做到这一点，中华文明才能继续对世界文明的发展产生积极影响。

继续推进文明建设，是改进中国形象的必然要求。中国的发展，让更多国人有了走出国门的机会。而随着文明建设的不断推进，国人形象也有了很大改观。但不可否认的是，还有一些不文明的现象，让国人蒙羞。在文物古迹上留下"到此一游"的"墨宝"、公共财物的肆意破坏、"中国式过马路"等现象的存在，都在某种程度上反映了文明意识的淡漠甚至缺失。我国的文明建设，必须面对这些问题，致力于解决这些问题，并以此为抓手，提升国人素质，改进中国形象。

继续推进文明建设，也是克服发展瓶颈的现实要求。追求和向往文明的生活，是实现"有尊严的生活"所期待的。但不可否认的是，有些时候，面对客观条件的限制和约束，也的确存在很多"不能文明"的窘迫与尴尬。这些在某种程度上构成了文明中国建设的瓶颈，成为制约社会发展的因素。比如，人口原因导致的交通拥堵、人均资源不足导致的不均衡发展、环境问题导致的雾霾等，都是我们实现文明中国、"礼仪之邦"的阻碍。这些问题的解决，也只有通过物质文明和精神文明的协调发展，才能得以解决。比如，高铁的发展虽然没有从根本上解决春运难题，但高铁的出现和迅速发展，的确对这一问题有很大的缓解。

三 筑中华文明高地

文明中国的建设还在路上。在世界的横轴上，一个古老的民族正在全球化时代确立自身的坐标。在历史的纵轴上，一种伟大的文化历经盛衰荣辱的磨难，在复兴之路上正扬帆起航。在新世纪新阶段，中国将大力加强社会主义物质文明、精神文明、政治文明、社会文明、生态文明建设，推动整个社会文明程度的提高，建设高度文明的国家。

（一）以"四个全面"战略布局为根据，确定治国理政的根本方向

今天的中国，面临前所未有的变革与发展机遇，也面临前所未有的挑战与压力。在这样的背景下，党的十八大提出了全面建成小康社会的战略任务，十八届三中全会提出了全面深化改革的总目标，十八届四中全会提出了全面推进依法治国的战略任务，这些战略，与全面从严治党一起，被确定为"四个全面"的治国理政战略布局。在未来一段时间，必将成为指导中国社会发展与文明进步的指导纲领。

"四个全面"是在对中国社会文明建设进行经验总结的基础上提出的。改革开放以来特别是党的十八大以来的社会文明与进步，使得中国在经济发展、政治文明、文化繁荣和社会进步等方面实现了前所未有的新进展。"老虎苍蝇一起打"的强力反腐，更让普通百姓看到党

和国家根治社会歪门邪道、倡导"风清气正"的良好社会风气的决心。随着文明建设的深入，越来越多的人对这一战略布局理解更深入、认同度更高，这在一定程度上对社会面貌的总体改变确定了良好的基础。随着社会风气的不断好转，社会面貌不断更新，那些曾经困扰我国发展的问题和困难，必然会在"四个全面"战略布局之下得到解决。

（二）坚持培育和践行社会主义核心价值观，构建中华民族的精神家园

人民有信仰，国家才有力量。要想在未来实现中国道路的发展，就必须坚持以社会主义核心价值观作为社会成员参与国家建设和社会生活的根本指导，让全体社会成员理解社会主义核心价值观对于实现社会发展的意义，理解社会主义核心价值观的"高大上"表达背后那些亲切和生动的东西，理解社会主义核心价值观与我们每个人现实生活的密切关联。只有这样，才能将其确定为精神信仰和行为指南。要做到这一点，就需要将社会主义核心价值观进一步落到实处，以社会主义核心价值观凝魂聚气，把对社会主义核心价值观的宣传融入国民教育和精神文明建设的全过程，讲好中国故事，发挥模范人物的道德示范和引领，将社会主义核心价值观的培育同改革开放的实践经验和伟大成就，以及全面建成小康社会的奋斗目标联系起来，以更加广泛的价值认同，实现"达成共识"，确定"精神支柱"。

需要说明的是，培育和践行社会主义核心价值观，并不是简单地背诵和记忆社会主义核心价值观的文字表达。不能以教条的方式，单纯以"是否会背诵"为标准，衡量社会主义核心价值观的落实。加强社会主义核心价值观的宣传教育，不能一味依赖纯灌输的方法。社会主义核心价值观应该像调味品一样，或者像盐一样，调在我们做出的各种佳肴里，让大家吃下去有利于健康，如果让接受者直接吃盐，可

能就适得其反了。

（三）坚持对中华优秀传统文化的传承发展，延续中华文化的生命活力

中华民族曾创造了灿烂辉煌的古代文明，为世界文明做出了不可磨灭的贡献。经历了千年历史考验的中华文化，是中华民族生生不息、发展壮大的丰厚滋养。没有文明的继承和发展，没有对中华优秀传统文化的弘扬和繁荣，就不会有中国梦的实现。因此，在今后的发展中，我们必须固守根本，对传统文化中的精髓，按照当代社会的需要，充分继承、创新发展，让文化血脉在新时代的背景下保持生机。

当前，对于传统文化的"复归"成为热潮，"国学热"的持续升温，学校、社区以"弘扬传统文化"为主题的实践活动，的确让传统文化有了前所未有的复兴空间。尤其可喜的是，人们已经普遍意识到"批判性继承"的价值，在"不忘祖训"的同时，又没有生搬硬套。而是着力创造性转换和创新性拓展。

（四）坚持吸收人类文明的一切成果，通过交流互鉴加深不同文化之间的理解

中华文化的发展，不是独立于世界文化发展之外的自我封闭，更不是唯我独尊的盲目自满。中国曾经有过闭关锁国的沉痛教训，也从改革开放中得到了益处。今后中国的文化发展，仍然要坚持海纳百川的开放态度，对于人类文明发展的一些优秀成果，都积极吸收采纳，通过与世界各国的深入交往，兼容并蓄，增进了解，与世界各国人民一起，建设文明、包容、共享、和谐的世界。

需要说明的是，世界眼光与中国立场，并不是完全对立的。恰恰相反，只有在参与世界交往的过程中理直气壮地坚持"自我意识"，中华民族才能充满自信地屹立于世界民族之林。也只有做到这一点，

我们才能让西方人理解被称为"东方雄狮"的中国"是一只可爱的狮子"。唯其如此，才能让形形色色的"中国威胁论"没有市场。中国需要世界，世界也需要中国。过去是如此，将来也是如此。

◇ 第四节　和谐

英国历史学家汤因比曾说："人类已经掌握了可以毁灭自己的高度技术文明手段，同时又处于极端对立的政治意识形态的营垒，最需要的精神就是中国文明的精髓——和谐。"[1]

一　和谐是中国文化的本色

中国从古至今都十分看重社会和谐。在中国古代，"和"即"和睦"，有和衷共济的意思；"谐"即"相合"，有协调、不冲突的意思。孔子说过"和为贵"，孟子描绘了"老吾老以及人之老，幼吾幼以及人之幼"的社会状态。到了近代，太平天国运动的领袖洪秀全提出要建立"有田同耕，有饭同食，有衣同穿，有钱同使，无处不均匀，无人不饱暖"的理想社会；维新派代表康有为提出要建立一个"人人相亲，人人平等，天下为公"的美好社会；民主革命先行者孙中山更是提出要创立"人能尽其才，地能尽其利，物能尽其用，货能畅其流"的大同世界等。两千多年来，人们从不同角度对"小康社会""大同社会"的描述，反映了人们对和谐社会的向往和追求。

---

① 汤因比：《谁将继承西方在世界的主导地位》，《思潮》1974 年第 9 期。

社会和谐也是中国共产党人不懈追求的目标。结合马克思主义思想、中国传统文化中对和谐的理解以及中国现实国情，中国共产党人在长期实践中，逐步深化了对和谐的认识。和谐不是没有矛盾，也不是要消灭矛盾，和谐是以矛盾的存在为前提，是多样性的统一和对立要素的有机而辩证的统一。中国共产党的十一届三中全会以后，中国坚定不移地推进改革开放和现代化建设，积极推动经济发展和社会全面进步，为促进社会和谐进行了不懈努力。党的十六届六中全会审议通过的《中共中央关于构建社会主义和谐社会若干重大问题的决定》，全面、深刻地阐明了社会主义和谐社会的性质和定位，指明了构建社会主义和谐社会的指导思想、目标任务、工作原则和重大部署。党的十七大再次强调了构建和谐社会的重要性，并对以改善民生为重点的社会建设做了全面部署。中国共产党的十八大要求继续推动科学发展、促进社会和谐，继续改善人民生活、增进人民福祉，完成时代赋予的光荣而艰巨的任务。在积累了正反两方面经验，不断探索和发展具有中国特色的社会主义社会建设理论的过程中，中国共产党把建设和谐社会摆在重要位置，加快推进以改善民生为重点的社会建设，努力形成全体人民各尽其能、各得其所而又和谐相处的生动局面，表明中国社会主义现代化建设更加注重价值理念与客观规律、质与量、过程与结果的统一。

二　国家发展离不开社会和谐

没有哪个国家可以在社会动荡不安、人民彼此隔阂的情况下得到良好发展。邓小平在谈到社会和谐时曾经说："中国人这么多，底子这么薄，没有安定团结的政治环境，没有稳定的社会秩序，什么事也干不成……发展经济要有一个稳定的局势，中国搞建设不能乱。"①
对于中国和中国人民来说，建设一个井然有序、生动活泼、和谐发展
的社会是国家富强、民族振兴、人民幸福的重要保证，建设社会主义
和谐社会是全国各族人民的共同愿望。

如今，中国已进入改革发展的关键时期，经济体制深刻变革，社
会结构深刻变动，利益格局深刻调整，思想观念深刻变化。这种空前
的社会变革，给中国的发展进步带来巨大活力，也必然带来这样那样
的矛盾和问题。目前，中国社会总体上是和谐的。但是，也存在不少
影响社会和谐的矛盾和问题，例如，城乡、区域、经济社会发展很不
平衡，人口资源环境压力加大；就业、社会保障、收入分配、教育、
医疗、住房、安全生产、社会治安等方面关系群众切身利益的问题比
较突出；体制机制尚不完善，民主法制还不健全；一些社会成员诚信
缺失、道德失范，一些干部的素质、能力和作风与新形势、新任务的
要求还不适应；一些领域的腐败现象仍然比较严重；一些敌对势力的
渗透破坏活动危及国家安全和社会稳定。中国在发展中遇到的一系列
矛盾和问题，无论是规模还是复杂性，都是前所未有和举世罕见的。

同时，复杂多变的国际环境也给中国的社会主义建设带来严峻挑
战。当前，综合国力竞争日趋激烈，世界多极化和经济全球化的趋势
深入发展，影响和平与发展的不稳定不确定因素增多，在应对挑战中
一旦决策失误，将会对国家发展带来惨痛的教训。人是生活在社会中
的人，国家也是在地球上共同发展的国家，人类生活在历史和现实交
汇的同一个时空里，已经越来越成为你中有我、我中有你的命运共同
体，一个国家、一个地区爆发的问题会发生蝴蝶效应，可能会引发区

---

① 《邓小平文选》第 3 卷，人民出版社 1993 年版，第 331—332 页。

域的动荡不安，甚至给世界和平发展带来不利影响。2015 年夏天，深受战乱、贫穷困扰的中东、非洲难民们铤而走险，蜂拥前往心中向往的欧洲，造成了欧洲难民危机。这样的事实不断提醒我们，要实现和谐发展，必须把国内的事情办好，始终保持国家统一、民族团结、社会稳定的局面，而且，在地球村中谁也不能独善其身，维护世界和平与正义，实现美美与共是我们人类的共同希望。

中国有近 14 亿人口，能让这么多人吃饱穿暖、居者有其屋就是对世界的巨大贡献。同时，中国努力担当世界经济增长的主要引擎，在国际事务中也以负责任的大国形象一路走来，成为世界稳定的压舱石、世界和平的助推器。世界需要这样和谐发展的中国，需要这样起到积极作用的中国。

三 构建和谐社会

社会和谐是中国特色社会主义的现实价值追求。中国特色社会主义是主张发展生产力的社会主义，也是主张和谐发展的社会主义，是中国共产党领导全体人民在中国特色社会主义道路上共同建设、共同享有的和谐社会。民主法治、公平正义、诚信友爱、充满活力、安定有序、人与自然和谐相处既是社会主义和谐社会的基本特征，同时也是建设社会主义和谐社会的目标和方向。

（一）维护社会公平正义

公平正义是社会和谐的基本条件，中国晚清时期重要的政治家、思想家，资产阶级改良主义的代表人物康有为曾说："人人相亲，人人平等，天下为公。"平等、公正对于社会和谐至关重要，如果忽视了对经济增长过程中出现的财富分配不公、收入分配不均和两极分化加剧、城乡发展严重不平衡等社会问题的关注，会为此付出沉痛的代价。中国经济发展起来以后，社会领域的利益纠葛、无序竞争、行为失范等问题日益凸显；物质生活逐渐丰盈，人们的权利意识水涨船高，对公平正义有新的诉求。而分析中国改革面临的硬骨头，多数也都与人们的"公平焦虑"有关，教育公平、医疗改革时刻拨动人民的心弦，收入差距、身份歧视动辄引发群体关注，司法案件频频成为舆论热点，这些折射出人们渴望公平正义的社会环境。

为此，中国着力践行以人民为中心的发展思想，做到发展为了人民、发展依靠人民、发展成果由人民共享。逐步建立以权利公平、机会公平、规则公平为主要内容的社会公平保障体系，努力营造公平的社会环境，保证人民平等参与、平等发展的权利。妥善协调各种具体的利益关系和内部矛盾，正确处理个人利益和集体利益、局部利益和整体利益、当前利益和长远利益的关系。高度重视收入分配问题，合理调整收入分配格局，逐步解决收入差距过大的问题。进一步完善社会保障体系，逐步扩大社会保障的覆盖面，切实保障困难群众的基本生活，让人民时刻感受到大家庭般的温暖。

（二）处理好人民内部矛盾

人是社会关系的总和，人与人的和谐相处体现了人的本质的最高价值。社会主义和谐社会并不是没有矛盾的社会，随着改革发展进入关键时期，人民内部矛盾出现了多发多样的状况，这是社会深刻变革过程中很难完全避免的情况。矛盾是普遍存在的，不能无视和回避矛盾，更不能催生和激化矛盾。只要正视矛盾，找到化解矛盾的正确途径和有效方法，形成妥善处理矛盾的体制机制，矛盾就不会积累起来影响改革发展稳定的大局。要处理好人民内部矛盾，就要得到人民真正的信任。为此，中国政府要求各级政府机关认真检查各项政策、工作方法、工作作风是否切合实际，是否符合最广大人民的根本利益，避免因决策失误和工作不当引起群众不满和抱怨。要求官员深入基层、深入实际，加强矛盾纠纷的排查工作，及早发现可能发生的各种矛盾，及时采取有效措施妥善加以解决，要求对发现的问题深入细致地做好工作，引导群众以理性合法的形式表达利益要求、解决利益矛盾，积极预防和妥善处置群体性事件。

建设和谐社会是一个长期的过程，需要立足当下、着眼长远，这就需要加强对社会建设重大问题的调查研究，提高政策措施的针对性和有效性，解决好影响社会和谐的突出矛盾和问题，一步一个脚印，把构建社会主义和谐社会的各项工作落到实处，让人民共享改革成果。努力营造相互信任、和谐共事的良好氛围，形成心齐、气顺、风正、劲足的良好局面，以党内和谐促进社会和谐。

（三）努力建设"美丽中国"

自然界是人类生存的基础，人与自然的和谐是人类生存的前提条件。马克思和恩格斯认为，"人与自然的和解以及人类本身的和解"是历史发展的必然，正确处理好人与自然的关系，正确处理好经济社会发展和保护自然的关系，是自然和人类获得可持续发展的关键。面对资源约束趋紧、环境污染严重、生态系统退化的严峻形势，党的十八大提出，必须树立尊重自然、顺应自然、保护自然的生态文明理念，把生态文明建设放在突出地位，融入经济建设、政治建设、文化建设、社会建设各方面和全过程，努力建设美丽中国，实现中华民族永续发展。生态文明作为对工业文明的超越，代表了一种更为高级的人类文明形态，代表了一种更为美好的社会理想。社会主义与生态文明之间的内在一致性使得它们能够互为基础，互为发展。生态文明为社会主义在更高层次的融合提供了发展空间，社会主义也为生态文明的实现提供了制度保障。而"美丽中国"这个迷人的词汇蕴含着中华民族的千年期盼，更蕴含着中国在新时代发展中对建设生态文明的渴望和畅想。针对中国的生态建设，中国共产党和政府着力推进人与自然和谐共生，推动形成绿色发展方式和生活方式。优化国土空间开发格局，全面促进资源节约，加大自然生态系统和环境保护力度，并制定完备的法律和制度对生态环境进行保护。国家实施了许多重大生态修复工程，推进荒漠化、石漠化、水土流失综合治理，扩大森林、湖泊、湿地面积，保护生物多样性。同时，以解决损害群众健康的突出环境问题为重点，强化水、大气、土壤等污染防治。

在做好本国生态文明建设的基础上，中国也没有忘记自己应当承担的责任，坚持共同但有区别的责任原则、公平原则、各自能力原则，同国际社会一道积极应对全球气候变化，为建设美丽地球做出自己的贡献。

第 四 章

当代中国社会进步的价值理念

中国共产党倡导自由、平等、公正、法治，这是对我国社会层面的价值要求，旗帜鲜明地回答了我们要建设什么样的社会这一重大问题。自由、平等、公正、法治，集中反映了社会主义社会的基本属性，鲜明体现了中国特色社会主义社会的基本精神要素，表达了当代中国人民的心声，展现了当代中国社会的价值追求。当代中国急需建构一种自由、平等、公正、法治的社会环境，以持续释放社会活力、激发内生动力。

◇ 第一节 自由

自由是人类的共同价值追求。自由是人类的天性，人类追求自由，就像享受阳光、呼吸空气一样，与生俱来。每个人都有自己的个性，都希望生活在一个自由宽松的环境中，按照自己的意志而非在别人的奴役下生活。正因如此，千百年来，人类在改造自然、社会和自身的过程中，对自由一直心向往之。无数仁人志士、普通百姓用生命谱写了一曲又一曲的自由之歌，彰显了自由价值的崇高和伟大。

一　自由是当代中国人的重要价值追求

自由是人类的共同价值追求，但是，自由又是具体的、历史的，人们自由的实现程度与当时的社会发展水平紧密相关。由于国情不同，每个民族、每个国家追求自由的方式各有不同，在自由内容实现的侧重点上也有所差异。

（一）中国传统文化中包含着自由的因素

对当代中国人自由观的理解，离不开对中国传统自由观的考察。中国传统文化尤其是儒家文化对自由的理解，与西方观念特别是西方自由主义对自由的理解有很大不同。在自由主义的观念中，自由的主体通常指的是独立的个体，它强调个体相对于他人、国家、社会的独立性，不可侵犯性。因此，在自由主义的视野中，自我是自我规定、自我存在和自我发展的存在者。"个人被认为本质上是其自身及能力的所有权人，而他之拥有这些并不对社会有任何欠缺。个人并不被认为是一个道德的整体，也不被认为是一个更大社会的一部分，而是被视为他本身的一个拥有者。"[①]

儒家从来不把自我看作超越于社会关系之外的存在，相反，是处于社会情境中的。一个人出生于家庭中并成长为社会和国家的一员，而社会和国家又被看作一个扩展了的大家庭，由此，个人的身份是通过在家庭内的角色与关系教化得到实现，然后再扩展到更大的共同体之中，亦即《大学》所言的"格物、致知、诚意、正心、修身、齐家、治国、平天下"。作为一个社会性的自我，每个人需要承担相应

---

① Macpherson, *The Political Theory of Possessive Individualism：Hobbes to Locke*, Oxford University Press, 1962, p. 3.

的社会角色，德行也就在践行君臣关系、父子关系、夫妇关系、兄弟关系、朋友关系等基本的人伦关系中体现出来。由此，德行就表现为个人能卓越地履行其特有的角色上。在社会关系性的存在中，一个人通过认识他在这个关系中的角色知道他是谁，并且借助这种认识，他也知道他应该做什么，以及他能够从其他的角色那里得到什么。如此一来，人的合适的（appropriate）功能概念就与一套社会角色的观念联系起来了，亦即儒家所言的"义"①。正是基于这样的理解，在中国传统文化中，社稷利益、民族利益、国家利益，占有十分重要的地位。中国人特别强调个人对家庭、国家和社会的责任和义务，主张先公后私、见义忘利，反对过分强调个人权利的观念，尤其反对自我中心、自私自利。

尽管中国人对自由的理解与西方人有所不同，但并不意味着中国传统文化中没有自由的因素。中国人历来对专制、暴政等自由的反面予以强烈反对，对独断专行、飞扬跋扈、不可一世的做法予以极力贬斥，对唯我独尊、刚愎自用、独断专行、颐指气使的行为予以严厉批判。在几千年的历史长河中，产生了很多追求自由的动人故事。汉末叙事长诗《孔雀东南飞》，就热情歌颂了主人公刘兰芝、焦仲卿夫妇忠于爱情、反抗压迫的自由精神，寄托了人们对婚姻自由的热烈向往。

中国人崇尚独立的人格。自古以来，中华民族就讲志向、重节操，始终坚守人格的力量。《论语·子罕》云："三军可夺帅也，匹夫不可夺志也。"孔子的这段名言，以鲜明对照的句法和毅然决然的

---

① 按照美国汉学家郝大维（David Hall）、安乐哲（Roger Ames）的分析，"义"的含义为"合适"，"从社会方面来说，'义'要解决的是个人在其所处共同体中的合适位置问题"。参见郝大维、安乐哲《先贤的民主》，江苏人民出版社2004年版，第116页。

语气，表达了这样的信念：人格的力量是不可战胜的。古往今来，这种理想人格的追求鼓舞着无数仁人志士对浑浊现实的奋勇抗争，激励着人们对美好理想的不懈追求。千百年来，中国历史上涌现出了千千万万具有独立人格和强烈社会责任感的仁人志士。"不为五斗米折腰"的陶渊明、不愿"摧眉折腰事权贵"的李白，无不彰显着进退有度、宠辱不惊的处世态度和卓然独立的"大丈夫"人格。这些仁人志士的高尚道德品质和永久的人格魅力，成为中华民族的精神典型，影响着一代又一代的中国人。

中国人也崇尚心境的自由洒脱。这一点在道家文化中表现得十分明显。与儒家主张入世不同，道家认为，获得自由的方式不是入世，相反，是避开现实，忘却现实。在道家看来，现实生活是一种羁绊、桎梏，是不自由的。因此道家喜好隐遁，或隐身草莽，或遁迹山林，如此一来可以避免沾染人间的罪恶污秽。道家认为，防止人与自然、人与社会异化现象出现的最好方式是顺其自然。为此，老子鼓励人们找回自然原始的本心、顺应心灵的自然感召。庄子期望一种"天地与我并生，万物与我为一"的精神境界，安时处顺，逍遥无待。庄子告诉人们，人只有消除功、名、利、禄、权、势、尊、位的束缚，才能回复自然的"本性"，获得人格的独立和精神上的自由。为此，庄子呈现给人们一种逍遥的情景：在无限的宇宙中自由翱翔，以"万物齐一"的眼光俯视大地，实现心灵的超越。以老庄为代表的道家思想，其所主张的"道法自然""返璞归真""不为物所役，不为物所累"的思想，深深地影响着中国人的精神世界，对现代人的安身立命有着很强的启示意义。

当然，在肯定中国传统文化中包含着自由的因素和自由的精神的同时，也需要清楚地认识到中国传统文化中的糟粕。中国传统文化中

"人治"思想浓厚，"法治"观念缺乏；"官本位"意识强烈，民主观念和平等思想较少，这些都导致了中国传统文化中宣扬个性自由、人格独立的内容相对匮乏。"由于缺乏外在制度法规等的保障，传统心性自由思想在其现实性上，发生了某些变异，产生了一些负面效应。这种心性自由或者变异为自我作践的'心奴'，或者变异为随波逐流的'任性'，或者变异为玩世不恭的'放纵'。"① 因此，当代中国对待传统文化的基本立场是，坚持古为今用、推陈出新，有鉴别地加以对待，有扬弃地加以继承，实现中华优秀传统文化的创造性转化、创新性发展。

（二）社会主义是追求自由的伟大事业

对当代中国人价值观的理解，离不开对中国特色社会主义的把握。90多年来，中国共产党带领各族人民历经千辛万苦，付出各种代价，取得了革命、建设、改革的伟大胜利，开创和发展了中国特色社会主义，从根本上改变了中国人民和中华民族的前途命运。只有社会主义才能救中国，只有中国特色社会主义才能发展中国。这是我们党几十年来探求救国救民之路和强国富民之路得出的必然结论，是实践已经证明并将继续证明的科学真理。

社会主义是追求自由的伟大事业。社会主义运动的开展，是一个追求自由和实现自由的具体过程。在马克思对社会主义的设想中，自由被置于十分重要的地位，甚至是将自由视为社会主义最本质的东西。马克思、恩格斯在著作中，一再表达着对资本主义自由的严重不满，认为资本主义的自由是资产阶级的自由，是虚伪的自由。但是，马克思、恩格斯对资本主义自由的批判并不意味着他们认为应该放弃

---

① 寇东亮：《古代中国人如何看"自由"》，《大众日报》2014年3月26日。

对自由的要求；相反，在他们看来，社会主义应该在吸收资本主义自由观的合理成分的基础上，创造出比资本主义更高层次的、更为真实的自由。社会主义要实现对资本主义的超越，就必须正视资本主义提出的自由观念，在吸收、借鉴资本主义自由的一切合理的内容和形式的基础上，将自由从资本控制中解放出来，获得它应有的发展。1894年，意大利社会党人朱·卡内帕请恩格斯为《新世纪》杂志题词，用简短字句来表达未来社会主义，以区别于诗人但丁曾说的"一些人统治，另一些人苦难"的旧纪元。恩格斯答复如下："我打算从马克思的著作中给您寻找您所要求的题词"，"但是，除了从《共产党宣言》中摘出下列一段话外，我再也找不出合适的了：代替那存在着阶级和阶级对立的资产阶级旧社会的，将是这样一个联合体，在那里，每个人的自由发展是一切人的自由发展的条件"①。

每个人自由而全面发展，是马克思主义的最高命题，是马克思主义崇高价值追求的本质体现，为现实的社会主义运动和建设指明了方向。人的自由全面发展是社会主义的应有之义，是区别于资本主义的重要标志。社会生产力和经济文化的发展水平是逐步提高、永无止境的历史过程，人的全面发展程度也是逐步提高、永无止境的历史过程。社会主义制度的建立、社会主义现代化建设的推进，为广大人民群众的自由发展创造了前提，为人类社会从必然王国向自由王国的飞跃准备了条件。

中国共产党始终把不断推进人的自由与全面发展作为社会发展的重要标志，致力于中国人民的自由和思想解放。在其刚刚成立的一大党纲中就旗帜鲜明地指出："我们党的最终目标是实现共产主义，是

---

① 《马克思恩格斯全集》第 39 卷（上），人民出版社 1974 年版，第 189 页。

为整个人类的彻底解放而奋斗的，是代表着绝大多数人的根本利益的。"正是在此思想的指引下，中国共产党为了全国人民解放和自由进行了轰轰烈烈的解放运动，推翻了"三座大山"的统治，完成了社会主义改造，实现了民族独立，人民当家做主。改革开放以来，中国特色社会主义的实践进一步促进了自由的实现，为人的自由全面发展创造了良好的条件。

以生产资料公有制为主体的经济制度为保障人们的实质自由提供了根本保障。社会主义社会在经济上实行以公有制为主体、多种所有制经济共同发展的基本经济制度，实行以按劳分配为主体、多种分配方式并存的分配制度，占人口绝大多数的工人阶级和其他劳动人民在享有生产资料不同形式所有权和支配权的基础上当家做主。经济地位上的平等，从根本上决定并保证了社会主义的自由不受资本的操纵。社会主义的自由不是少数人占有生产资料而享有的自由，相反，最广大的人民群众享受着实实在在的自由。

社会主义社会建立了人民民主政权，让劳动人民掌握了国家权力，从而获得了最大的政治自由。中华人民共和国宪法规定，国家一切权力属于人民，中华人民共和国公民依法享有言论、出版、集会、结社、游行、示威的自由，享有宗教信仰自由，公民的人身自由不受侵犯。社会主义制度的建立使广大人民获得了历史上从未有过的民主权利和自由。

同时，我们需要清醒地认识到，人们自由的实现程度，受社会发展水平的制约。我国仍处于社会主义初级阶段，生产力发展水平仍较低，人们的物质生活条件尚需进一步改善，民主法治建设还需要进一步加强，人们的精神生活还需要进一步丰富，社会保障水平还需要进一步提高。这些在很大程度上制约着人们的自由实现程度。我们需要推进法治中国建设进程，努力实现国家治理体系和治理能力的现代化，有效保护和实现人们的各项权利；大力发展社会生产力，不断改善人们的物质生活条件，提高社会保障水平，丰富人们的文化生活，提高人们的思想境界，使得人们的实质自由不断得到提高。

二　保障公民的合法权利

在政治上，自由主要是指公民享有的合法权益，也就是人们在法律规定的范围内拥有自由行动、不受限制的权利。在这个意义上，自由的反面，是通过暴力、奴役、恐吓等手段限制人的意志和行动。现代人享有一系列受法律保障的、不受外在任何力量干预的基本权利，并以法律的形式明确和规定下来。由这些基本权利所形成的私人空间，构成了外在力量的行为边界。外在的力量，特别是来自国家权力机关的力量，不应逾越这一界限，否则就侵犯了个人的自由。也正因如此，在现代社会，保护公民的权利是实现自由的前提。

（一）人权不是资本主义的专利

毫无疑问，近代资产阶级革命首先响亮地提出了自由、平等、博爱的口号，在现实的政治实践中，将公民的生命权、财产权、自由权等基本权利明确下来，并通过一整套的制度设计对之加以保障。随着无产阶级的成熟和反对资产阶级斗争的进展，无产阶级也提出了自己的人权要求，开展了争取自由和人权的斗争。19世纪30年代著名的英国工人宪章运动，就提出取得普选权，以便有机会参与国家管理的要求。人类历史上第一个无产阶级政权——巴黎公社，在短暂的72天时间里，"在继承资本主义已有的自由民主基础上初步开创了社会主义的自由民主"①。巴黎公社在发布的《告法国人民书》中明确指出，公社应有的权利是"充分保障人身自由、信仰自由和劳动自由。公民通过自由发表意见和维护自身利益的方式，经常参与公社事务；对此公社保证给予方便，负责监督并确保自由而正当的集会和出版权"②。

社会主义中国，在宪法中明确规定了公民享有的基本权利，以及国家为保障和实现公民的基本权利所提供的各种保证。当然，在我国，几千年的封建专制统治下，"溥天之下，莫非王土"。皇权高高在上，民众只能臣服于君主的统治，官卑民轻的观念十分深重。

必须坦率地承认，现实的社会主义国家在建设过程中，出现了很多违背自由、侵犯自由的情况。由于现实社会主义国家脱胎于落后的封建社会，缺乏西欧社会中类似的宗教改革、文艺复兴、启蒙运动的思想洗礼，封建思想深重，自由民主观念缺乏。在传统社会主义的实践中，高度集中的计划经济体制，使得政治对经济、文化、社会进行着严密的控制，企业的生产经营、民众的私人生活缺乏应有的自主和活力。在法治观念薄弱、人治观念盛行的环境下，再加上一度受到"左"的错误思想的影响，重大社会问题的解决往往诉诸群众性运动的方式，特别是在"文化大革命"期间，人权受到严重侵犯，相当数量的干部和群众遭到迫害，人格受到严重侮辱。由此一来，"由于'先天不足'尚未克服，'后天'失策又连续不断，结果，现实社会主义国家总是授人以'不自由''专制'之柄，而资本主义国家则成了'自由'的'专利者'和'自由世界'的'代理人'"③。我们必

---

① 高放：《论社会主义与自由》，《湖南师范大学社会科学学报》2004 年第 1 期。
② 《巴黎公社公告集》第一集，上海人民出版社 1978 年版。
③ 林怀艺：《论社会主义与自由》，《云南社会科学》2008 年第 1 期。

须要痛定思痛，牢记这一历史教训，始终将维护和实现人们的自由权利放在极其重要的地位，防止历史悲剧的重演。

（二）当代中国高度重视自由和人权

党的十一届三中全会，果断地停止使用"以阶级斗争为纲""无产阶级专政下继续革命"等口号，将党的工作重点转移到社会主义现代化建设上来。会议审查和解决了历史上一批重大冤假错案和一些主要领导人的功过是非问题，强调加强民主和法制，使民主制度化、法律化。十一届三中全会开创了中国社会主义现代化建设的新时期，也是中国人权发展的新起点。在随后的几年时间里，国家出台了一系列拨乱反正的具体措施。1982 年制定的新宪法对公民各项基本权利做了更为确切和明确的规定，对公民的人格尊严、人身自由、宗教信仰自由等各项自由权利予以了明确规定，规定公民的住宅不受侵犯，通信自由和通信秘密受法律保护，公民对于任何国家机关和工作人员有提出批评和建议的权利，对其违法失职行为有提出申诉、控告或检举的权利，等等。这为新时期的人权发展提供了坚实的法律保障。

1991 年，中国发表了《中国的人权状况》白皮书。这是中国政府向世界公布的第一份关于人权的官方文件，也是中国第一个人权白皮书。《中国的人权状况》白皮书高举人权的旗帜，明确宣布享有充分的人权是长期以来人类追求的理想，公开声明实现这一目标是中国人民和政府的一项长期的历史任务。白皮书以大量的事实和数据，全面阐述了中国人权发展的成就，展示了中国人权的真实情况。同时，又鲜明地向世界宣布了中国的立场、观点和政策。多年来，我们在坚持生存权、发展权首要地位的同时，积极发展政治、经济、社会、文化权利，努力实现人的自由全面发展。2004 年，第十届全国人民代表大会第二次会议通过宪法修正案，将"国家尊重和保障人权"写入宪法，以国家根本大法的方式郑重宣告尊重和保障人权在我国的政治地位和法律地位，尊重和保障人权成为国家的政治理念和价值目标，由此，"人权"由一个政治概念提升为法律概念，尊重和保障人权的主体由党和政府提升为"国家"。人权入宪，为中国人权的全面发展开辟了广阔前景，开创了新的局面。2014 年党的十八届四中全会明确了全面推进依法治国的重大任务，审议通过了《中共中央关于全面推进依法治国若干重大问题的决定》，强调要切实保障公民人身权、财产权、基本政治权利等各项权利不受侵犯，保障公民经济、文化、社会等各方面权利得到落实。

改革开放以来中国人权事业的发展表明，公民的自由权利得到了切实有效的保障，中国在尊重和保障人权方面不断迈出坚实的步伐。切实保障和实现公民的各项自由权利，提升人权保障的制度化和法治化水平，促进社会更加公正、和谐，使人们生活得更有尊严、更加幸福，这是实现中华民族伟大复兴的中国梦的内在要求，也是中国特色社会主义的应有之义。中国特色社会主义必须高举自由、人权的旗帜，为促进人的自由全面发展不懈努力。

三 注重实质自由的实现

自由、权利，不能仅仅表现为一种可能性，它必须要转变为一种现实。的确，人的基本权利，如生命权、财产权是神圣不可侵犯的，但是，仅仅使这些权利不受侵犯，并不意味着人的自由的充分实现。一个行乞者和一个富翁，他们的生命权、财产权、言论权没有受到侵犯，并不意味着他们的自由是同等的。如果一个人生活困苦，饱受疾病的折磨，难以接受正常的教育，无法实现自己的理想和目标，无论如何，我们难以说他（她）是自由的。自由不是一种消极被动的状态，它应该体现为一种积极主动的能力，有能力来实现自己的目标和追求。

社会主义高度重视公民的自由权利，但并不将自由视为天赋的东西。在社会主义的视野中，"自由绝不仅仅意味着每个人享有某些抽象的自由权利，而且还意味着个人有能力、有资源享受这种权利"[①]。中国强调生存权、发展权的重要性，认为自由的实现有赖于经济、社会条件的支撑，没有经济社会条件保障的自由，是建立在空中楼阁上的，是虚幻的自由。当代中国建立了社会主义市场经济体制，大力发展社会生产力，不断改善人们的物质生活水平，注重加强社会保障等工作，努力确保每个公民获得实实在在的自由。

（一）大力发展社会生产力

人的发展程度以及它所内涵的人的自由度的提升，同社会经济文化发展水平是紧密相关的。只有大力发展社会生产力，才能不断提高人们的物质生活水平，让每一个人获得良好的生存和发展条件，实现每个人的自由全面发展。生产力的迅速发展，为人们的自由提供了充足的物质保障。

1. 商品自由选择权的增加

物质生活水平的提高，为人们日益多样化的生活方式的选择提供了有利条件。在计划经济时代，消费品十分匮乏，政府只能采用配给的方式来进行消费品的提供，人们需要凭票购买物品。在物资匮乏的年代，各种票据几乎涵盖了人们生活的方方面面：吃饭要粮票，穿衣要布票，连肥皂、火柴也得凭票购买。改革开放后，凭票购物逐步退

---

① 李强：《自由主义》，吉林出版集团有限责任公司2007年版，第172页。

出。随着商品的日益丰富，各种商场、大型连锁超市纷纷出现，各类商品琳琅满目。人们实现了轻松购物，物资匮乏限制消费自由的状况得到了彻底改观。

物质产品的丰富，不仅体现为产品总量的提高，也体现为产品种类的日益丰富。物资品种的增多，意味着人们的选择空间提高，消费自由度增加。例如，在服装消费方面，物资的匮乏使人们不得不放弃对服装美的追求，款式单一、色调沉闷是其服饰特点。由此，在计划经济时代，举国上下可谓是一片蓝色的海洋，蓝色的卡其布是社会的主色调。今天，琳琅满目的商品，满足了消费者多样性的选择。随着物品的不断丰富，单调的款式已不能满足人们多样化的需求。20世纪八九十年代的喇叭裤、健美裤、蝙蝠衫、连衣裙掀起一阵热浪。今天的人们在着装上，个性化选择越来越明显，人们可以尽情选择适合自己的不同式样的服装，以此展示自己与众不同的个性。

2. 多样化的生活方式

随着生产力水平的提高，人们开始选择越来越多的生活方式。如今，人们的消费结构日益多样化，生存型基本生活必需品，如食品、衣着类消费品的比重逐步下降，发展型、享受型服务消费，如居住、交通、通信、文教、娱乐、医疗保健、旅游等类型的消费比重不断上升。冰箱、彩电、洗衣机、空调等耐用消费品已成为家庭生活的普通用品；以汽车、住宅、家用电脑、通信为主的高档消费品逐渐进入家庭，消费结构升级明显加快。

生活方式的多样化，也明显体现在现代婚姻家庭领域。今天，中国人的婚姻自由度不断增加。婚姻不再是从众行为，结婚与否是个人经过深思熟虑的选择。只要不侵犯其他人的合法权利，选择和谁结婚，以什么样的方式结婚都是合理的。今天，家庭的规模、结构和模式也较之以往有了重大变化。家庭规模小型化、家庭结构简单化和家庭模式多样化，成为中国现代家庭的主要特征。在中国传统的家庭模式中，一般要包括夫妻和子女两代人，同时还存在三世同堂、四世同堂甚至五世同堂的现象，大家庭往往备受推崇，而"分家异炊"则被认为是可耻行为。但是，随着社会进步和时代变迁，传统的结构复杂而规模庞大的大家庭，已逐步向结构简单而规模较小的家庭模式转化。除了以一夫一妻为中心组成家庭的模式以外，也出现了诸多新型的婚姻家庭模式，如"丁克"家庭、单亲家庭等。婚姻家庭模式及其婚姻家庭观念的变化，反映了当代人自主意识的增强，体现出人们对自己心仪的生活方式的追求。

3. 休闲时间的增加

生产力发展和劳动生产率提高，使得中国人的闲暇时间不断增多。闲暇时间是指人们在劳动时间之外，除去满足生理需要和家庭劳动需要等生活支出后，剩余下来可由个人自由支配的时间。对自由时间的充分运用是人类获得自由的重要前提，人类各种知识、科学、艺术的发展都依赖闲暇时间的不断扩展。"整个人类的发展，就其超出对人的自然存在直接需要的发展来说，无非是对这种自由时间的运用，并且整个人类发展的前提就是把这种自由时间的运用作为必要的基础。"[1] 在生产力发展水平很低的情况下，人们将几乎全部的精力用于物质资料的生产，满足基本的生存需要，很难将时间用于个人发展、文化娱乐、消遣、社会交往。随着社会生产力水平日益提高，人类从繁重的体力劳动中逐步解脱出来，将更多的时间和精力用于旅游、休闲、艺术创作、人际交往等活动，这为人们追求丰富多彩的生

---

① 《马克思恩格斯全集》第 47 卷，人民出版社 1979 年版，第 216 页。

活提供了条件。今天，中国人的自由时间在逐步增多，单休日变双休日，国家法定节假日的增多，"黄金周"的出现就是自由时间扩展的具体表现。今天，随着收入的增多和闲暇时间的增加，国内游、国际游等休闲活动越来越多，人们也将更有条件从事自己喜欢的事情。如果中国人没有自由，世界各地能见到各旅游景点潮水般的中国游客吗？

（二）市场经济激发经济社会的活力

市场经济是到目前为止最有效率的资源配置方式，是保持经济活力的基本手段。改革开放以来，我国立足社会主义初级阶段基本国情，逐步建立和完善社会主义市场经济体制，打破了束缚生产力发展的条条框框，创造了举世瞩目的发展奇迹。1992 年，中国共产党第十四次全国代表大会提出："要使市场在国家宏观调控下对资源配置起基础性作用。"2003 年，党的十六届三中全会提出："要在更大程度上发挥市场在资源配置中的基础性作用。"2012 年，党的十八大提出："要在更大程度、更广范围发挥市场在资源配置中的基础性作用。"2013 年，十八届三中全会《决定》进一步提出："使市场在资源配置中起决定性作用。"发展市场经济，要求劳动力、土地、资本、信息等生产要素自由流动。为此，需要进一步增强市场的"自由度"，建立公平竞争的市场体系。商品和要素能够自由流动、平等交换，产品和服务的生产及销售主要由市场价格机制决定，消费者可以自由选择、自主消费，企业之间的公平竞争促进优胜劣汰，从而实现资源的优化配置。

市场经济激发了中国社会发展的活力，提升了中国社会的自由度。与计划经济直接干预市场主体的运行相比，在市场经济下，市场主体拥有充分的主动权和自由权。在市场经济中，生产什么、如何生产，主要是通过价格的涨落以及供求的变化由市场自动调节。哪种商品在市场上好卖，人们就扩大生产；哪种生产要求的价格昂贵、供应紧张，人们就减少这种要素的使用。市场就像一只"看不见的手"，在引导着商品生产者、经营者，调节人、财、物在全社会的配置。

市场经济的发展，促进了人口的自由流动。随着社会主义市场经济的发展，大量农村富余劳动力流入城市，改变了人口结构，促进了产业转型升级，加快了城镇化进程。近年来，以人为本、公平正义的理念越来越深入人心，党和政府更加关注解决农民工问题和流动人口社会保障问题，我国人口流动实现了从限制、排斥到政府引导、社会推动的转变，人口流动和经济社会发展的良性循环正在形成，体现了社会的重大进步。同时，国家大力推进户籍制度改革，为人力资源的自由流动创造良好的条件。我们立足基本国情，积极稳妥推进，合理引导农业转移人口落户城镇的预期和选择；尊重城乡居民自主定居意愿，依法保障农业转移人口及其他常住人口合法权益；充分考虑当地经济社会发展水平、城市综合承载能力和提供基本公共服务的能力，实施差别化落户政策；统筹推进户籍制度改革和基本公共服务均等化，不断扩大教育、就业、医疗、养老、住房保障等城镇基本公共服务覆盖面。这些措施的实行，为人口自由流动，为农村人口在城市的定居生活创造了有利条件。

（三）走共同富裕的道路

社会主义的自由以实现共同富裕为前提，社会主义不是建立在少数人极度富有、享有充分的自由权利，多数人极端贫困、无法享有实质自由的基础上。中国在发展社会生产力的过程中，始终强调走共同富裕的道路。邓小平就多次强调指出："社会主义与资本主义不同的特点是共同富裕，不搞两极分化。"①

中国在推进改革的进程中，在促进效率提高的同时，特别重视公平正义问题②，特别关注弱势群体权利的保护和实现。党和政府一直强调，各级领导干部对各类困难群众，要格外关注、格外关爱、格外关心，时刻把困难群众的安危冷暖放在心上，关心他们的疾苦，千方百计地帮助他们排忧解难。中国政府大力推进扶贫开发建设，帮助困难群众，特别是革命老区、贫困山区困难群众早日摆脱贫困致富。当代中国大力推进社会保障制度建设，经过多年的努力，中国特色社会保障框架体系已初步建立：基本养老、基本医疗、失业、工伤、生育五项社会保险制度基本建立并逐步完善，以最低生活保障为重点的城乡社会救助体系基本形成，各项社会保障覆盖范围不断扩大，保障水平稳步提高。让每一个人，特别是弱势群体，获得良好的生存和发展环境，过上富有尊严的生活，将实质的自由而非单纯的形式自由加以实现，在这一方面，中国正在做出实质性的努力，并且取得了巨大的成就。

四　自由与秩序、美德相统一

自由与法律、规则紧密相关。法律反映并调整一定的社会关系，用规定人们的权利和义务的方式，规范全体社会成员的行为。自由是法律下的自由，是通过法律界定、确定的自由，是人们在法律规定的范围内拥有自由行动、不受限制的权利。

有边界才有秩序，有底线才有自由。只有在秩序的前提下，才能

① 《邓小平文选》第3卷，人民出版社1993年版，第123页。
② 对于公平正义问题，将在后面的章节中专门论述，此处不再展开说明。

真正实现自由，也只有在有序的基础上，公众才能充分享有参与权、表达权和监督权。因此，真正的自由，不是为所欲为，法律之下有秩序的自由才是真正的自由。为此，每个人在行使权利，享有自由的同时，必须遵守国家法律和法规，自觉维护社会秩序，不损害他人、集体、社会的利益。

自由从来不是为所欲为的，自由是法律下的自由。社会主义的自由同样也不是随心所欲的，它以法律、纪律的许可为限度。《中华人民共和国宪法》赋予了公民广泛的自由权利的同时，也明确规定，"任何公民享有宪法和法律规定的权利，同时必须履行宪法和法律规定的义务"。个人在行使自己的自由权利时，如果损害了他人、集体和社会的权利，就必须受到法律的制裁。

在中国，自由与秩序被视为彼此不可分离的一组概念。中国强调保护和尊重人权，实现人的自由全面发展，但同时中国人民珍视秩序的价值，极端重视安定团结的重要性。稳定是中国实现社会主义现代化发展战略的必要前提。在当代中国，发展经济需要稳定，深化改革需要稳定，扩大开放需要稳定，完善民主、健全法制需要稳定，加强精神文明建设需要稳定。邓小平就反复强调，"中国的问题，压倒一切的是稳定，没有稳定的环境，什么都搞不成，已经取得的成果也会失掉"[1]。"中国人这么多，底子这么薄，没有安定团结的政治环境，没有稳定的社会秩序，什么事也干不成。稳定压倒一切。"[2] "中国要实现四个现代化，摆脱落后状态，必须有一个安定团结的政治局面，必须有领导有秩序地进行建设。"[3]

---

[1] 《邓小平文选》第 3 卷，人民出版社 1993 年版，第 284 页。

[2] 同上书，第 331 页。

[3] 同上书，第 208 页。

中国人历来强调美德的力量和价值。在自由问题上也是如此。自由体现为个体在法律的框架内按照自己的意愿选择自己的生活方式，不受任何外在专治力量的支配。对自由的这种理解，并不意味着自由是与道德无关的东西。如果一个人的内心世界为低级的欲望所支配，在现实生活中没有公共意识和责任感，我们很难称其为自由的。自由应该与美德为伍，自由应体现为个体对积极健康人生的追求，对社会公共责任的担当。自由同时也意味着承担公共责任，具有奉献精神。现代社会能否良性运行，一方面需要建构自由、民主、公正的社会制度；另一方面，也有赖于个体德行水平的提升，需要每个社会成员具备理性、审慎的精神，具备正义感和公共情怀。"每当人民普遍倾向于只注重个人的私利而不考虑或关心他在总的利益中的一份时，在这样的事态下好的政府是不可能的。"① 只有拥有正义美德的人才能了解如何运用法则，只有心存正义之人才能设计出正义制度，才能按照正义的原则来实施正义制度，才能遵守正义的制度。

社会主义所倡导的自由是与公民道德境界、公共责任感的提升紧密相关的。社会主义重视个体权利的保护和实现，尊重差异，包容多样，社会主义同时也反对极端个人主义，强调公民对社会的奉献、对国家的忠诚，强调公民社会责任感和公共意识的养成。这是社会主义所倡导的自由应该具备的基本内容。

◇ 第二节 平等

平等，一个神圣的字眼，一个能够召唤起巨大激情与能量的价值

---

① J. S. 密尔：《代议制政府》，商务印书馆 1982 年版，第 25—26 页。

追求。千百年来，人们为追求平等做了不懈的努力和抗争。我国秦末陈胜、吴广领导的农民起义，向着不平等社会制度发出"王侯将相，宁有种乎"的平等呐喊。南宋钟相、杨幺起义，提出"等贵贱，均贫富"的响亮口号。明末李自成起义，提出了"均田免粮"的主张。太平天国领袖洪秀全提出了"有田同耕，有饭同食，有衣同穿，有钱同使，无处不均匀，无处不饱暖"的社会纲领。这些口号和主张深得民心，得到了老百姓的拥护，凸显了平等的价值和意义。作为一种重要的价值观念，平等在今天受到中国人的高度珍重，是全社会倡导的核心价值观之一。

一 人人平等是新中国的一贯主张

在社会主义社会，人民既是社会的主人，又是国家的主人，消灭剥削与消灭阶级成为可能与现实。因而，社会成员可以平等地相互对待、平等地共同管理国家和社会。平等既成为社会主义社会的本质特征，又成为社会主义发展的内在要求。当代中国通过各方面的努力，积极保障人格平等、权利平等和机会平等。

平等首先表现为人格平等。人格是一个人在社会中为了维护自己的生存和尊严所必备的人身权利，包括生命权、健康权、姓名权、肖像权、名誉权、隐私权，等等。在现代社会，人有贫富之分、知识多寡之别，但所有这些差别，都不能构成人格上的差别的理由。没有人天生就是奴隶，生来就低人一等；没有人天生就是主人，生来就高人一等。每个人都拥有独立的人格，拥有自己的思想意志，拥有获得别人尊严的权利。在社会主义社会，每一个人，无论性别、身份、地位、爱好有什么不同，无论身体、气质、性格、知识、智力有什么差别，在人格上都是平等的。上至国家领导人，下至黎民百姓，在法律主体资格上大家都是平等的，没有高低贵贱之分。公民的人格尊严要平等地受到法律保护，公民作为一个人应当享有受到他人最起码的尊重的权利。

平等还意味着权利平等。在当代中国，任何公民不分民族、种族、性别、职业、家庭出身、宗教习惯、教育程度、财产状况、居住期限，都一律平等地享有宪法和法律规定的权利，平等地履行宪法和法律规定的义务；公民的合法权益一律平等地受到保护，对违法行为一律依法予以追究；在法律面前，不允许任何公民享有法律以外的特权，任何人不得强迫任何公民承担法律以外的义务，不得使公民受到法律以外的处罚。

平等也意味着发展机会的平等。"英雄不问出处，成功不靠背景。"机会平等是所有的人不分高低贵贱、穷富美丑，只要付出了足够的努力，满足了相应的条件，达到了规定的标准，都有同样的机会来赢取同样的社会职位，获得社会的承认。平等就是给所有人提供的机会均等。只要愿意学习，只要有能力，只要肯努力，就会与他人一起共享人生出彩的机会，梦想成真的机会，同祖国和时代一起成长和进步的机会。

在当代中国，人们的平等权获得了宪法和法律的有效保障。平等是社会主义法律的基本属性。1954 年 9 月，我们党在广泛征求社会各界意见基础上领导制定的《中华人民共和国宪法》在一届全国人大一次会议上通过。根据人民民主原则，宪法对公民的基本权利和义务做出明确规定："中华人民共和国公民在法律上一律平等。"我国现行宪法重申这一规定，宪法第 33 条第 2 款也明确规定："中华人民共和国公民在法律面前一律平等。"这是对平等权的一种一般性的规定，对各具体领域具有普遍的意义。除了该一般性规定，现行宪法还有其他一些相关的具体性规定。比如，宪法第33条第4款规定："任何公民享有宪法和法律规定的权利，同时必须履行宪法和法律规定的义务。"宪法第4条第1款规定，"中华人民共和国各民族一律平等"，"禁止对任何民族的歧视和压迫"，等等。一般性规定和各具体性规定共同构成了我国现行宪法有关平等权的一个完整的规范系统。我国的刑法、民法等普通法律，都体现和维护这一基本原则。例如，《中华人民共和国刑法》第4条就明确指出："对任何人犯罪，在适用法律上一律平等。不允许任何人有超越法律的特权。"《中华人民共和国民法通则》第3条规定："当事人在民事活动中的地位平等。"第10条规定："公民的民事权利能力一律平等。"

在改革开放的各个阶段，党高度重视保障全体人民享有平等的法律权利。从党的十五大开始，在每次党的代表大会报告中都对这一问题进行强调和阐释。比如，党的十五大报告指出："维护宪法和法律的尊严，坚持法律面前人人平等，任何人、任何组织都没有超越法律的特权。"十六大报告指出："坚持法律面前人人平等。加强对执法活动的监督，推进依法行政，维护司法公正，提高执法水平，确保法律的严格实施。"十七大报告指出："加强宪法和法律实施，坚持公民在法律面前一律平等，维护社会公平正义，维护社会主义法制的统一、尊严、权威。"十八大报告指出："要推进科学立法、严格执法、公正司法、全民守法，坚持法律面前人人平等，保证有法必依、执法必严、违法必究。"

社会主义不仅主张人人在政治、法律上一律平等，还主张人们享有平等的经济权利、社会权利，主张建立一个没有剥削和压迫的理想社会，实现真正的平等和正义。这一平等公正的理想社会图景和具体实践，是社会主义的鲜明特征，也是其保持强大的生命力和吸引力的关键。

二　平等是社会不可或缺的价值

在当代中国，平等的理念深入人心，平等的行动贯彻于生活实践，体现于国家的各项政策和管理之中，无论是对个体的成长和进步，抑或对社会的稳定与和谐，还是对社会主义优越性的发挥、吸引力的增强都具有十分重要的意义。

（一）平等是个体和谐和发展的条件

渴望受尊重，渴望得到平等对待，是人的一种深层次需求。美国社会心理学家马斯洛提出过"需求理论"。根据这一理论，人的需求可分为生理需求、安全需求、社交需求、尊重需求和自我实现的需求等几个层次。这几个层次是由低到高，依次递增的。当低层次的需要获得满足以后，高层次的需要就出现了。人在满足了生存、安全的需求、社交需求之后，就渴望被尊重，希望人格与自身价值被承认。如果不被承认，就会产生一种挫折感。看来，人都有受到尊重的愿望，都渴望获得尊严。

但是，没有平等就没有尊严。近代以来，中国人民对国家独立和民族尊严的苦苦追求，其中很重要的内容就是要求与世界各国平等交往。但是，积贫积弱的中国，无论如何不能获得与列强平等交往的资格。在任人宰割、任人欺辱和蹂躏的情况下，国家根本没有国格。国家和民族的尊严以国家和民族的平等为前提，同样，个体尊严的获得要以人与人平等为前提。如果一个人仅仅是另一个人"会说话的工具"，如任人呼来喝去、颐指气使，还有什么尊严可言？所以，在毫无平等的环境下，谈人的尊严，获得别人的尊重，无异于痴人说梦。

中国古人注重平等待人，与人为善。孔子就强调"己所不欲，勿施于人"。自己不喜欢的事，不要强加在别人身上。它强调以什么方式对待他人时，首先要设身处地地想一想，如果自己是对方，是否愿意受到这种对待。如果我们不愿意，那么就不能以此对待他人。孟子也讲过："爱人者，人恒爱之；敬人者，人恒敬之。"这强调在人际交往中，每个人都应该恪守这一原则，不以权压人、以强凌弱，不拿架子，不摆资格，不伤害和侵犯他人利益，相互尊重，平等协商。平等交往，与人为善的价值理念，不仅深深地印在中国人的心目中，成为中国人做人的基本准则，与人交往遵循的基本方式，同时，也体现在中国与世界各国的交往之中。中国一直强调国家不分大小、强弱、贫富，都一律平等。

（二）平等是社会和谐稳定的基础

唐代文学家韩愈就曾说过："大凡物不得其平则鸣。"物体因为放置得不平产生振动而发出声响，人遇到不平的事会发出不满的呼声。每个人的内心深处，都有渴望平等的强烈愿望，当人不被当作人看待；当一个人应有的权利得不到承认，甚至被随意地剥夺；当贫富分化悬殊，富人花天酒地，穷人沿街乞讨；当一个人行动处处受阻，没有任何上升发展机会；当一个群体不被另外的群体所尊重、认可，难以获得公正的发展机会时，社会上充满的将是绝望、不满、仇恨、反抗。可以说，哪里有不平等，哪里就有呐喊；哪里就有不满，哪里就有反抗。在中国，古代先人就以诗歌等文学手法表达了对不平等的不满之意。

《诗经·伐檀》中就讲到："不稼不穑，胡取禾三百廛兮？不狩不猎，胡瞻尔庭有县貆兮？彼君子兮，不素餐兮！"就是说：不播种来不收割，为何三百捆禾往家搬啊？不冬狩来不夜猎，为何见你庭院猪獾悬啊？那些老爷君子啊，不会白吃闲饭啊。如果《诗经》中的这个论述还是很委婉的话，那么历代农民起义的口号就非常激烈了。正如前面我们所指出的，历代农民起义所提出的响亮口号，无不与平等密切相关。正是在"等贵贱，均贫富""均田免粮""有田同耕，有饭同食，有衣同穿，有钱同使，无处不均匀，无处不饱暖"等鲜明的平等口号的引导下，起义运动轰轰烈烈地开展起来。

正是基于平等对于社会和谐稳定的重要意义，孔子早在 2000 多年前就指出："有国有家者，不患寡而患不均，不患贫而患不安。"一个弱肉强食、贫富严重分化、充满歧视的社会，必定是一个充满仇恨，甚至是厮杀的社会。没有平等，就没有公平正义可言，就谈不上社会的和谐稳定。

（三）当代中国既追求形式平等也追求实质的平等

社会主义崇尚平等，但是社会主义所倡导的平等，与资本主义所倡导的平等有着巨大的差别。众所周知，在人类历史上，西方资产阶级革命首先响亮地提出了自由、平等、人权的口号，并在现实的政治实践中将公民的基本权利以法律的形式明确下来，通过一整套制度设计对之加以保障。无疑，资本主义的平等观念是人类历史的一个巨大进步，它消除了封建等级制度，力图使人们获得平等的政治权利。作为对资本主义的批判和超越，社会主义从产生的那一天起，在肯定资本主义自由平等的积极意义的同时，也表达了对它的强烈不满，社会主义就是要建立超越资本主义的自由的更高层次的平等。

社会主义对底层民众的平等权利予以了特别关注，主张实现真正的人人平等，实现实质的平等。众所周知，美国《独立宣言》、法国《人权宣言》等资产阶级的标志性文件都明确提出了人人生而自由平等的观念，但是，这里的"人人"，并非指该国所有民众，更非普天之下所有的人，黑人奴隶、印第安人、女性、白人无产者并未被包含其中。因此，这种自由平等以形式上的普遍性掩盖了事实上的特殊性。生活处境卑微的无产者、劳苦大众与有产者之间事实上的不平等，是被宣言的起草者所默认了的。同时，这里的平等，指的是形式的平等，而不是实质的平等。也就是说，职位向所有人平等开放，从理论上说，人人都有参与其中展开竞争的可能性。但是，问题的关键，对于在政治上没有权利，在经济上没有地位的无产阶级来说，是难以参与其中展开平等竞争，并获得实质性的平等机会的。

社会主义是追求平等的事业。社会主义就是要消灭一切剥削和压迫，建立人人平等的社会。社会主义所追求的平等是对资本主义的平等的批判和超越，是彻底的、实质的平等。社会主义不仅主张人人在政治上一律平等，还主张人们享有平等的经济权利、社会权利，主张建立一个没有剥削和压迫的理想社会。社会主义主张所有的人，特别是无产阶级、劳苦大众，获得平等权利。这一平等的理想社会图景，正是社会主义优越于资本主义制度的地方。

中国共产党自诞生之日起，就把实现社会平等和公正作为根本政治主张和奋斗目标，并在不同的历史时期赋予其不同的内涵。中国共产党领导中国人民进行新民主主义革命，推翻帝国主义、封建主义、官僚资本主义"三座大山"，就是要使中国人站立起来，使中华民族屹立于世界民族之林，获得与其他民族平起平坐的资格，享受应有的民族尊严；就是要使广大穷苦大众翻身做主人，不再让权贵骑在人民头上作威作福，使每一个人获得做人的尊严。

改革开放以来，我们大力发展社会生产力，一方面把蛋糕做大，另一方面又注重平等和公平，注重分配制度的改革，把蛋糕分好。这些年以来，我们特别注重调节过高收入，增加低收入者收入，扩大中等收入者比重，形成橄榄形的分配格局。这些做法的最终目标，就是要建设一个平等公正的社会。这是社会主义平等观的鲜明特色，也是社会主义平等观的优越性。

三　人人享有人生出彩的机会

我们不仅强调每个人在日常生活中都应该大力倡导和践行平等的理念，让平等内化于心，外化于行，而且积极进行制度设计使平等观念固化于制，使当代中国真正成为平等、公平、正义的社会。

（一）任何组织和个人都不得有超越宪法和法律的特权

平等就需要排除特权。特权，顾名思义，就是要追求与别人不同的、高于他人的特殊权力，很显然，这是与平等原则严重相违背的。

中国社会主义制度的建立，从根本上否定了特权。新中国成立之后制定的宪法和法律等各项制度，无不体现了追求平等、反对特权的思想和精神。几十年来，我们一贯反对特权。早在 1956 年，党的八届二中全会就提出了防止各级领导人员特权化，防止产生"特权阶层"的主张。改革开放时期，邓小平对特权问题保持着高度的警惕。1980 年，他在《党和国家领导制度的改革》一文中，把"形形色色的特权现象"作为党和国家领导制度中的主要弊端提出来。他指出："当前，也还有一些干部，不把自己看作是人民的公仆，而把自己看作是人民的主人，搞特权，特殊化，引起群众的强烈不满，损害党的威信，如不坚决改正，势必使我们的干部队伍发生腐化。"① 在邓小

---

① 《邓小平文选》第 2 卷，人民出版社 1994 年版，第 332 页。

平看来，我们党长盛不衰的秘诀，那就是干群一致、官民平等、同甘共苦。他说过："为什么过去很困难的局面我们都能渡过？根本的问题是我们的干部、党员同人民群众一块苦。"① 1982 年，中国共产党第十二次全国代表大会第一次把"所有共产党员都不得谋求任何私利和特权"作为党员的基本条件写进党章。

但是，由于传统思维和习俗的影响，以及一些制度的不健全和不完善，仍有部分领导干部存在"想"特殊的心理，并积极创造"能"特殊的条件，千方百计地把法定之权演变为法外之权，即特权。一些干部居官位而自傲，言论和行动不受党纪国法的约束；独断专行，实行家长制；用人唯亲，排斥异己；开后门，拉关系；以权谋私、权钱交易以及种种特殊化等。

特权危害极大，它从观念上助长权力崇拜，使一些人错误地认为，有了权力，没有干不成的事情；使一些人错误地认为，权力不用，过期作废。因此，有些人大肆用手中的权力为自己谋取特殊利益，为亲属以及身边亲密的人谋取不正当利益。正因如此，特权是腐败产生的重要根源和条件。透过形形色色的腐败现象可以发现，腐败的基本轨迹是掌握一定权力的人通过改变公共权力的作用方向和运行规则，使之成为不受约束的特权，谋取不正当的私利。

实现平等，必须旗帜鲜明地反对特权。对此，中国共产党十八届四中全会通过的《中共中央关于全面推进依法治国若干重大问题的决定》中明确指出："平等是社会主义法律的基本属性。任何组织和个人都必须尊重宪法法律权威，都必须在宪法法律范围内活动，都必须依照宪法法律行使权力或权利、履行职责或义务，都不得有超越宪法

---

① 《邓小平文选》第 2 卷，人民出版社 1994 年版，第 217 页。

法律的特权。"这就明确地告诉我们，全国各族人民、一切国家机关和武装力量、各政党和各社会团体、各企事业组织，都必须以宪法和法律为根本活动准则，都必须依照宪法和法律行使自己的权力或权利、履行自己的职责或义务，都不得违反（犯）宪法和法律。所有人不论其地位有多高，权力有多大，身份有多特殊，不管为国家和社会曾经做出了多大贡献，只要触犯到法律，都必须受到法律的制裁。

反对特权，必须要把权力关进制度的笼子里。权力具有的侵略性和扩张性，使得每一个被授予权力的人总是面临着滥用权力的诱惑，面临着逾越正义与道德界限的可能，进而使一些人的自由受到侵犯。对此，孟德斯鸠就指出："自古以来的经验表明，所有拥有权力的人，都倾向于滥用权力，而且不用到极限绝不罢休。"[1] 英国 19 世纪的著名思想家阿克顿勋爵更是直截了当地指出："权力导致腐败，绝对权力导致绝对腐败。"[2] "只要条件允许，每个人都喜欢得到更多的权力，并且没有任何人愿意投票赞成通过一项旨在要求个人自我克制的条例。"[3] 不受限制的权力是一个社会中最肆无忌惮的力量，而且权力被滥用的可能性自始至终存在。我们必须要加强对权力运行的制约和监督，把权力关进制度的笼子里，形成不敢腐的惩戒机制、不能腐的防范机制、不易腐的保障机制。近年来，我们通过各种方式，对权力进行着有效的制约：进一步健全和完善了党内监督、民主监督、法律监督和舆论监督体系，最大限度减少体制障碍和制度漏洞；加强了对领导干部特别是一把手的监督，加强领导班子内部监督，加强行政

---

① 孟德斯鸠：《论法的精神》，商务印书馆 2012 年版，第 185 页。

② 阿克顿：《自由与权力——阿克顿勋爵论说文集》，商务印书馆 2001 年版，第 342 页。

③ 同上书，第 343 页。

监督、审计监督、巡视监督，形成了对领导干部的严格约束，以确保领导干部始终如履薄冰、如临深渊的警觉，做到位高不擅权、权重不谋私。

（二）保障机会平等，让人人享有人生出彩的机会

平等，要求人人都拥有平等参与、平等选择、平等竞争的机会，所有职位对所有人开放。反对特权思想，就是为了让每个人获得平等的竞争机会。

机会决定了人的命运。如果一个人获得不了正常的比赛资格，纵然有再大的本领，也将无济于事。强调平等，必须高度重视机会平等，机会要向所有人平等开放，人人都有同样的机会去发挥自己的智慧和能力，只要肯于努力，成功的大门始终是向人们敞开的。我们要为不同行业、不同阶层人们的流动提供畅通的渠道。1977 年恢复高考，青年人倍感振奋，其原因也在于此。高考制度的公平性主要体现在机会平等方面。通过高考，国家的高等教育资源对所有公民平等开放。凡是中国公民，只要符合规定，都有同等机会和平等权利参与竞争。同时，成绩面前人人平等。每个公民不论家庭背景与身份如何，一视同仁。大家都按同一规则参与竞争，获胜了，感到光荣；失败了，也不怨天尤人，从而可以有效地化解谁上谁不上的矛盾，保证社会的公平公正与和谐稳定。因此，我们说，恢复高考，实际上恢复了考试面前人人平等原则，为广大青年享受高等教育提供了公平竞争的机会，亿万"草根"实现了以自身努力改变命运的传奇。

当前，中国社会当中的机会不平等现象应该引起我们的高度重视。当前机会不平等的一个重要表现是阶层板结。所谓阶层板结，是指社会阶层之间的流动日渐减少，尤其是由下向上的流动受到阻碍，

阶层的差异有世袭化倾向。当下，中国社会流行的"官二代""富二代""穷二代"等"二代"概念就是这种阶层板结的突出反映。社会上流行的一些词汇，如"名爹""拼爹"等就是典型表现。在改革开放之初，流行着一句口号："学好数理化，走遍天下都不怕"，现在这一口号被一些人调侃成为："学好数理化，不如有个好爸爸。"为什么会做这样的调侃，它反映了我们社会的部分现象，那就是对于社会处境不利的那些人而言，通过努力改变自身命运的信心在降低。有些年轻人发出这样的感慨："我每次都想扼住命运的咽喉，但每次都让命运扼住我的咽喉。"这种现象如果得不到根本的解决，不仅会使这些人变得意志消沉，缺乏奋斗的心态，而且容易造成"仇富""仇官"情绪，甚至对整个体制产生绝望和排斥心理，从而形成新的社会不稳定的诱因。

"不怕财富不平等，就怕机会不平等。"人生来不一，这是自然规律，这种不平等并不可怕，可怕的是通过个人努力，却看不到改变这种不平等的希望。相反，如果社会能提供平等竞争的机会，让人们从中看到通过个人努力改变不平等的希望，就会形成良性的社会结构。纾解一些民众的焦虑和不安情绪，维护社会公平正义，机会平等是必不可少的一剂良药。因为，没有机会平等，竞争就失去意义，机会便成为空置，一切的期望和努力也随之化为泡影。今天，机会平等的重要性怎样强调也不为过。

那么，怎样才能做到机会平等呢？首先，起点要平等，也就是说，具有相同潜力的人，应该有同样的起点，以便获得同样的前景。就像百米比赛一样，所有的人都应该在同一个起跑线上展开竞争。其次，规则要平等。在竞争过程中，要排除一切非正常因素的干扰，例如特权的干扰等；所有的人遵循同样的规则，没有人有特权。要保证这一点，非常关键的是要公开透明，让整个的比赛在阳光下进行。

为实现真正的机会平等，我们还需要特别关心弱势群体的生产生活。在现实生活中，有很多人由于一些特定的原因，比如，身体残疾，智力有缺陷，受教育水平低、家庭困难等，难以进入同一个规则中进行竞争，因此，即使给他们提供了平等的竞争机会，即使他们自身很努力，也难以进入这个竞争规则中。为此，政府需要做好保底的工作。人类社会不是自然界，不能完全遵守"丛林法则"，优胜劣汰的结果是强者越来越强，弱者越来越弱，自然被淘汰掉。"无恻隐之心，非人也。""丛林法则"不符合人类的基本道义。弱者也拥有与他人一样的平等权利，其基本权利必须得到应有的尊重、保护和实现。

平等的实现不是一蹴而就的，需要一个历史过程。我们的相关制度还需要进一步完善，我们的一些配套政策还需要进一步增强。但是，党和政府高度重视平等问题并做了大量工作，全社会对平等理念有着高度的认同感，对建构平等的社会给予了高度期待，我们已经确立了逐步建立以权利公平、机会公平、规则公平为主要内容的社会公平保障体系的目标，我们也采取了一些切实可行的举措保障每个人过富有尊严的生活，保障每个人获得平等的发展机会，与他人共享人生出彩的机会。

◇ 第三节　公正

公正思想在中国古已有之，并且深深扎根在中国人的内在精神世界之中。《礼记》中就曾描写了"大道之行也，天下为公"的美好社会。孔子提出："有国有家者，不患寡而患不均，不患贫而患不安。"墨子主张爱无差等的"兼爱"，提倡利益共享，惠及人人。近代著名思想家康有为在《大同书》中提出要建立一个"人人相亲，人人平等，天下为公"的理想社会。如同其他民族的人们一样，几千年来，公平正义作为重要的价值理念，引导着中国人民为建立一个公平正义的美好社会而进行着不懈的努力和斗争。

一　公正是社会主义的本质要求

实现比资本主义国家更高的社会公正，是社会主义社会的本质要求，也是社会主义制度优越性的集中体现。社会主义理想自诞生之日起，就以消除人类社会的不平等、不公正现象，实现人的自由全面发展和个性解放为己任。无论是空想社会主义者还是科学社会主义的创始人，他们都认为资本主义的罪恶在于私有制及其导致的社会两极分化。

空想社会主义者对资本原始积累时期资本家对无产者的残酷剥削予以了强烈谴责。在他们看来，资本主义经济自由不但不会给社会带来普遍幸福，恰恰相反，资本主义会产生大量的奴役、压迫。资本的自由竞争，所带来的并不是一个真正幸福、公正的社会，相反，是一个残酷剥削的社会。托马斯·莫尔揭露资本主义一出世就犯下了"羊吃人"的罪恶。他写道："你们的羊，一向是那么驯服，那么容易喂饱，据说现在变得很贪婪、很凶蛮，以至于吃人，并把你们的田地、家园和城市蹂躏成废墟。全国各处，凡出产最精致贵重的羊毛的，无不有贵族豪绅，以及天知道什么圣人之流的一些主教，觉得祖传地产上惯例的岁租金不能满足他们了。"① 在空想社会主义者看来，资本主义自由竞争的发展，并没有给人们特别是无产者带来普遍的利益，相反，是无产者生存命运的悲惨。

相比起奴隶制、封建等级制度，资本主义无疑是人类的重大进步。但是，资本主义是建立在生产资料私有制基础之上的，自由竞争和等价交换成为衡量公正的标准，结果，没有资产的无产阶级不能享有自由平等的权利，造成形式公正和实质公正的分离，陷入形式公正而实质不公正的困境。建立在生产资料私有制基础上的资本主义的公正原则，仅仅对于资产阶级是有效的，而对于那些经济上遭受剥削的无产阶级来说，公正无异于一句空洞的口号。在形式公正面前，一个沿街乞讨的乞丐所享有的权利，无论如何是不能和一个腰缠万贯的富翁相比的。马克思主义第一次把公正的实现建立在科学的基础之上，指明了社会不公的根源在于资本主义剥削制度，认为只有变革资本主义制度，铲除资本主义私有制这一社会不公平不平等的根源，建立社会主义新制度，才能真正实现社会的公平正义。

公平正义是中国特色社会主义的内在要求。邓小平在创造性地回答"什么是社会主义？如何建设社会主义"时，明确指出了社会主义的价值目标：一是解放生产力，发展生产力，实现中华民族百年以来梦寐以求的国富民强；二是消灭剥削，消除两极分化，实现共同富裕。邓小平在强调贫穷不是社会主义的同时，一再强调共同富裕的重要性，他指出："社会主义不是少数人富起来、大多数人穷，不是那个样子。社会主义最大的优越性就是共同富裕，这是体现社会主义本质的东西。"② "社会主义与资本主义不同的特点是共同富裕，不搞两

① 托马斯·莫尔：《乌托邦》，商务印书馆1982年版，第21页。
② 《邓小平文选》第3卷，人民出版社1993年版，第364页。

极分化。"① "社会主义的特点不是穷，而是富。但这种富是人民共同富裕。"② 1993 年 9 月，89 岁高龄的邓小平在与其弟弟邓垦进行的谈话中，再次谈到对发展起来以后中国所面临的深层次问题的思考。他说道："十二亿人口怎样实现富裕，富裕起来以后财富怎样分配，这都是大问题。题目已经出来了，解决这个问题比解决发展起来的问题还困难。分配的问题大得很。我们讲要防止两极分化，实际上两极分化自然出现。要利用各种手段、各种方法、各种方案来解决这些问题……"他说："过去我们讲先发展起来。现在看，发展起来以后的问题不比不发展时少。"③ 可见，在邓小平的心目中，共同富裕之于中国特色社会主义的重要意义。

中国政府以广大人民过上幸福生活作为一切工作的出发点和落脚点，将不断改善民生作为推动发展的根本目的。共同富裕、公平正义是社会主义本质的必然要求和体现，是目的。社会主义较之资本主义的优越性，就在于创造出远远高于资本主义的生产率，并在此基础上达到共同富裕，实现社会公平正义，让社会上最大多数人而非少数人实现自由而全面发展。

二　实现公平正义是中国共产党的一贯主张

中国共产党自成立之日起，就把实现和维护社会公平正义作为始终不渝的价值目标。党领导人民取得新民主主义革命的胜利，推翻

---

① 《邓小平文选》第 3 卷，人民出版社 1993 年版，第 123 页。

② 同上书，第 265 页。

③ 中央文献研究室编：《邓小平年谱（一九七五至一九九七）》（下），中央文献出版社 2004 年版，第 1364 页。

"三座大山"，实现民族独立和人民解放，进行社会主义革命、建设和改革，不断增强综合国力，提高人民生活水平，都是为了促进社会公平正义。

新中国成立后，我们从根本上改变了旧中国的阶级压迫和剥削制度，建立了社会主义制度，为实现公正奠定了根本的政治前提和制度基础。毛泽东同志高度重视实现社会公平正义，他对社会主义基本经济制度、政治制度、文化制度的设计，都包含着对公平正义的追求。

在改革开放历史新时期，邓小平同志提出社会主义要在解放生产力、发展生产力、消灭剥削、消除两极分化的基础上，最终实现共同富裕，从而把实现社会公平正义纳入社会主义本质要求之中。党的十三届四中全会以后，江泽民同志反复强调要把社会公平正义问题作为涉及全社会的重要战略问题加以解决，通过政策、制度及社会保障等来逐步实现和满足人民利益。以胡锦涛同志为总书记的党中央，提出了构建社会主义和谐社会的重大战略思想，明确把实现社会公平正义作为社会主义和谐社会的基本特征和重要目标。通过改革收入分配制度，调整国民收入分配格局，加大改善民生力度，保障各项公民权利，构筑以权利公平、机会公平、规则公平为主要内容的社会公平保障体系，为人的全面发展、社会的全面进步拓展了新的境界。

党的十八大以来，以习近平为总书记的党中央竭诚尽力，始终把改善民生作为工作的出发点和落脚点，注重制度建设，兜住民生底线，采取了一系列有力的改革措施，努力促进公平正义。党和政府积极推进养老保险、社会救助制度建设，提高城乡低保标准和企业退休人员基本养老金水平；启动教育扶贫工程，实施农村义务教育薄弱学校改造计划，促进教育公平发展，对集中连片特困地区乡村教师发放生活补助；深化医药卫生体制改革，完善全民基本医保体系，基本医保总体实现全覆盖，提高城乡居民基本医保财政补助标准，开展大病医疗保险试点，启动疾病应急救助试点，给老百姓带来了实实在在的好处；实施大学生就业促进计划，应届高校毕业生绝大部分实现就业；加强农村转移劳动力就业服务和职业培训，对城镇就业困难人员进行就业援助；推进保障性安居工程，使上千万住房困难群众乔迁新居。这些措施有力地促进了社会公平正义。

三　公平正义比太阳更有光辉

改革开放以来，中国发生了巨大的变化，综合国力明显增强，人民群众的生活水平有了较大提高。但同时，也出现了一些新的社会问题和新的社会矛盾，其中最为突出的就是社会公平问题。这突出地表现在以下几个方面。

第一，收入分配差距扩大问题。我们鼓励一部分人和一部分地区先富起来，这给经济发展带来了巨大的活力。但是，由于各种复杂的原因，目前我国群体之间的收入差距不断扩大。从城乡之间看，城乡居民收入比从 1978 年的 2.36∶1 扩大到 2009 年的 3.33∶1；从区域之间看，东西部地区城镇和农村居民收入差距较大，2009 年浙江、贵州城镇人均可支配收入分别为 24611 元、12862.53 元，农村居民人均纯收入分别为 10007 元、3000 余元；从不同群体之间看，高收入阶层财富增长较快，中国已成为世界第二大奢侈品消费国，而另一方面，中国绝对贫困人口超过 4000 万人，低收入群体还有 2.7 亿人。

国际上通常把基尼系数作为衡量收入差距的重要指标，一般认为，当基尼系数处于 0.4—0.5 时，表示收入差距过大，超过 0.5 则意味着出现两极分化。根据 2013 年 1 月国家统计局最新公布的数据显示，2003 年中国全国居民收入的基尼系数是 0.479，2004 年是 0.473，2005 年是 0.485，2006 年是 0.487，2007 年是 0.484，2008 年是 0.491，2009 年是 0.490，2010 年是 0.481，2011 年是 0.477，2012 年是 0.474。从数据看，一方面中国目前收入差距过大已是不争的事实。另一方面，经过各方努力，目前城乡居民收入差距进一步扩大的趋势已经得到遏止。

对于收入差距扩大问题，需要理性的分析和考察。中国目前的收入差距大，是发展过程中出现的问题。在改革发展中，社会成员之间存在一定的收入差距是难以避免的。改革开放以来，我们处在加速向现代化迈进的过程中。国际经验表明，传统社会向现代社会转变时期，工业化和城市化的发展、市场机制择优淘劣效应等一系列因素，都会造成收入差距扩大。大多数发达国家在现代化过程中都经历过这样的阶段，随着经济持续增长和政府调节的逐步到位，经过一个时期后差距才会逐步缩小。但与此同时，我们也需要清醒地认识到，如果社会成员收入差距悬殊而又长期得不到解决，不仅会挫伤人们的积极性，而且会影响社会的安定团结。贫富两极分化这一严重的社会问题，引发了诸多严重的社会问题，甚至危及社会秩序以及社会的全面发展和进步，引起越来越多的人的强烈关注和担忧。在现实生活中，"先富带动后富"的长效机制还没有完全建立，甚至出现"先富恃强凌弱"等现象。再加上部分富有者的所作所为挑战了社会公平正义的底线，引起全社会的严重不满。更令人担忧的是，贫富两极分化现象还引发报复社会的恶性案件连发、突发性事件多发、群体性事件不断等诸多社会问题，成为和谐社会建设的绊脚石。

第二，社会保障问题。社会保障体系包括社会救助、社会保险、社会福利、优抚安置和住房保障等，其中，以养老、失业、医疗和工伤为主要内容的社会保险是社会保障体系的核心。社会保障是"人民生活的安全网""收入分配的调节阀""经济运行的减震器"和"社会发展的稳定器"。作为国家和社会为保证其成员基本生活权利而提供救助和补助的一种制度，社会保障是社会公平和社会进步的一个重要标志，在调节收入分配、缓解社会矛盾、推动经济发展、促进国家长治久安方面具有重要的作用。中国的社会保障制度是新中国成立以后从零起步的。经过多年的努力，中国特色社会保障框架体系已初步建立。中国社会保障体系建设在近几年间取得了巨大进展，从选择性制度安排走向了普惠性制度安排，从长期自下而上的改革试验状态到开始通过顶层设计与顶层推动走向逐渐成熟、定型的新发展阶段。但是，由于传统的体制性障碍犹存、渐进改革的历史局限、利益分割格局的形成以及牵一发而动全身的复杂社会生态，我们的社会保障体系还存在一些突出的问题，在制度安排上存在城乡分割、地区分割、群体分割现象，由此造成了保障的不公平：城镇有较完备的社会保障体系而农村社会保障却处于刚起步阶段，仍以家庭保障为主；职工基本养老保险地区分割统筹情形下的缴费负担不公；企业职工与机关事业单位职工养老金"双轨制"需要尽快彻底解决。通过优化制度结构与福利资源配置来缩小城乡之间、地区之间、群体之间的不平等，这一工作力度需要进一步加强。

第三，司法公正问题。司法活动是保障法律公正的最后一道关口，也是保障法律公正的最重要的手段。司法公正是社会良心的最后一道底线，这道底线一旦突破，人们就会感到绝望，社会就将陷入混乱。

中国司法领域主流是好的，但司法领域的腐败问题也不容忽视。当前，从人民群众的反映和查处的检察人员违法违纪案件看，有的司法人员不作为、乱作为包括执法不严、司法不公、司法腐败问题仍然比较突出。有的执法随意性大、粗放执法、选择性执法；有的滥用强制措施，侵犯当事人的合法权益；有的受人之托打探案情，违规过问、干预办案；等等。司法不公的深层次原因在于司法体制不完善、司法职权配置和权力运行机制不科学、人权司法保障制度不健全。"司法是维护公平正义的最后一道防线。如果守不住这道防线，就会纵容和放大社会不公，阻断老百姓维护权益的"正道"，造成严重的社会问题。执法不严、司法不公、司法腐败问题，导致公众对司法的信心不足，不仅严重败坏政法机关形象，而且严重损害党和政府形象。坚决维护法治的权威、尊严和公信力，让人民群众在每一个司法案件审理中都感受到公平正义，已成为当前必须解决的重要任务。

第四，教育公平问题。多年来，中央和各级政府都十分重视教育公平问题，并采取了积极有效的措施，教育公平状况有很大的改善。但是，由于中国人口众多、地域辽阔、各地区经济文化发展极不平衡，这在很大程度上制约了教育公平问题解决的力度和广度。地域之间教育差距明显，最发达地区和最贫困地区之间的差距很大，即使在同一省内，以及地区之内县际差异同样很大。城乡教育差别比较严重，农村教育问题仍然突出。尽管各级政府和社会为实现城乡教育公平采取了一些措施，如启动"农村义务教育薄弱学校改造计划"，实施"农村义务教育阶段学校教师特设岗位计划"，但农村师资薄弱，教育经费投入不足，教育设施完善状况仍然没有根本改变。阶层差别问题突出，弱势群体和贫困学生状况堪忧。

给人创造更加公平的发展起点和条件，让每个中国人都有发展自己的可能性。有了公平，人人都有希望。在这个意义上，公平正义比太阳更有光辉。

四　让改革发展成果惠及全体人民

当前，解决社会公平正义的呼声越来越强烈。自 2002 年起，人民网在"两会"期间都要进行一次民意测验，征集百姓最关注的十大社会热点问题。十多年来的排行榜上，"社会保障""反腐倡廉""收入分配""教育公平"等蕴含公平正义的问题一直名列前茅。可以说，当前社会上的许多热点、难点、焦点问题，都不同程度地与公正问题联系在一起。很显然，现实的状况与百姓对公平正义的期待之间还有不小差距。

2013 年 11 月 12 日，习近平总书记在十八届三中全会上指出："如果不能给老百姓带来实实在在的利益，如果不能创造更加公平的社会环境，甚至导致更多不公平，改革就失去意义，也不可能持续。"① 2015 年 11 月 27 日，中央扶贫开发工作会议召开，作出到 2020 年全国所有贫困地区和贫困人口一道迈入全面小康社会的庄严承诺。今后我们应把维护社会公平正义摆在现代化建设更加突出的位置抓紧抓好，花大力气加强社会公平建设，建立公平的分配机制、消除分配领域的不合理现象，使全体人民能够在经济社会发展中更多更好地平等参与、平等竞争、平等发展、平等享有，使发展成果更多、更公平地惠及全体人民，为社会和谐稳定奠定坚实的基础。

（一）建构社会公平保障体系

在现阶段，维护和实现社会公正，关键是要逐步建立以权利公

---

① 习近平：《习近平谈治国理政》，外文出版社 2014 年版，第 96 页。

平、机会公平、规则公平为主要内容的社会公平保障体系。

近年来，中国政府特别强调社会公平保障体系建设。2012年11月17日，习近平总书记在十八届中共中央政治局第一次集体学习时的讲话中指出："公平正义是中国特色社会主义的内在要求，所以必须在全体人民共同奋斗、经济社会发展的基础上，加紧建设对保障社会公平正义具有重大作用的制度，逐步建立社会公平保障体系。"党的十八届三中全会明确指出，要坚持社会主义市场经济改革方向，以促进社会公平正义、增进人民福祉为出发点和落脚点，进一步解放思想、解放和发展社会生产力、解放和增强社会活力。这一关于改革的指导思想所着重强调的，就是以深化改革来解决公平问题。中央政府为全面深化改革而进行的一系列重大部署，均围绕"以促进社会公平正义、增进人民福祉为出发点和落脚点"而展开，在落实改革措施中体现了"以人为本"理念，在更高的程度上体现了权利公平、机会公平、规则公平。

1. 权利公平

权利公平意味着全体公民不分性别、年龄、身份、区域、职业、财产、种族等方面的差别，在社会发展的各方面都享有平等的生存权和发展权，都能平等地、没有歧视地受到法律的保护。权利公平是社会公平的逻辑起点和先决条件，是社会公正的底线。人们只有享有最基本的权利公平，才能拥有最起码的尊严与自由。没有权利公平，一切公平正义都无从谈起。我国宪法就明确规定："国家尊重和保障人权。"公民享有言论、出版、集会、结社、游行、示威的自由，享有宗教信仰自由，公民的人身自由、人格尊严、住宅不受侵犯，公民享有对任何国家机关和国家工作人员提出批评和建议的权利等。公民的基本权利必须予以切实的维护和保障，保证每个公民人之为人的尊严。

2. 机会公平

机会公平是一种过程的平等，它意味着人们在发展过程中享有同等的机遇，并不因家庭背景、自然禀赋等"起点"的不同而少得到或多得到机会。机会公平是实现社会公平的关键。机会公平强调社会应该毫无差别地给每一个成员提供平等的生存和发展机会，让每一个成员自由选择，平等享有资源的利用，社会政策的制定和实施没有任何歧视性，确保人人都有机会。这突出了自致性因素在发展中的重要性，使人们认识到，只要自己肯于努力，就能够成功。这无疑会点燃人们成功的希望，能够最大限度地激发人们的潜能。实现机会公平，关键在于为每个人提供成功的平台和施展才能的空间，使人们平等参与社会发展的进程，共享社会发展的成果，成就人生的理想。同时，还需要完善各种社会救助体系，健全社会福利制度，满足困难群众的基本需求，充分保障他们平等参与、平等发展的基本权益。

3. 规则公平

规则公平意味着在规则面前人人平等，每个人都在同一规则下平等竞争，绝不能搞双重标准、区别对待。规则公平是实现社会有序的重要保障，也是社会公平正义的主要内容。国务院总理李克强在首次面对中外记者时曾表示："要推动促进社会公正的改革，不断地清理有碍社会公正的规则"，而且要使"明规则"战胜"潜规则"。实现规则公平，意味着需要消除特权，营造公开、公正、公平、透明的制度环境，切实维护法律和规则的权威，不允许任何人凌驾于法律和规则之上，真正做到法律和规则面前人人平等，制度面前没有特权，制度约束没有例外。

（二）加快公平正义的制度体系建设

公平正义，从美好理念转化为实践，需要制度的有力保障。既改革不合时宜的制度，也要把实践中成功的做法制度化，还要探索建立适应未来发展需求的新制度。为此，我们需要通过加紧建设对保障社会公平正义具有重大作用的制度，更好地保障人们在政治、经济、文化、社会等各个方面的权益，切实维护社会公平正义。

1. 努力营造维护权利公平的制度环境

近年来，中国大力保护人权，规范公共权力的运行，确保人们的合法权益不受侵犯；出台了一系列以民生为基础的社会政策，着力保护人们的社会经济权利，例如在城乡建立最低生活保障制度、公共卫生和医疗救助体系、出台促进就业的法律法规来保障人们最基本的生存权、健康权和发展权，在很大程度上保障了社会底线公平。我们需要进一步营造维护权利公平的制度环境，切实维护和落实宪法和法律规定的公民的各项权利，保证全体社会成员都能够平等地享有受教育的权利、工作就业的权利、参与社会政治生活以及其他法律规定的权利。

2. 坚持执法为民，切实做到公正司法

加快推进司法体制和工作机制改革，建设公正、高效、权威的司法制度，发挥司法维护公平正义的职能作用。2014 年 1 月 7 日，习近平总书记在中央政法工作会议上指出："促进社会公平正义是政法工作的核心价值追求。从一定意义上说，公平正义是政法工作的生命线，司法机关是维护社会公平正义的最后一道防线。政法战线要肩扛公正天平、手持正义之剑，以实际行动维护社会公平正义，让人民群众切实感受到公平正义就在身边。要重点解决好损害群众权益的突出问题，决不允许对群众的报警求助置之不理，决不允许让普通群众打不起官司，决不允许滥用权力侵犯群众合法权益，决不允许执法犯法造成冤假错案。"① 近年来，围绕司法公正建设，中国在几个方面进行了努力。首先，以公开促公正，严防暗箱操作。2009 年 12 月，最高人民法院发布《关于司法公开的六项规定》，要求公开立案、庭审、执行、听证、文书、审务等方面内容，有力促进了司法在阳光下运行。今后我国将继续加大司法公开力度，完善公开审判和公开执行制度，推广庭审电视网络直播、网上晒判决书等做法，完善新闻发言人制度和人民陪审员制度，让司法公正成为人们看得见、摸得着、感受得到的东西。其次，以完善体制促公正。通过科学规范的体制和制度，阻止金钱、权力、人情干扰司法公正。通过深化司法体制改革，确保审判机关、检察机关依法独立公正行使审判权、检察权；优化司法职权配置，创新和加强审判管理，改进司法权运行机制，完善内部和外部监督制约机制，确保司法公正不断向纵深推进。同时，我国不断加强司法队伍建设，强化司法队伍的职业道德建设，牢固树立公正、廉洁、为民的价值理念，注重教育培训和社会实践，加强纪律作风建设，加大对违纪违法行为的查处力度，切实提高维护社会公平正义的能力。

3. 积极推进分配制度改革，切实扭转收入差距扩大的趋势

贫穷不是社会主义。一部分人富起来、一部分人长期贫困，也不是社会主义。共同富裕是中国共产党始终不渝的奋斗目标，我们建设社会主义的目的，就是要大家共同富裕。我们需要站在社会主义优越性能否得到有效发挥，社会主义的优越性能否得到不断增强，党的执政地位能否得到有效的稳固的高度来审视社会分配公正问题。我们需

---

① 习近平：《习近平谈治国理政》，外文出版社 2014 年版，第 148 页。

要以攻坚克难的精神，深入推进收入分配制度改革，逐步理顺收入分配关系，规范收入分配秩序，尽快扭转收入差距扩大趋势。

首先，要坚决取缔非法收入。当前，人们对收入差距拉大有意见，其实并不是对合理、合法的收入有意见，主要是对通过违法违规行为获得的巨额财富强烈不满。必须坚决堵住国企改制、土地出让、矿产开发等领域的漏洞。深入治理商业贿赂，严打官商勾结、走私贩私、内幕交易、操纵股市、制假售假、骗贷骗汇等非法活动。其次，大力规范灰色收入。目前，中国反腐败力度不断升级，礼金、红包、出场费、好处费及各种名目的"福利"等形式的灰色收入，受到严格管控。我们还需要进一步加大规范力度，清理规范国有企业和机关事业单位工资外收入、非货币性福利等。继续在党政机关、事业单位、社会团体和国有及国有控股企业深入开展"小金库"治理工作，切断产生灰色收入的渠道。再次，有效调节过高收入。要通过税收等方式对过高收入进行有效调节，把社会成员收入差距控制在合理范围内。加大税收征管力度，严厉打击偷、逃、漏税等行为，特别是做好高收入者应税收入的管理和监控。最后，要促进收入信息公开透明。让收入透明化，是加强监管、促进分配公平的前提。目前，中国在加快建立包括公民个人资料、收入、财产、住房等信息在内的收入信息数据库，建立个人支付结算体系，推进居民固定账号信用卡或支票结算制度，推动交易电子化。这样，每个人的收入及家庭负担情况都将"晒在阳光下"，灰色收入、非法收入将无所遁形，逃税漏税也将失去空间。

4. 保障和改善民生，不断改善民众特别是困难群众的生活

"民惟邦本，本固邦宁。"民生是人民幸福之基、社会和谐之本。民生连着民心、民心凝聚民力，做好保障和改善民生工作，事关群众

福祉和社会和谐稳定。中国共产党来自人民、植根人民、服务人民，是全心全意为人民服务的政党，无论干革命、搞建设、抓改革，都是为了让人民过上幸福生活。

十八大以来，新一届中央领导集体一如既往地高度重视民生建设，将民生工作和社会治理工作作为社会建设的两大根本任务，将改革发展成果更多更公平地惠及全体人民。2012 年 11 月 25 日，习近平总书记在新一届中央政治局常委同中外记者见面的讲话中指出，"我们的人民热爱生活，期盼有更好的教育、更稳定的工作、更满意的收入、更可靠的社会保障、更高水平的医疗卫生服务、更舒适的居住条件、更优美的环境，期盼着孩子们能成长得更好、工作得更好、生活得更好。人民对美好生活的向往，就是我们的奋斗目标"[①]。总书记朴实亲切、饱含深情的讲话，温暖了亿万人民的心。新一届中央政府要按照"守住底线、突出重点、完善制度、引导舆论"的思路不断推进民生工作。"守住底线"就是要形成以保障基层生活为主的社会公平保障体系，织牢民生安全网的"网底"；"突出重点"就是要对重点群体和重点地区进行倾斜；"完善制度"就是要形成全面的制度保障；"引导舆论"就是要促进形成良好舆论氛围和社会预期。

多年来，中国深入推进社会保障工作，政府努力发挥保基本、兜底线作用，使人们在义务教育、基本医疗、住房、养老等方面获得基本保障；对特殊困难人群进行特殊扶持和救助，守住他们生活的底线。民生工作、社会保障建设取得了很大成绩。

（1）让所有孩子都能上得起学，都能上好学。早在 20 世纪 80 年代，中国就提出国家对接受义务教育的学生免收学费，但由于政府投

---

① 习近平：《习近平谈治国理政》，外文出版社 2014 年版，第 4 页。

入不足，小学生和初中生仍需缴纳一定的学习费用。这为很多家庭经济困难的学生造成一定的负担。随着社会经济的迅猛发展和国家财力的增强，中国政府开始直面教育投入不足的问题。从 2006 年至 2008 年三年间，中国政府坚定决心，加大投入，逐步完成了从农村到城市，从试点到推广，全面免除城乡义务教育学杂费的进程，迈出了具有里程碑意义的四大步。党的十八大以来，围绕民众反映突出的高考、择校等教育改革的热点难点问题，有关部门积极探索，努力推进，从体制机制上寻求解决问题的路径和办法，大力促进教育公平，健全家庭经济困难学生资助体系，构建利用信息化手段扩大优质教育资源覆盖面的有效机制，逐步缩小区域、城乡、校际差距。统筹城乡义务教育资源均衡配置，实行公办学校标准化建设和校长教师交流轮岗，不设重点学校重点班，破解择校难题，标本兼治减轻学生课业负担。这些改革举措的提出和实施，对于实现教育机会均等，实现教育公平，具有重要的意义。

（2）建立了覆盖城乡的医疗卫生服务体系。2002 年开始，中国开始实施新型农村合作医疗制度，由政府组织、引导、支持，农民自愿参加，个人、集体和政府多方筹资。新型农村合作医疗制度的实施，有效地缓解了农民"因病致贫、因病返贫"问题，真正让农民看得起病，看得好病，使医疗服务真正做到便民、利民、取信于民。2007 年，中国开始城镇居民基本医疗保险试点，"一老一小"有了医疗保障。随着新农合和城乡居民医疗救助在全国普遍实施，目前，我国已建立了覆盖城乡的医疗卫生服务体系，从制度上实现了基本医疗保险对城乡居民的全面覆盖，中国建立起世界上最大的医疗保障网。

（3）积极推进基本养老保险制度。2009 年，国务院启动新型农村社会养老保险试点工作。中国农民在 60 岁后首次享受到国家普惠式的养老保障。农民在实现"种地不交税、上学不付费、看病不太贵"后，又实现了"养老不犯愁"。2011年起，中国实施城镇居民社会养老保险试点工作，这是党中央、国务院为加快建设覆盖城乡居民的社会保障体系做出的又一重大决策，对于实现人人享有基本养老保险，促进社会公平正义，保障民生，逐步实现基本公共服务均等化具有重大意义。目前，城乡居民基本养老保险实现了制度全覆盖，各项养老保险参保达到7.9亿人。2014年2月7日，国务院常务会议决定，在已基本实现新型农村社会养老保险、城镇居民社会养老保险全覆盖的基础上，依法将这两项制度合并实施，在全国范围内建立统一的城乡居民基本养老保险制度，并在制度模式、筹资方式、待遇支付等方面与合并前的新型农村社会养老保险和城镇居民社会养老保险保持基本一致，使全体人民公平地享有基本养老保障。

（4）建立健全城镇保障性住房制度。住房是群众幸福生活的基础。近年来，中国不断深化住房制度改革，在促进商品住房市场健康发展的同时，大规模推进保障性安居工程建设，加快完善住房保障机制，解决了一大批困难群体的住房问题。"十一五"期间，全国1140万户城镇低收入家庭和360万户中等偏下收入家庭住房困难问题得到解决。近年来，我们坚持分类指导、分步实施、分级负责，加大保障性安居工程建设力度；通过创新政策性住房投融资机制和工具，采取市场化运作方式，为保障房建设提供长期稳定、成本适当的资金支持。目前，以廉租住房、经济适用住房、公共租赁住房、自主性商品房等为主要形式的住房保障制度初步形成。一座座建起的保障房，承载的是广大百姓家庭住房的梦想，传递着政府关注民生、改善民生的信心。随着中国住房保障建设的不断推进，百姓住有所居、安居乐业的梦想一步步变成现实，越来越多的居民正在圆自己的"安居梦"。

在民生建设方面，要立足社会主义初级阶段这个基本国情。中国仍处于并将长期处于社会主义初级阶段，改善民生不能脱离这个最大的实际提出过高目标，只能根据经济发展和财力状况逐步提高人民生活水平，否则，结果只会适得其反。我们要从拉美、中东以及一些欧洲国家当中吸取经验教训。政府保障和改善民生，主要是发挥好保基本、兜底线的作用，不能搞脱离实际、劳民伤财、吃力不讨好的东西。正如习近平总书记所指出的，"多做一些雪中送炭、急人之困的工作，少做些锦上添花、花上垒花的虚功"。

公平正义作为一个具体的、相对的、历史的范畴，是与一定社会的经济文化发展水平相适应的，它的充分实现是一个长期的渐进的历史过程。权利绝不能超出社会的经济结构以及由经济结构制约的社会的文化发展。只有在全体人民共同奋斗、经济社会不断发展的基础上，公平正义才能拥有雄厚的物质基础，才能得到充分实现。

◇ 第四节　法治

法治是现代社会治理的基本方式，是迄今人类社会探索总结政治智慧的重要文明成果。法治也是社会主义中国的价值追求。在当代中国，依法治国是党领导人民治理国家的基本方略。依法治国是指，人民群众在党的领导下，依照宪法和法律的规定，通过各种途径和形式管理国家事务，管理经济文化事业，管理社会事务，保证国家各项工作都依法进行，逐步实现社会主义民主的制度化、法律化。用法治思维和法治方式深化改革、推动发展、化解矛盾、维护社会稳定，办事依法、遇事找法、解决问题用法、化解矛盾靠法，成为当代中国社会的强烈期盼，也成为法治中国建设的重要内容。

一 法治是治国理政的基本方式

法治就是强调依法治国、法律至上，法律具有最高的地位，没有任何人或机构可以凌驾于法律之上。在法治国家里，法律是国王，而非国王是法律。法治首先意味着法律的权威、地位高于一切，是神圣不可侵犯的。无论什么人、什么阶层、什么政党，都没有凌驾于宪法和法律之上的特权，都服从于法律；违反法律者，都要受到法律的追究。法律至上实际上是要实现规则治理，努力做到凡事"皆有法式"，凡事"一断于法"，将明确稳定的规则作为"规矩"来规范国家和公民的行为。用法律治理国家，用法律推动经济社会发展，用法律保障人们的权益，用法律调节社会关系和利益纷争。

中国古代法律思想源远流长，博大精深。早在春秋战国时期，法家反对儒家的德治、礼治、人治思想，提出了以法为本、缘法而治、法不阿贵、以刑去刑等法律思想，将法在社会治理中的作用空前提高，推动了当时社会的发展和进步。尽管在此后有封建思想和人治的现实，但是关于法律之于国家发展、社会稳定的作用，逐渐为人们所认可。无论是"治国无法则乱，守法而弗度则悖""礼者禁于将然之前，而法者禁于已然之后"的法律箴言，还是法具有"兴功惧暴"之能、"定分止争"之用的论断，无不表明了这一点。经过历史长河的淘洗，丰富多彩的中国传统法律思想得以沉淀，创造了博大精深的中华传统法律文化，其中很多法律思想观念对当代中国人产生着重要影响。当然，我们也需要清楚地认识到，从总体上看，中国古代的法治基本属于如何治理民众而进行的谋划，缺乏现代法治所具有的内涵。

新中国的成立，开启了中国法治建设的新纪元。从 1949 年到 20 世纪 50 年代中期，是中国社会主义法制的初创时期。这一时期中国制定了具有临时宪法性质的《中国人民政治协商会议共同纲领》和其他一系列法律、法令，对巩固新生的共和国政权，维护社会秩序和恢复国民经济，起到了重要作用。1954 年第一届全国人民代表大会第一次会议通过了新中国第一部宪法，还通过全国人大组织法、国务院组织法、地方组织法、法院和检察院组织法等一系列法律，规定了国家的政治制度、经济制度和公民的权利与自由，规范了国家机关的组织和职权，确立了国家法制的基本原则，初步奠定了中国法治建设的基础。20 世纪 50 年代后期以后，特别是"文化大革命"时期，受极"左"思潮和法律虚无主义的影响，中国社会主义法治遭到严重破坏。20 世纪 70 年代末，我们党总结历史经验，特别是汲取"文化大革命"的惨痛教训，做出把国家工作中心转移到社会主义现代化建设上来的重大决策，强调为了保障人民民主，必须加强社会主义法制，使民主制度化、法律化，使这种制度和法律具有稳定性、连续性和极大的权威。我们党提出"有法可依，有法必依，执法必严，违法必究"的社会主义法制建设十六字方针。在发展社会主义民主、健全社会主义法制的基本方针指引下，现行宪法以及《刑法》《刑事诉讼法》《民事诉讼法》《民法通则》《行政诉讼法》等一批基本法律出台，中国的法治建设进入了全新发展阶段。

20 世纪 90 年代，中国开始全面推进社会主义市场经济建设，由此进一步奠定了法治建设的经济基础，也对法治建设提出了更高的要求。1994 年，党的十四届三中全会做出了建立社会主义市场经济体制的决定，第一次提出要建立和完善社会主义市场经济法律体系。

1997 年召开的党的十五大，将"依法治国"确立为治国基本方略，将"建设社会主义法治国家"确定为社会主义现代化的重要目标，并提出了建设中国特色社会主义法律体系的重大任务。1999 年，"中华人民共和国实行依法治国，建设社会主义法治国家"作为治国方略载入宪法。中国的法治建设揭开了新篇章。

进入 21 世纪，中国的法治建设继续向前推进。2002 年，党的十六大将"社会主义民主更加完善，社会主义法制更加完备，依法治国基本方略得到全面落实"作为全面建设小康社会的重要目标。2004 年，将"国家尊重和保障人权"载入宪法。2007 年，党的十七大明确提出全面落实依法治国基本方略，加快建设社会主义法治国家，并对加强社会主义法治建设做出了全面部署。2012 年，党的十八大强调全面推进依法治国，把依法治国方略全面落实，法治政府基本建成，司法公信力不断提高，人权得到切实尊重和保障作为全面建成小康社会的奋斗目标，并将法治纳入社会主义核心价值观。

党的十八大以来，以习近平同志为总书记的新一届中央领导集体高度重视法治，就加强法治建设做出一系列重要部署。党的十八届四中全会是党的历史上第一次以全面推进依法治国为主题的全会，全会通过的《中共中央关于全面推进依法治国若干重大问题的决定》科学回答了全面推进依法治国的一系列重大理论和实践问题，为加快建设社会主义法治国家、推进国家治理体系和治理能力现代化勾画了新的蓝图，是社会主义法治建设新的里程碑。

坚持依法治国首先要坚持依宪治国，坚持依法执政首先要坚持依宪执政。宪法是国家的根本法，是治国安邦的总章程，是党和人民意志的集中体现，具有最高的法律地位、法律权威、法律效力。全国各族人民、一切国家机关和武装力量、各政党和各社会团体、各企业事业组织都必须以宪法为根本的活动准则，并且负有维护宪法尊严、保证宪法实施的职责。一切违反宪法的行为都必须予以追究和纠正。2012年12月4日，习近平总书记在纪念现行宪法公布施行30周年大会上庄严指出："宪法的生命在于实施，宪法的权威也在于实施。"①可见，宪法的力量不仅因其地位崇高，更源于其有效实施，否则，宪法只能停留在"政治宣言"和文本层面。始终恪守宪法原则，坚持法律面前人人平等。任何组织和个人都必须在宪法和法律范围内活动，都必须依照宪法和法律行使权力或权利、履行职责或义务，都不得有超越宪法法律的特权。要维护国家法制统一、尊严、权威，切实保证宪法和法律有效实施，绝不允许任何人以任何借口、任何形式以言代法、以权压法、徇私枉法。

法治昌明，国家兴盛；法治彰显，社会安定。新中国的发展历程和法治建设的历程清楚地表明，践踏法治的时代，是经济社会倒退的时代；建设法治的时代，是经济社会发展的时代，更是政治文明发展的时代和社会和谐稳定的时代。正反两方面的事实表明，法治与国家和社会治理之间息息相关，只有实行法治，才能保证各项工作的有效开展，才能有效预防和惩治腐败，赢得民心，巩固党的执政地位，实现国家的长治久安。

二 科学立法

"立善法于天下，则天下治；立善法于一国，则一国治。"国家若善治，须先有良法。立法是法治的龙头环节，龙头昂起来，龙才可能

---

① 习近平：《习近平谈治国理政》，外文出版社2014年版，第138页。

腾飞起来。立法质量直接关系法治的质量，越是强调法治，越是要提高立法质量。全面推进依法治国，必须坚持立法先行，发挥立法的引领和推动作用，抓住提高立法质量这个关键，深入推进科学立法、民主立法，使每一项立法都符合宪法精神、反映人民意志、得到人民拥护。

科学立法的核心是立法要尊重和体现社会发展的客观规律、尊重和体现法律所调整的社会关系的客观规律以及法律体系的内在规律。立法首先要体现我国社会主义国家性质，顺应时代发展要求，推动国家发展进步，保障人民各项权利。同时，要立良善之法，立管用之法，建立科学的立法体制机制，使每一项立法都能科学合理地规范国家机关的权力和责任，规范公民、法人和其他组织的权利与义务，使法律符合经济社会发展的需求。法律是治国理政的科学，立法还必须遵循法律体系的内在规律和立法工作规律，遵循立法程序，注重立法技术，努力实现立法过程的科学化。要明确划分不同法律关系的调整对象和界限，形成和维护符合国家发展目标的法律秩序。

新中国成立以来，特别是改革开放 30 多年来，中国的立法工作取得了历史性成就。1997 年，党的十五大明确提出，到 2010 年形成有中国特色社会主义法律体系。2010 年年底，这一历史任务如期完成。截至 2011 年 12 月底，中国除通过了现行宪法外，还制定了现行有效的法律 239 件，行政法规 714 件，地方性法规、自治条例、单行条例 8921 件，涵盖国家生活和社会生活各个方面的法律部门已经齐全。以宪法为统帅，以宪法相关法、民法商法、行政法、经济法、社会法、刑法、诉讼与非诉讼程序法等多个法律部门的法律为主干，由法律、行政法规、地方性法规等多个层次的法律规范构成的中国特色社会主义法律体系的形成，中国特色社会主义制度逐步走向成熟，国家经济建设、政治建设、文化建设、社会建设以及生态文明建设的各个方面实现了有法可依。

当然，立法工作是一项十分复杂的过程。同党和国家事业发展要求相比，同人民群众期待相比，我们在科学立法、民主立法方面还存在一些亟待解决的问题。例如，有的法律法规解决实际问题有效性不足，针对性、实用性、可操作性不强；立法效率需要进一步提高，有些重点领域立法不能及时出台，跟不上形势发展的需要。有些法律没有根据客观形势的变化及时修改；有些重大制度问题，法律上还有缺项；不同位阶的法律之间衔接不够紧密，匹配性和协调性有待提高。提高立法质量，成为当前和今后一个时期立法工作的重中之重。

三 严格执法

法治政府是建设法治国家最重要的环节，全面推进依法治国，其中十分重要的任务就在于保证法律严格实施，做到严格执法，加快建设职能科学、权责法定、执法严明、公开公正、廉洁高效、守法诚信的法治政府。

法治政府要求政府活动只能在法律之内而不能在法律之外，只能在法律之下而不能在法律之上，要求一切行政活动只能在法律的规范和制约下进行。法治政府是一个有限的政府，政府的各个机构、部门必须依法设立，拥有的职权必须受到严格限制，那种"上管天，下管地，中间管空气"的政府与法治社会格格不入；法治政府应当是责任政府，强调法律权威至上，政府违反法律必须承担相应的法律责任，实现权力与责任的统一；法治政府是民主政府，其权力的行使要充分、真实地代表民意，成为人民意志的执行者；法治政府是透明、廉洁的政府，任何公民、企业法人、组织都享有法定的知情权，政府应该接受公众的全面监督。

多年来，党和政府高度重视推进依法行政，建设法治政府，对建设法治政府做出了一系列部署。国务院于2004年3月发布《全面推进依法行政实施纲要》，第一次明确提出"建设法治政府"的奋斗目标和具体任务。在总结"实施纲要"的实践经验基础上，2010年10月，国务院发布了《关于加强法治政府建设的意见》，对加快法治政府建设的任务和措施提出了明确要求。2012年11月，党的十八大提出，到2020年基本建成法治政府。2013年11月，党的十八届三中全会提出，建设法治中国，必须坚持依法治国、依法执政、依法行政共同推进，坚持法治国家、法治政府、法治社会一体建设。党的十八届四中全会对加快建设法治政府提出一系列明确要求。这些年来，经过各级政府坚持不懈的努力，法治政府建设取得了重大成就。主要体现在以下几个方面。

一是形成了法治政府制度体系。当前，以行政组织与人员法、行政行为与程序法、行政监督与救济法为框架，以规范经济、政治、文化、社会生活、生态环境以及政府自身活动为主要内容的制度体系逐步健全和完善，政府管理在各个方面总体上实现了有法可依，为法治政府建设奠定了坚实的制度基础。

二是行政权力运行逐步规范。科学、民主、依法决策成为各级政府的基本准则，行政决策的科学化、民主化、法治化不断加强。深化行政执法体制改革，推行行政执法责任制，有效规范了行政执法行为。制定和贯彻《行政许可法》，规范行政许可的设定和实施，持续推进行政审批制度改革，促进了政府职能转变和管理方式创新。从2001年开始到2012年年底，中央一级共取消、下放、调整国务院部门实施的 2497 项行政审批事项，占原来总数的 69.3%。2013 年，国务院总共取消和下放行政审批事项 416 项，2014 年 317 项，两年共计 733 项，提前两年完成了本届政府当初承诺的本届政府削减 1/3 审批事项的目标任务。

三是对行政权力的监督和问责不断加强。对行政权力的监督和行政问责逐步朝着制度化、常态化、规范化方向发展。各级政府自觉接受同级人大及其常委会的监督、政协的民主监督，依照有关法律接受人民法院的监督，重视新闻舆论和人民群众的监督，加强政府系统内部的层级监督，充分发挥审计、监察等专门监督的作用，强化对滥用职权、失职渎职、决策失误等违法行为的责任追究，对预防和遏制各种消极腐败现象的滋生蔓延产生了有力作用，得到了群众的广泛支持和拥护。

四是政府工作走向公开透明。2008 年中国实施《政府信息公开条例》，通过新闻发布会、政府公报、门户网站等途径，及时公开政务信息，创新政务公开方式，拓宽公开办事领域，人民群众办事在制度上更加公平和便利，人民群众的关切得到及时回应。为了防止行政管理中的腐败行为，方便当事人，全国各地区、各部门设立了 2000 多个政府服务中心、办事大厅，实行"一个窗口对外"，简化办事程序，公众的知情权、参与权、监督权不断扩大。

当然，也要清楚地认识到，尽管中国的法治政府建设取得了重要进展，但也存在不少问题：有法不依、执法不严、不作为、敷衍塞责情况时有发生；越权执法、执法寻租、贪赃枉法甚至充当黑恶势力"保护伞"的问题凸显；执法不讲程序、不规范较为普遍；一些执法人员素质、水平不高问题比较突出；等等。可见，加快法治政府建设，推进各级政府依法行政、严格执法具有十分重要的现实性和紧迫性。

四 公正司法

英国哲学家培根说过："一次不公正的审判，其恶果甚至超过十次犯罪。因为犯罪虽是无视法律——好比污染了水流；而不公正的审判则毁坏了法律——好比污染了水源。"这句名言形象地说明，公平、公正是法治的生命线，也是司法的灵魂。司法是否坚持公正、正义的原则，是否做到公正，不仅是司法工作的生命和灵魂，也是衡量国家法治程度的重要标尺之一。只有司法公正，才能树立法律的权威，才能确保国家的政治安定和社会稳定；只有司法公正，才能维护法律的尊严，才能保证社会主义市场经济健康、有序发展。不公正的司法，是对法治的否定和背叛，是司法权滥用的结果，它不仅混淆是非，而且会造成人们对法律权威性的怀疑，依法治国、建设社会主义法治国家自然无从谈起。司法公正要求司法机关在执法活动中必须坚持以事实为根据，以法律为准绳，严格贯彻有法必依，执法必严，违法必究，做到严肃执法，秉公办案，实现法律所追求的社会正义。

追求司法公正，一直是人类社会追求的重要价值。在西方国家法院所在地的建筑物上或建筑物前，经常能看见正义女神的塑像：一位蒙上眼睛的女性，一手提着一个天平，一手握着宝剑。在这里，之所以蒙眼，是因为司法纯靠理智，不靠误人的感官印象；天平，比喻裁量公正；剑，表示制裁严厉，绝不姑息。在这其中，公平正义得到了生动的体现。如果说正义女神的形象，体现了西方人对司法公正的理解，在中国文化中，独角兽"廌"的形象代表了中国人对法的理解。中文的"法"字古体写作"灋"。根据东汉许慎所著《说文解字》一书的解释："灋，刑也，平之如水，从水；廌，所以触不直者去之，从去。"从"水"，表示法律、法度公平如水。"廌"是传说中的一种独角神兽，也是公平正义的象征，它生性正直，有着明辨是非、判断曲直的神性，在人们相互间发生纠纷时，就由其裁决。廌用其独角"触不直者"，被触者即为"败诉"。古人把这种生性正直、专触不直者的神明裁判者——廌纳入法的范畴，显然赋予了法的正直而无偏颇的价值内涵。

保证法律公正实施，需要保障司法机关依法独立行使司法权。法官作为司法者，应该独立依法做出自己的裁判，而不应受到任何其他人或因素的影响，这样才能公正司法，这也就是古人所说的"法不阿贵，绳不绕曲"。中国宪法明确规定：人民法院和人民检察院依法独立行使审判权、检察权，不受行政机关、社会团体和个人的干涉。改革开放以来，中国各级司法机关在秉公办案、维护人民合法权益发面发挥了重要作用。据统计，1978—2013 年，全国法院受理案件数量从61 万件增长至 1337 万件，全国律师从不到 3000 人增加到 25 万多人，中国司法制度的发展取得了历史性进步。

要构建科学的诉讼程序制度。诉讼程序是司法活动的基本载体和外在表现，是人们感受司法公正的主要途径。因此，要确保公开、民主、对等的原则。要让群众看得见、听得懂、信得过，绝不能搞"暗箱操作"；充分发挥人民陪审员制度的优越性，贯彻党的司法群众路线，通过程序安排拓宽群众参与司法的渠道，保证群众在司法活动中的话语权，进而提升司法公信力；当事人诉讼权利义务、举证责任分配要坚持对等原则，确保法官恪守中立，裁判不偏不倚。

为确保司法公正，还需要严格有效的监督机制，健全的纠错问责机制，以此守住司法公正的生命线，把每一个案件都作为依法办事的考场，把每一个政法工作过程和结果都视为普法教育的课堂，"努力让人民群众在每一个司法案件中都能感受到公平正义，决不能让不公正的审判伤害人民群众感情、损害人民群众权益"①。

五　全民守法

法治不是一堆抽象的法律条文，法治也不单单是治国理政的宏大方略。建设法治国家，要把法律的原则、法律的精神、法律的核心价值渗透到每个公民的内心深处，内化为人们的思想意识，并践行于日常生活，使得抽象的法律条文变成人人自觉遵守的行为准则。

多年来，党中央、国务院高度重视法治宣传教育工作，将增强全民法治观念，推进法治社会建设作为依法治国的重大任务之一，把全民守法作为法治工作基本格局的重要组成部分，强调坚持把全民普法和守法作为全面推进依法治国的长期基础性工作。我们通过各种行之有效的方式，将法治宣传教育工作落到了实处，传播法律知识、传递法律思维、孕育法治信仰。

全社会普遍开展了宪法教育活动，通过多种途径、多种形式大力宣传宪法基本原则和内容，深入学习宣传以宪法为核心的中国特色社会主义法律体系、社会主义法治理念等，宪法至上的理念在人们心目中扎根。在法治宣传教育中，贯彻了依法治国和以德治国相结合的基本原则，以法治体现道德理念、强化法律对道德建设的促进作用，以道德滋养法治精神、强化道德对法治文化的支撑作用，实现法律和道德相辅相成、法治和德治相得益彰。不断完善国家工作人员学法用法

① 习近平：《习近平谈治国理政》，外文出版社2014年版，第141页。

制度。把领导干部带头学法、模范守法作为树立法治意识的关键，努力提高领导干部运用法治思维和法治方式的能力，增强了领导干部对法律的敬畏之心。

同时，我们将法治教育纳入国民教育体系。注重法治教育从娃娃抓起，把法治教育列入中小学教学大纲，在大、中、小学设立专门的法律课程，保证在校学生都能得到法治教育。同时，我们强调建立学校、家庭、社会一体化的青少年法治教育网络，充分利用第二课堂和社会实践，组织开展青少年喜闻乐见的法治教育活动，增强了青少年法治教育的吸引力、感染力。

在精神文明建设过程中，更多融入法治教育的内容，把学法、尊法、守法、用法情况作为精神文明创建的重要指标。在文明城市、文明村镇、文明行业创建中，扩大法治宣传教育的深度和广度。广泛开展了群众性法治文化活动，把法治宣传教育落实到基层，推动法治文化与地方特色文化、行业文化、乡村（街区）文化、企业文化的融合发展。引导人们积极参与乡村、社区、企业等基层依法治理，积极参与公共管理，依法维护自身权益，让法治的种子在人们心里落地生根，在全社会开花结果。

第 五 章

当代中国公民素养的价值规范

人无德不立，国无德不兴。公民的理想信念、价值追求、道德操守，既是公民立身处世、建功立业的基本依凭，也是一个国家走向兴盛、实现昌明的精神支撑。我们倡导爱国、敬业、诚信、友善，这是对公民层面提出的价值要求，回答了培育什么样的公民这一重大问题。

◇ 第一节　爱国

爱国是人们对自己祖国的一种深厚的依恋、爱护感情，以及与此相应的实际行为。爱国，就是爱祖国的大好河山，爱自己的骨肉同胞，爱祖国的灿烂文化，爱自己国家的社会制度。它表现为对养育自己的锦绣家园的由衷赞美和深深依恋；对祖国悠久的文化传统、灿烂的文明、闻名于世的辉煌成就的自豪感；对祖国各族人民和骨肉同胞的热爱；对维护祖国的荣誉、民族的尊严的高度责任感；对国家无限忠诚，对国家的前途、命运的无比关心。

一 爱国是各国永恒的主题

爱国是世界各国永恒的主题，世界上没有哪个国家不提倡爱国精神。美国一直重视国民爱国精神的培育。相关调查显示，在欧美发达国家中，美国人对国家的认同感和自豪感最强，也最愿意为保卫他们的国家而战。美国总统肯尼迪一句"不要问国家能为你做些什么，要问你能为国家做些什么"，成为美国人崇尚的名言。为了使不同种族、不同文化背景、不同生活方式的人们团结在"星条旗"下，建设一个强大的国家，爱国成为美国高度推崇的价值理念。

俄罗斯近年来先后制定了对全民特别是青少年进行爱国主义教育的大纲和法案，力求重振民族精神。苏联解体后，"爱国""祖国""责任"等字眼曾一度从其教育中淡出，年轻人公民意识不强，国家发展缺乏精神动力。普京时代，俄罗斯认识到爱国精神塑造的重要性。在政府的强力推动下，俄罗斯将自由、民主、个人权利和传统的爱国主义、强国意识、国家作用、社会团结相结合形成"俄罗斯新思想"，并采取多项有效措施加以贯彻。2016年，普京在与俄罗斯商业倡议推广"领袖俱乐部"会面时指出："除爱国主义之外，我们没有也不能有任何其他的统一思想。这也是国家思想，它没有意识形态化，也与某个政党的活动无关，而与共同的统一原则有关。如果我们希望生活得更好，就应该让国家对所有公民变得更加有吸引力和更加有效。"[1] 可见，爱国精神的培养在俄罗斯价值体系中占据核心地位。

在亚洲，新加坡同样重视公民爱国精神的培育。在新加坡政府看

---

[1] 《普京：俄罗斯的国家思想就是爱国主义》，《环球时报》2016年2月3日。

来，道德教育必须服从和服务于国家现代化建设的需要。为此，在建国初期，新加坡围绕当时迫切的政治经济问题抓国家意识和国民精神的培养，使公民产生对国家的认同感，使民不仅在形式上，而且在心理上要从我是一个"华人"（印度人、马来人……）变成新加坡人。

爱国主义一直是中华民族的光荣传统，它是贯穿中华民族发展过程中的鲜明主线，滋润着民族精神的生成，并为民族精神的弘扬和发展提供强大的激励力量和鲜明的目标指向，是中华民族精神的核心。从古至今，爱国主义已深深地融入中华民族的民族意识、民族性格和民族气概之中，成为中国人弥足珍贵的精神财富。从古到今，中国人一直把爱国作为神圣的职责，禀承"先天下之忧而忧，后天下之乐而乐"的价值理念，自觉地将国家利益置于个人利益之上；以"苟利国家生死以，岂因祸福避趋之"的忘我精神，置个人的功名乃至生死于度外。"位卑未敢忘忧国""天下兴亡，匹夫有责""风声雨声读书声声声入耳，家事国事天下事事事关心"等名言警句，深深扎根于每个中国人的心田。几千年来，中国人以"捐躯赴国难，视死忽如归"的精神，投入保卫家园、保卫国家的战斗中，涌现出了无数爱国英雄。屈原投江，岳飞抗金，林则徐虎门销烟，邓稼先为中国核武器研制隐姓埋名 28 年，无数仁人志士可歌可泣的爱国故事，感人至深、世代相传。

几千年来，爱国主义的精神早已深入亿万人民群众的心底，成为中华民族传统精神的核心。正是依靠这种民族精神，在祖国辽阔的土地上，中国人民创造了一个又一个人间奇迹，缔造了为世人惊叹的中华文明。在五千多年的历史长河中，爱国主义以其强大的凝聚力和生命力，成为凝聚和动员全民族的伟大力量，成为各族人民风雨同舟、自强不息的强大精神支柱。据统计，在长达五千多年的中华文明史里，我们的民族曾遭受过 1000 多次大旱灾、1000 多次大水灾，发生过 800 多次大地震，但都没有毁灭我们中华民族。从 1840 年至 1949 年的百余年间，世界上十多个帝国主义列强多次侵略中国，先后发动了上百次侵略战争，强迫当时腐败的清政府签订了 1175 个不平等条约，掠夺 1000 亿两白银。但是，中华民族并没有被外力所击垮，相反，凤凰涅槃，浴火重生，在实现中华民族伟大复兴的征程中不断前进。之所以如此，一个重要的原因在于，爱国主义已深深融入中华民族的血脉基因，成为中华民族发展壮大的精神动力，激励着一代代中华儿女不懈奋斗。

二　爱国是公民责无旁贷的"天职"

祖国是生育养育我们的父母，我们是祖国的儿女，生长在祖国的大地上，享用着人民创造的劳动果实，使用着祖国的语言文字，沐浴在祖国文化的熏陶之中。从根本上说，每个人的命运与国家的命运紧密相关。"国安则民无忧。"从落后挨打的痛苦经历中，从"华人与狗不得入内"的歧视中，中国人痛心地慨叹近代国家积贫积弱，人民生灵涂炭，深刻地体会到没有国家的富强，就没有每个人的安全、幸福与尊严。历经百年沉浮，中国人民深刻懂得"有国才有家"的深意。正如习近平总书记指出的："历史告诉我们，我们每个人的前途命运都与国家和民族的前途命运紧密相连。国家好，民族好，大家才会好。"[1] 祖国统一、民族团结既是国家最高利益，也是人民安居乐

---

① 习近平：《习近平谈治国理政》，外文出版社 2014 年版，第 36 页。

业的根本保障。每个公民应该将爱国视为自己的神圣职责，珍惜和维护安定团结的政治局面，不断增强对伟大祖国、中华民族、中华文化、中国共产党、中国特色社会主义的认同，不断筑牢国家统一、民族团结、社会稳定的铜墙铁壁，守护我们的共同家园。

每个公民都负有维护国家统一和民族团结的神圣职责。中华民族是由 56 个民族组成的大家庭，具有高度一致的整体感、责任感和忠实于国家民族整体利益的价值取向，以及各个民族之间和睦相处、友好相待、共赴国难、共渡难关的优良传统。团结统一，已经深深印在中国人的民族意识中，是中华民族的立身之本。从遥远的古代起，我国各族人民就建立了紧密的政治经济文化联系，两千多年前就形成了幅员辽阔的统一国家。共同经历的非凡奋斗、共同创造美好家园、共同培育的民族精神、共同坚守的理想信念，将 56 个民族、13 亿多中国人民紧密凝聚在一起。在漫长的历史岁月中，中华民族坚持贵和尚德、和而不同、宽厚包容的原则，各民族和睦相处，你中有我、我中有你，唇齿相依、荣辱与共，亲同一家。维护民族团结、祖国统一是中华民族的核心利益。任何旨在制造国家分裂、损害国家主权和领土完整的行为，都将遭到海内外中华儿女的坚决反对。

在今天，爱国就要坚持中国特色社会主义道路。爱国主义是一个历史范畴，在社会发展的不同阶段、不同时期有不同的具体内容。社会主义制度的确立，为我国社会的发展和进步提供了可靠的保证与光明的前景，集中体现着国家、民族、人民的根本利益。中国特色社会主义道路，使中国走向了繁荣富强。历史和现实都充分证明，只有社会主义才能救中国，只有中国特色社会主义才能发展中国。爱国就是要爱社会主义的中国，建设中国特色社会主义是新时期爱国主义的主题。对于割裂爱国主义与社会主义的错误观念，邓小平就斩钉截铁地指出："有人说不爱社会主义不等于不爱国。难道祖国是抽象的吗？不爱共产党领导的社会主义的新中国，爱什么呢？港澳、台湾、海外的爱国同胞，不能要求他们都拥护社会主义，但是至少也不能反对社会主义的新中国，否则怎么叫爱祖国呢？"① 中国共产党领导中国人民的奋斗史、创业史、改革开放史，无不有力地证明了中国共产党是当之无愧的中国特色社会主义事业的领导核心。一个真正的爱国主义者应该懂得，祖国的命运、前途和社会主义道路，与中国共产党的正确领导是密不可分的。那种把热爱祖国与坚持社会主义道路、拥护党的领导割裂开的错误观点，既不符合历史事实，也脱离当前社会现实。

爱国就要尊重和传承中华民族历史和文化。对祖国悠久历史、深厚文化的理解和接受，是人们爱国主义情感培育和发展的重要条件。文化认同是增强国家认同的重要力量。"只有当社会一体化从社会成员那里得到文化习惯的支持，而文化习惯又与他们互相交往的方式紧密相关，政治共同体的社会一体化才能取得成功。"② 一个国家只有具备为全体国民所认可的共同的价值观念，形成共同的民族心理、共同的集体记忆和公共文化，才能使该国家形成稳固的国家认同感。一个民族、国家区别于另一个民族、国家的特征大都是在历史中形成的，这些特征通过文化的形式保留在人们的记忆中。通过历史学习，人们知道自己民族的过去，更好地把握当下，洞察未来。正因如此，梁启超指出，"史学者，学问之最博大而最切要者也，国民之明镜也，爱国心之源泉也"③。对历史的认识和了解，使人们穿越时间的隧道，

---

① 《邓小平文选》第 2 卷，人民出版社 1994 年版，第 392 页。
② 阿克塞尔·霍耐特：《为承认而斗争》，上海人民出版社 2005 年版，第 64 页。
③ 梁启超：《新史学》，商务印书馆 2014 年版，第 85 页。

体认到自己在历史中的角色和地位，从而生成一种历史使命感和责任感。相反，一个失去历史记忆的民族，如同一个失去记忆的个人一样，不知道自己是谁，不知道自己从哪里来，身处何地，究竟要走向何方。也正因为这样，钱穆先生指出："若一民族对其以往历史了无所知，此必为无文化之民族。此民族中之分子，对其民族必无甚深之爱，必不能为其民族真奋斗而牺牲，此民族终将无争存于世之力量。""欲其国民对国家有深厚之爱情，必先使其国民对国家以往历史有深厚的认识。欲其国民对国家当前有真实之改进，必先使其国民对国家既往历史有真实之了解。"① 历史与文化通过给人以归属感和方位感，不断强化着人们的民族自尊心和责任意识。"辉煌的历史记忆"，激发起人们的民族自豪感和自信心；"悲壮的历史记忆"，使人们铭记历史的教训，激发起知耻而后勇的决心与勇气。在爱国主义教育中，我们特别强调，要让人们了解中华五千年的辉煌成就，又要让人们懂得中国近代遭受的屈辱。源远流长的中华文化，积淀着中华民族最深层的精神追求，代表着中华民族独特的精神标识，为中华民族生生不息、发展壮大提供了丰厚滋养。正因如此，当代中国特别强调要以时代精神激活中华优秀传统文化的生命力，推进中华优秀传统文化创造性转化和创新性发展，引导人民树立和坚持正确的历史观、民族观、国家观、文化观，不断增强中华民族的归属感、认同感、尊严感、荣誉感。

三　理性爱国，行动报国

爱国不仅是一种责任担当的思想和情感，更是一种报效祖国的实

---

① 钱穆：《国史大纲》（上册），商务印书馆1996年版，引论第2—3页。

际行动。爱国，不是索取，而是贡献。作为公民，既要有"国家兴亡，匹夫有责"的精神和担当，又要有立足本职岗位、努力工作、报效国家的实际行动。把对祖国、对人民深沉的爱，把个人的远大理想和抱负，化作励志图强、报效祖国的实际行动，为民族振兴大业尽自己的一份力量。

理性和情感是相辅相成的：没有情感的理性是空洞乏味的，没有理性的情感是盲目的。我们所倡导的行动报国，是在法律的框架下，在道德的范畴内，以维护国家和民族的利益为出发点和着眼点，理性合法有序地表达爱国热情，并有理、有利、有节地表达爱国行为。这种理性的爱国是开放的、包容的爱国，它反对一切形式的闭关自守、盲目排外的狭隘的民族主义。

改革开放之于现代中国的重要意义，便在于打破了近代中国长期以来与世隔绝的封闭状态，通过融入世界的开放性进程，大量汲取了世界各国的技术、资金、经验等先进的文明成果，成为当今国际舞台上举足轻重的力量。中国发展离不开世界，世界繁荣稳定也离不开中国。中国改革开放 30 多年来积累的一条重要经验就是，以改革的精神推动开放，以开放促改革、促发展。中国和世界联系日趋紧密、相互影响不断加深，中国改革发展比以往任何时候都需要坚持和扩大对外开放。中国政府在不同场合都郑重声明，会一如既然地在更大范围、更广领域、更高水平上推进对外开放，实施更加积极主动的开放战略。"我是中国人民的儿子，我深情地爱着我的祖国和人民。""我荣幸地以中华民族一员的资格，而成为世界的公民。"① 每个公民既是"中华民族一员"，又是"世界公民"，在全球化的今天，每个人

---

① 《邓小平思想年谱（1975—1997）》，中央文献出版社 1998 年版，第 182 页。

都应该具有世界眼光，提升国际素养，在认识和解决问题的时候，既立足中国，又放眼世界，把实现中华民族的复兴和实现世界人民的和平发展结合起来。

全球化并非世界一体化，全世界不可能只有一种社会体制、一种文化或一种价值观念，更不能把某一种社会体制、某一种文化或某一种价值观念强加给其他民族和国家，未来世界必定是一个文化和文明更加多样的世界。因此，应该尊重各国的历史文化、社会制度和发展模式，承认世界多样性的现实。这是人类社会的基本特征，也是人类文明进步的动力。中国人历来有海纳百川的心胸，在中国人看来，"一花独放不是春，百花齐放春满园"，正是不同文明之间的交流互鉴，才促进了人类的共同发展进步。大思想家老子说过："大邦者下流。"大国要像居于江河下游那样，拥有容纳天下百川的胸怀。当代中国以开放包容的心态与各国积极开展对话沟通，虚心倾听世界的声音，以包容精神推动不同社会制度互容、不同文化文明互鉴、不同发展模式互惠。这也是当代中国公民的爱国情怀应该具有的基本向度。

◇ 第二节　敬业

敬业是公民的重要价值准则，也是最基本的职业道德要求。一个人无论从事哪个行业、担任什么职务，都应该用辛勤的劳动和扎实的工作践行敬业这一朴素而崇高的美德。事实证明，不管什么样的职业和岗位，只要人们用敬畏、敬重的态度去对待，勤勤恳恳、恪尽职守、追求卓越，就一定会创造属于自己的成就和未来。

一　专心致志以事其业

敬业，是一个古老的话题。无论在东方还是西方，敬业都有着悠久的历史传统。中华民族历来有崇尚"敬"和"敬业"的优良传统。在中国古代，"敬"是一项重要的道德规范，主要体现在敬神、敬人、敬业三个方面。敬神之"敬"是一种宗教道德规范，制约着人对神的行为方式。《论语·子张》中就说过，"祭思敬，丧思哀"，即祭祀时要考虑严肃恭敬，居丧时考虑哀痛悲伤。敬人之"敬"是人与人之间的道德准则，规范着人际交往的态度和行为。孟子说过，"仁者爱人，有礼者敬人；爱人者人恒爱之，敬人者人恒敬之"①，告诫人们在人际交往中，要礼貌待人、互敬互让。敬业之"敬"体现了一个人对工作或职业的态度。《礼记》中就有"敬业乐群"之说。孔子也主张"敬事而信""执事敬"，强调要"行己也恭，事上也敬""言忠信，行笃敬"。在这里，"敬"具有敬仰、崇敬、庄敬之意，蕴含着一种恭敬肃然的态度，具体到外在行为方式上，则表现为专注一事而不随意。近代著名学者梁启超认为，"敬业"是指"凡做一件事便忠于一件事，将全副精力集中到这事上头，一点不旁骛"②。即"专心致志以事其业"。通俗一些讲，所谓敬业，就是用一种敬畏、敬重的态度对待自己的工作，认真负责、一心一意、精益求精。

敬重和敬畏职业，"专心致志以事其业"，为之付出全部心血，这实际上将工作和职业视为一种责任、一种使命。在西方，新教伦理就认为，工作是天职，是上帝的安排。德国思想家马克斯·韦伯在《新

---

① 《孟子·离娄下》。
② 梁启超：《饮冰室合集》(5)，中华书局 1989 年版，第 26 页。

教伦理与资本主义精神》中，阐述了以"天职观"为核心的新教伦理是资本主义得以在西方发生、发展的内在动因。

在发展社会主义市场经济的今天，我们对敬业有了新的理解，我们传统的敬业观也被赋予了新的内涵。

一是忠于职守的工作态度。敬业是一种忠于职守的工作态度，对职业表现出高度的忠诚感和责任感。一个敬业的人会对自己从事的职业具有献身精神，将自己的一生与其联系起来，在事业发展中实现人生的价值。一个敬业的人也会拥有强烈的责任感，明确认识到自己承担的特定职责，忠实履行职责，勤勤恳恳地工作，任劳任怨地付出。这样一来，工作就会由外在的强制和被动，转化为内在的自觉和主动。

在日常生活中，有的人会感到自己的工作十分琐碎，微不足道，不值得将全部精力奉献于其中。实际上，这是一种误解。把每一件简单的事做好就是不简单，把每一件平凡的事做好就是不平凡。一个人或许会因为自己职位的平凡而有怀才不遇的嗟叹，也许会因为工作的烦琐而得过且过，也许会因觉得前途无望而逃避岗位责任，敷衍塞责，得过且过。如果怀有这样的心态，就永远感受不到工作的乐趣，认识不到职业中蕴含的价值。实际上，工作岗位没有高低之分，没有大小之别，都是挥洒汗水的天地，都是实现价值的平台。每一件事情都值得我们去做，值得我们用心去做。正如梁启超所言："凡可以名为一件事的，其性质都是可敬。"即使再平凡不过的工作，只要我们勤勤恳恳，尽职尽责，精益求精，都会做出不平凡的成绩。

二是干一行爱一行的职业情感。"爱而不敬，非真爱也；敬而不爱，非真敬也。"事实证明，一个真正的敬业者必然有爱业的情怀，做到干一行爱一行。对职业的热爱是敬业的深层动力，它会燃起一个人巨大的工作热情，激发起奋进的强大动力。正如高尔基所言："天才是由于对事业的热爱感而发展起来的，简直可以说，天才就其本质而论只不过是对事业、对工作过程的热爱而已。"敬业的人会把工作当作快乐、当作幸福，会保持一股积极进取的干劲，一种拼命奋斗的热情，想方设法把工作做好，将即使最为平凡的事情做到极致。

也许有人会认为，"干一行爱一行"的精神是计划经济的产物，与市场经济不符了，现在应该倡导"爱一行干一行，不爱就不干"。应当承认，在市场经济条件下，那种指令性的就业模式已被打破，用人单位和求职者之间进行双向选择，每个人都可以按照自己的兴趣选择自己喜欢的工作。提倡"干一行爱一行"，并不是说一个人一辈子只能待在一个岗位上，相反，一个人一生可能会面临多次岗位的选择。然而，"在岗爱岗"是一个基本的职业道德要求，一个人无论身处什么岗位，只要在岗一天，就应当踏踏实实、尽职尽责地干好分内工作，这正所谓"身在其位，心谋其政"。

三是勤业、精业的业务素养。敬业，需要精业。敬业和精业，是相辅相成、共同促进的。敬业是精神和状态问题，精业是能力和水平问题。一个人，无论本领多大、能力多强、素质多高，凡事拈轻怕重、应付了事，很难有所成就。同样，一个人无论多么爱岗敬业，如果知识浮浅，技术和能力平平，也很难取得多大成绩。特别是在知识经济飞速发展的现代社会，树立终生学习的观念，不断提升专业素养，提高业务水平，以"工匠精神"苦练本领，显得十分重要。今天，各行各业涌现出来的标兵、模范，如被誉为新时期产业工人杰出代表的许振超、"蓝领专家"孔祥瑞、"金牌工人"窦铁成、"知识工人"邓建军等，他们既是爱岗敬业的杰出代表，也是勤业、精业的先进模范，他们既干一行、爱一行，也专一行、精一行，刻苦钻研，勇于创新，练就了高强的本领，突破了一个又一个技术难关，创造出了一流业绩，在本职岗位上做出了突出贡献。这些具有高度精业意识的敬业者，立足平凡岗位，在创造性的劳动中实现了自己的人生价值，体会到了人生的幸福，而这种幸福感反过来又成为他们忍住寂寞、守住平淡、顶住浮躁，潜心本职工作的巨大精神支持，这可谓达到了敬业精神的崇高境界。

二　空谈误国，实干兴邦

成功缘于实干，祸患始于空谈。新中国成立后，中国人民在一穷二白的基础上，靠着"节衣缩食、勒紧裤带"的奋斗精神，建立起完整的工业体系；在改革开放的新时代，依靠"杀出一条血路"的勇气，用短短的三十几年走过西方国家三四百年的历程。历史经验证明，敬业、实干则国家强盛、社会进步，懈怠、空谈则国家落后、社会衰退。2013 年五一劳动节前夕，习近平总书记在同全国劳动模范代表座谈会上就语重心长地指出："幸福不会从天而降，梦想不会自动成真。实现我们的奋斗目标，开创我们的美好未来，必须紧紧依靠人民、始终为了人民，必须依靠辛勤劳动、诚实劳动、创造性劳动。我们说'空谈误国，实干兴邦'，实干首先就要脚踏实地劳动。"[①]"业精于勤而荒于嬉"，中华民族伟大复兴梦的实现，每个人幸福生活的取得，都离不开在自己的岗位上兢兢业业、勤勤恳恳、精益求精。敬业，虽然看似平凡，实则伟大，它是成就个人事业、实现人生价值的道德资本，也是"良善社会"的基石。

---

① 习近平：《习近平谈治国理政》，外文出版社 2014 年版，第 44 页。

一份职业，一个工作岗位，是一个人赖以生存和发展的基本保障。人们首先必须吃、喝、住、穿，然后才能从事政治、科学、艺术、宗教等。人生的伟大目标都是从养活自己开始，立足生存，从脚下做起，追逐和实现梦想，这就是从最简单、最基础工作干起的意义所在。工作岗位同时也是一个机会、一个平台，它成就了我们的事业，成就了我们的人生。人生的意义和价值正是通过从事职业显示出来的。人生在世，成就一番事业，在职场上大有作为，是多数人的职业愿景。从某种意义上说，我们从小到大所做的努力，也是为了在职场上奏出令人着迷的旋律，实现自己的梦想。除了工作，没有哪项活动能给我们带来如此高的充实感和表达自我的机会，也没有哪项活动能够提供如此强的人生价值的体现。而事业有成，实现自己的人生目标，展现生命的意义和价值，在很大程度上取决于个人的工作态度、敬业精神。机遇青睐敬业者，敬业才能立业，只有勤勉敬业的人、具有实干精神的人，才能在平凡的岗位上铸就不平凡的业绩，最大限度地实现自己的理想抱负。在社会竞争日益激烈的今天，一个人争取到了一个工作岗位，可谓机遇，我们应该珍惜来之不易的工作岗位，常怀敬业之心，常行敬业之举，把职业当作事业来对待，在高尚的职业追求中不断升华人生的意义。

敬业之于行业部门、之于全社会同样具有十分重要的价值。敬业精神是每个行业、部门竞争力提升的重要因素。今天，各行各业都面临着激烈的竞争，行业部门竞争力的提高涉及许多因素，但归根结底离不开每个职工的敬业精神。这就需要每位社会成员在自己的工作岗位上勤勉工作：公务员廉洁奉公、军人保家卫国、商人诚信经营、教师教书育人、科技人员发明创造、医生救死扶伤……唯有社会成员各守其道、各司其职、各尽其责，才能形成正义的良善社会。

三　在平凡中铸就非凡

　　敬业不是一句简单的口号，不是随便说说而已，需要每个人、每个行业乃至全社会的共同努力。

　　每个从业者都需要树立正确的岗位意识，充分认识到，岗位只是分工不同，每个岗位都可以施展理想抱负、奉献聪明才智、展示人生价值。需要保持良好的工作态度，在岗言岗、在岗爱岗、在岗为岗，做到心无旁骛、专心致志，埋头苦干、积极奋进，恪守职业道德，永葆职业操守。要争创一流业绩，刻苦学习工作需要的各项技能，全面掌握工作中需要的各项知识，努力成为本行业、本岗位的行家里手、业务骨干，在平凡的岗位上书写非凡的人生篇章。

　　敬业精神的培养也有赖于社会大环境。今天，敬业精神的缺乏，与社会环境因素有着密切关系。一些用人单位管理不够人性化、激励机制不够健全，不同行业从业者在薪酬、福利、社会地位上存在巨大差距，这在很大程度上影响了从业者的积极性，影响其职业认同感。因此，各行各业都需要牢固树立以人为本的理念，切实保障从业者的各项权益，帮助解决他们最关心最直接最现实的利益问题，解决他们面临的最困难最操心最忧虑的实际问题；要建立科学有效的评价体系，完善以能力或绩效为导向的评价机制，激发从业者的积极性和创造性；要营造良好的文化氛围，注重从业者发展机会和潜能的开发，增进他们的组织归属感，提升其职业荣誉感和自豪感。要加快收入分配体制改革，特别是要深化垄断行业收入分配制度改革，严格规范国有企业、金融机构经营管理人员特别是高管的收入，切实缩小行业、部门的收入差距，提高劳动报酬，建立公平的社会保障制度。要大力弘扬爱岗敬业的精神，大力宣传劳动模范和其他典型的先进事迹，在全社会"牢固树立劳动最光荣、劳动最崇高、劳动最伟大、劳动最美丽的观念，让全体人民进一步焕发劳动热情、释放创造潜能，通过劳动创造更加美好的生活"①。

◇ 第三节　诚信

无论是做人、做事，不管是在东方还是西方，讲诚实、守信用都是人类生活中最普遍、最基本的道德规范之一。诚信维系着人与人的信任关系，维护着正常的社会秩序，是立身之本、立业之源、立国之基。

一　言必信，行必果

诚信是诚实守信的全称。简单说来，诚信就是真诚待人不说谎，真实无欺不做假，信守承诺不食言。诚实，即忠于事物的本来面貌，不说谎，不作假，不为不可告人的目的而欺瞒别人。诚实要求人们真实反映事物，做事认真，实事求是，不弄虚作假；真诚待人求实，言行一致、表里如一，不说谎骗人和违心自欺；说真话、做实事，切忌大话、空话、假话。守信，就是讲信用，讲信誉，信守承诺，忠实于自己承担的义务，许下的诺言一定兑现，答应了别人的事情一定完成。诚和信紧密联系在一起。"诚"是表里如一，"信"则是言行一

---

① 习近平：《习近平谈治国理政》，外文出版社 2014 年版，第 46 页。

致。诚是因，是根据；信是果，是表现。只有当人们的承诺发自真心，求实而量力、履行承诺真心实意和竭尽全力时，才会有"言必信，行必果"的结果。在现实生活中，有的人言不由衷，所做的承诺不是出自本意，在践行中往往会出现食言难以履约而失信于人的后果，因此，古人常说"诚则信矣，信则诚矣"，其原因也在于此。

诚信是中华民族的传统美德，千百年来一直为中国人所珍爱。在中国广为流传的成语中，有不少与诚信有关，如"一诺千金""一言九鼎""一言既出，驷马难追"等。在古代，千金、九鼎、驷马都是权力和财富的象征，古人把诚信与它们相比，可见对诚信的重视程度之高。在几千年的历史长河中，许多诚信人物及故事广为传诵，深深刻印在中国人的心中："季札挂剑""曾子杀猪"，商鞅"立木为信"，曹操"割发代首"，南北朝时的"明山宾卖牛"，唐代的"裴度拾金不昧"等，这些故事中的主人公言必信，行必果，无论是对民众、部下、朋友、亲人，还是对未曾相识的路人，都忠实履约，诚实守信。许多民间故事传说中，更是歌颂了大量诚信人物和诚信故事，这些普通劳动人民，不但诚信经营、货真价实、物价公平、童叟无欺、不取不义之财，而且知恩图报，守信践诺，事迹感人至深。

二　人无信不立，业无信不兴

千百年来，诚信之所以为人称道，为世界各国所推崇，是因为诚信乃立人、立业、立国之本。人没有诚信，就不能立足；干事业没有诚信，就不会兴隆；国家没有诚信，就不会富强。

诚信是安身立业之要。古人云"诚，五常之本，百行之源也"①，即诚信是人们为人处世的基本道德规范，是道德的本原。换句话说，诚信是个体道德的基石，是人格修炼的起点。人生立于世间数十年，必须不断学习，以获得知识、增进知识。但是，要真正做个对社会有所贡献的人，光靠"知识"是不够的，还必须有正确的价值观去指导，否则，知识也可能成为滋生罪恶的工具。"诚信"精神就是培养人的高尚道德情操、指引人们正确处理各种关系的重要道德准则。"天地之性，人为贵"②，即人居于万物之首，高于其他生物，而人类与其他物种的最大不同在于人有灵性和诚信的道德观念，所以，古语有云"言而无信，非人也"。一个人如果不诚实守信，缺乏对自己行为的责任感，就会在社会上四处碰壁，甚至无法安身立世，做人成事。个人以诚立身，就会做到公正无私、不偏不倚，讲究信用，就能守法、受约、取信于人，就能妥善处理好人与人、个人与社会的关系。所以，中国人历来强调诚信之于个人的意义与价值。人无信不立。一个人言语忠诚老实、笃守诺言，行为忠厚严肃，无论走到哪里都能博人信任而立足；相反，如果言语欺诈无信，行为放荡不羁，则难以安身立命。只有真诚待人、踏实肯干、出勤出力、讲究信用的人，才能得到别人的认可，拥有更多的发展机会和更大的发展平台，取得更好的成绩。

诚信是立业之基、兴业之本，一个企业只有坚持诚信经营、诚信办事，才能带来效益，才能长久不衰。相反，如果抵制不住短期利益的诱惑，弄虚作假，违背诚信，则会永远失去立足之根本。在中国，有很多老字号企业，它们之所以被冠以这样的称谓，往往与其精湛的

---

① 周敦颐：《道书·城下》。
② 《孝经》。

工艺、诚信的经营理念密不可分。比如，创建于清康熙八年（1669 年）的同仁堂就是诚信经营的典范。在几百年的经营中，同仁堂所制产品，配方独特，选料上乘，工艺精湛，疗效显著，驰名中外。同仁堂的药品之所以享有如此盛名，是因为它一贯恪守"炮制虽繁必不敢省人工，品味虽贵必不敢减物力"的"堂训"，在选方、用药、配比及工艺上有着严格的要求。炮制讲的是工艺，制作一丸小小的中药，虽然工艺很繁杂，工序很多，但一点也不能马虎；有的药材很贵重，也不能减少分毫。同仁堂入职的每一位新员工都要熟记这两句"堂训"，并将其内化为自觉的行动。正是恪守诚信经营的理念，同仁堂一直驰名中外，赢得全社会的信赖，成为长盛不衰、久负盛名的中华老字号企业。"信誉就是金钱"，品牌是无形的丰厚资产，诚信经营是企业发展壮大的法宝，理应成为人们青睐和遵循的基本理念。

三 履约践诺，以诚待人

市场经济是建立在契约和信用基础上的，诚信是市场经济的内在要求，是关乎市场经济成败的最基本的要求。诚信缺失，必将降低经济活动效率，干扰市场正常秩序，增加经济运行成本，影响社会秩序。

市场经济迫切需要诚信，但它又是滋生不诚信的温床。利润的最大化是资本的本性。在体制和机制不健全的情况下，一些人会受错误观念的驱使，置法律法规于不顾，弄虚作假，虚伪欺诈，社会出现诚信失范：虚假投标、逃债骗贷、豆腐渣工程、地沟油、毒奶粉、瘦肉精等现象频现，朝令夕改、数据造假、形象工程、欺上瞒下等问题屡见不鲜；抄袭剽窃、科学造假等行为冲击着学术道德的底线；跌倒老人不敢扶、受伤小孩无人救助等情形频频刺激着国人的神经。许多人产生了不敢信、不知道信谁、什么能信、什么都怀疑的诚信心理危机。从假产品、假广告，到假信息、假文凭，一直到数亿元的假发票、假账等，给国家和社会造成了不可估量的损失，而这也导致了严重的诚信危机。在当代中国，大力开展诚信教育，加强诚信建设，显得十分迫切。

其一，开展诚信教育，提高公民的诚信意识。诚信是一种观念和意识，属于人的精神世界。但诚信观念作为一种极为重要的道德观念，并不是天生就有的，同时诚信意识的培养也不是一蹴而就的，而只有通过坚持不懈、持之以恒的教育和自我教育才能化作自觉的行动。换言之，要想使人具有诚信意识，就要对人进行由外而内的诚信道德教育，通过教育使人具有诚实守信的意识，最后外化为诚实守信的行动。

开展诚信教育，需要家庭、学校、社会齐头并进。家庭作为一个人来到这个世界的第一所学校，是进行诚信教育的首要场域。作为孩子的第一任教师，父母必须要树立良好的诚实守信的道德模范，以使在家庭这个小的范围内构建一个诚信光荣、失信可耻的美好氛围，使得每个人从小就受到诚信思想的熏陶，养成诚实守信的行为习惯，让孩子在启蒙教育阶段就受到好的诚信教育。人生的求学期也是对人进行诚信道德教育的关键时期，学校是进行诚信教育的重要场所。在学校教育中，要切实改变以前只重智育而忽视德育的教育方式，把诚信道德教育切实渗透到小学、中学和大学的有关课程中去，并且定期地对学生的道德状况进行考核，建立一个和谐诚信的校园环境。社会也是进行诚信教育的重要组成部分。不论是企事业单位、党政部门，抑或是担负着舆论监督职能的新闻媒体，都应该通过多种途径对企业员工、党政干部等进行诚信道德教育，从而在全社会形成一种追求"真、善、美"，打击"假、恶、丑"的良好氛围，让诚实守信真正融入社会公德、职业道德和家庭美德之中，真正成为社会和经济发展的润滑剂和助力器。

其二，加强诚信制度建设。诚信建设固然要依赖于教育，但仅仅依赖于教育是远远不够的。诚信虽然属于道德层面的规范，但它同样要靠制度和法制去约束。制度诚信有两层含义：一是指国家和社会所制定制度的本身信用，它们的确立、实施、修改和调整要本着公开、公正、规范、透明的原则；二是指国家和社会应制定一套诚信的制度和机制，约束包括行政的组织机构、公务员及普通公民的诚信缺失的行为。诚信制度很大程度上依赖于诚信档案的共享及诚信评估制度的建立。没有诚信档案，也就没有可供共享的诚信信息，诚信制度便成为空中楼阁；诚信评估是诚信档案的综合，是诚信奖惩的依据。因此，有必要定期地、全面地考察个人的、企业的信用状况，并详细、及时地记录、反馈、监察、纠偏、指导，使其成为个人素质考察、企业业绩考察的重要内容。不仅如此，各地、各单位也需要实行信息共享。比如政府指定的信用管理机构可以对收集到的信息进行总结、综合，并建立企业的、个人的信用记录，同时依据这些记录，会同有关部门、单位等对企业的、个人的综合信用度进行评级，以达到对企业以及个人的警示和规范作用。

其三，完善立法，健全诚信法律制度。一个国家正常的、健康的经济秩序和社会秩序，需要完善的制度、健全的法律来维护和保障。市场经济是信用经济，也是法治经济。信用是市场经济的基础，法治是信用的保障。健全的法律体系是正常的信用关系得以维系的保障。仅靠良心、道德，不可能有效约束债权人的经济行为，必须依靠法律的力量，把一切信用活动纳入法治的轨道，才能维护和培育良好的信用秩序，形成有法可依、执法必严、违法必究的法治环境，为市场经济建立必要的法治基础。

其四，建立和完善诚信监督体系。由于中国社会信用体系还在逐步完善中，不讲信用的行为被发现和追究责任的可能性还较低，对失信行为的惩罚严厉程度还不够，失信成本远没有起到应有的威慑作用，因此，建立和完善一套完善的诚信监督体系以有效地震慑不守信者，就势在必行了。诚信监督主要分为政府信用监管和社会舆论监督。政府信用监管是指政府对社会信用的监督与管理，这是整个社会诚信文化建设体系的关键和核心，直接制约着企业诚信和个人诚信的发展，因为政府及其工作人员有没有信用、讲不讲诚信对企业和个人具有直接的示范、引导作用。近年来，社会舆论监督在诚信文化建设中的作用也日益凸显。在一个信息时代的社会，政府重视和鼓励社会监督，自觉接受社会监督，既是发现问题、解决问题、处理问题、化解矛盾、构建和谐的最佳策略；也是发扬工作成绩、纠正工作不足，提高自我执政能力、执政水平，体现作为的有效途径。社会舆论监督有利于及时发现社会上存在的失信问题，及时报道政府部门、企业或个人的违法乱纪行为，对政府和社会组织及公民个人在人际交往、经济交往中的失信现象及时披露，有助于法律、法规的有效进行。在中国传媒事业飞速发展的今天，尤其是互联网这种现代传媒的诞生，以迅速、便捷、广泛、互动优势为舆论监督提供了更加广泛的平台。网络与传统媒体的共同作用，能够加速中国诚信文化建设的步伐，有利于法治进程的飞跃性突破。

最后，诚信更是每个公民首先对自己的要求。诚信是每个公民都应该遵循的基本道德规范，自己的诚信不能以他人的诚信为前提。人人都希望生活在一个童叟无欺的环境中，诚信环境的形成取决于每个人对诚信所持的态度。因此，对一个有责任感的公民来说，正确的做法应当是身体力行，影响周围，而不能人云亦云，随波逐流。只有自己做到了诚信，才能要求别人也这样做。诚信建设是每个人的事，也是全社会的事。这就需要大家积极参与，添砖加瓦，从我做起，从现在做起，从具体的事情做起。提高全社会的诚信水平，人人有责。总而言之，诚实守信，重在实践，贵在积累。勿以善小而不为，勿以恶小而为之，去小恶而从善，积小善成大德，这是每个公民提高诚信水平的必由之路。

◇ 第四节　友善

友善是人类大家庭中的成员求得共同生存发展必不可少的要求。人类心灵的满足不仅需要有最起码的物质基础保障，更需要用一种与人为善、相互帮助和提携的精神理念支撑。历史和现实表明，一个没有爱心、缺乏包容的社会，不可能是和谐的社会，不可能是幸福的社会。相反，建立在与人为善、诚信友爱、团结互助、包容尊重基础上的公民意识和公民品质，不仅有利于减少社会矛盾、化解社会冲突，也有利于营造和谐融洽的社会氛围，提高公民幸福感。

一　仁者爱人

友善是中华民族的传统美德。中华民族历来提倡厚德载物、和谐共处，强调与人为善、助人为乐。中国传统文化中有大量关于友善思想的论述。如《论语》中说，"礼之用，和为贵"①，强调以一种和谐友善的态度来对待自然、社会和他人，以一种宽广的胸怀来处理各种关系。《易传》中说，"地势坤，君子以厚德载物"，表现出一种器量宏大的宽广胸怀。墨家则以"兼爱"表示仁爱精神。"兼"就是全部、同一，即合而不别。相对于儒家的"仁"，兼爱是一种无差等的爱，不分远近、贵贱、亲疏，视人如己，为人犹为己。墨子认为，要去除不道德的行为，实现天下大治，则要"兼"，即"视人之国，若视其国；视人之家，若视其家；视人之身，若视其身"②。"推己及人""兼以易别"，归根到底在于爱人。在中国历史上，涌现出了无数践行友善的典故：廉颇蔺相如将相和、孔融让梨、郑板桥居官爱民、安徽桐城六尺巷的故事……代代流传。可以说，"友善"这一价值理念从一开始就渗透于中华民族的心理和思维方式之中，并在以后的社会生活中不断稳固和发展，成为维系社会秩序、人际关系的道德规范。

从词源上分析，现代汉语中的"友善"在古汉语中都是作单字使用的。"友"在甲骨文中是，从字形上看它是由两个"又"字组成的，就像是朝着同一方向的两只手握在一起。《说文解字》解释道："同志为友，从二又，相交友也。"作动词时，"友"有结交、互相合作、予人帮助或支持的意思。因此，"友"在古文中表示两个人以手相助，握手结交，彼此友好，相互帮助。也就是说，"友"在本意上象征着朋友之间的相互援手和相互帮助。"善"在古文中是一个会意字，从羊，从言。也就是说，"善"是由"羊"（吉祥的代表）和"言"（讲话）组成，本意是吉祥的话语，两者放在一起，寓意是互

---

① 《论语·学而》。
② 《墨子·兼爱中》。

相帮助和互相祝福。因此，《说文》解释："善，吉也。""友"与"善"结合为友善，从字面上说就是像朋友一样善良。

友善是一个人爱心的外化。孔子认为"仁者爱人"，也就是说一个人友善的动力源于内心的仁爱，只有一个具有仁爱之心的人，才会对人友善，把这种爱传递给他人与社会。孟子指出："可欲之谓善，有诸己之谓信，充实之谓美，充实而有光辉之谓大，大而化之之谓圣，圣而不可知之之谓神。"① 也就是说，值得喜爱的叫"善"，自己确实具有"善"就叫"信"，"善"充实在身上就叫"美"，既充实又有光辉就叫"大"，既"大"又能感化万物就叫"圣"，"圣"到妙不可知就叫"神"。在此，孟子指出了完美之人需有仁义道德的内在品质，并表现充盈于外在形式。个人应该通过努力，将自己固有的善良之本性"扩而充之"，使之贯注满盈于人体之中。

在大力发展社会主义市场经济的今天，友善被赋予了反映人类社会发展和中国现实需要的新内涵。

一是相互尊重。随着社会分工越来越细，行业与行业、人与人的依赖性越来越强，整个社会形成了一个交互作用的有机体。特别是在市场经济条件下，由于市场经济本质是交换经济，作为人格平等的社会个体要想在社会上实现自己的价值，彼此进行交换、交往是必要的，而彼此尊重是交往乃至交换的前提。

二是理解宽容。生活中因相互不能理解而引发的矛盾或冲突难免产生。当自己的利益与他人利益发生矛盾时，如果克己奉友，就不会遇事斤斤计较；当遭到别人误解或不相容时，如果有宽广的胸怀，就不会"以其人之道，还治其人之身"。换句话说，只有心胸豁达才能

---

① 《孟子·尽心下》。

容人，只有能平心容人，才能客观地评价他人、理解他人，与他人友好相处。常言说得好，比海洋更宽阔的是天空，比天空更宽阔的是人的胸怀。这种胸怀体现的就是一个人的精神境界。社会中的人由于在知识、能力、经验、水平等方面存在着差异，因而自身既存在着优点，又有缺点和弱点，可谓寸有所长，尺有所短。因此，在社会交往中，要求既能宽容别人的过失和缺点，不求全责备，也能容忍理解别人的优点和长处。当然，提倡宽容理解，并非是非不分、袒护他人错误或毫无原则地忍让，这样必然会失去人格和尊严。

三是协调合作。竞争作为市场经济的重要特征具有两面性，一方面能促进人的发展，促进社会的发展；另一方面又容易引起对抗和冲突，导致人际关系的紧张。过度竞争还会引起行为的扭曲和资源的浪费，由此给人际交往带来巨大的心理压力，从而使竞争从发展动力变为发展阻力。但是，社会化大生产又要求整个社会必须分工协作。在现代社会，协调合作的真谛就在于促进人和人基于理解信任的和谐与融洽，有效地减少因竞争而产生的矛盾和冲突，从而有利于社会的发展和个人的能动作用的发挥以及社会经济效益的提高。

二　友善是社会的春风

"友善"犹如社会的春风。善待亲人可以和谐家庭关系，善待朋友可以凝结牢固的友谊，善待他人可以构建和谐的人际关系，善待自然可以形成和谐的自然生态。

友善有助于社会信任的增加。友善是信任的催化剂。我们与别人交往时，只有相信对方不会伤害我们，感觉到对方尊重自己、善待自己，才能消除对他们的戒心，建立起相互信任。然而，最近几年突发的食品安全问题、制假造假问题、社会欺骗问题都暴露了我们社会的信任危机。社会信任危机的产生一方面是由于信任制度的不完善，更重要的原因则是社会关系的异化。社会治理之难，就在于如何引导社会成员以正确的价值观理解相互关系，引导自己的行为。如果社会成员都将彼此理解为工具性的关系，那么，社会信任就面临考验。"友善"价值观植根于"仁爱"的道德心理，要求人们能够像对待自己一样对待他人，其实质在于将其他的社会成员当作目的，而不仅仅是实现自我利益的手段。真正的"友善"将牵引人们在社会生活中真诚地对待他人，履行对于他人的责任和承诺。这样，"友善"就能在社会成员中传递友爱和真情，从而加深相互之间的信任程度，为社会成员互信提供心理基础。

友善有助于缓解社会矛盾。改革开放以来，中国发生了翻天覆地的变化，取得了举世瞩目的成就，综合国力大幅度提高，人民生活显著改善，社会政治长期保持稳定，中国社会总体上是和谐的。但是，我们也应该看到，还存在不少影响社会和谐的矛盾和问题。当前，中国社会发展处在矛盾高发期，各种社会矛盾和问题相互叠加、集中呈现，一些矛盾和问题通过新的传播手段发酵放大，通过热点事件传导投射，引发社会不和谐的因素复杂多样。社会民众当中还存在一些不良情绪，仇富、仇官心理比较常见。的确，社会心态的失衡，很大程度上源于社会环境。处在深刻转型过程中的当代中国，经济结构和各项制度还处在完善过程中，收入分配制度、社会保障制度还不够完善，社会上还存在很多不尽如人意的地方，难免引发人们的不良情绪。同时，一些阶层的群体中的确存在为非作歹、为富不仁的行为，引发了其他群体的不满。我们必须承认，各项制度的完善和改革是解决当代中国社会矛盾，化解社会风险的根本。但是，我们也需要认识到，任何一项好的制度的制定和实行都需要好的价值理念的支撑。在当代中国，很多社会矛盾的产生、社会心态的失衡来自社会各个阶层之间缺乏必要的交流沟通的桥梁。在现实生活中，我们需要重视价值观的力量，倡导引导社会积极向上的价值理念。当代中国之所以倡导友善，一个重要的原因就是引导人们心怀善意，换位思考，以阳光心态看待社会，学会积极地理解他人、尊重他人、肯定他人，在不同群体之间传递友爱的正能量。

友善有助于人与自然的和谐。友善不仅需要体现在人类社会中，还应该体现在人们与自然环境的相处关系上。近代以来，人们将自然界当成征服的对象，依靠科学手段对自然进行掠夺式的开发，以满足自身无限的消费欲望，自然成为摆在人类面前任人宰割的对象。当代中国的发展，也面临着生态环境的巨大压力。过度放牧、过度的森林砍伐导致水土流失、土壤沙化严重，大量的温室气体排放造成了雾霾等极端天气时常发生……人类对自然的破坏，自然会加倍予以报复。正如恩格斯所指出的："我们不要过分陶醉于我们人类对自然界的胜利。对于每一次这样的胜利，自然界都对我们进行报复。每一次胜利，起初确实取得了我们预期的结果，但是往后和再往后却发生完全不同的、出乎预料的影响，常常把最初的结果又消除了。"[1] 人和自然是相互依存、相互联系的整体，对自然界不能只讲索取不讲投入、只讲利用不讲建设。我们要尊重自然、顺应自然、保护自然、善待自然，与自然友好相处。正如国家主席习近平在哈萨克斯坦纳扎尔巴耶夫大学发表演讲并回答学生提问时所说的，"我们既要绿水青山，也要金山银山。宁要绿水青山，不要金山银山，而且绿水青山就是金山

---

① 《马克思恩格斯选集》第 4 卷，人民出版社 1995 年版，第 383 页。

银山"①。

三 怀友善之心、践友善之行

友善是个人的优秀品质，是构建和谐人际关系和社会关系的道德纽带，更是维护健康良好社会秩序的伦理基础。

第一，每个人都要有与他人友善的愿望。有些人自认为自己文化水平高、办法多、能力强、经济实力强，没有自己办不到的事，不需要与他人搞好关系；有些人受功利主义思想的驱使，只对那些有利于自己的人友善，而对那些无关乎自己利害关系的人则采取无所谓的态度；甚至还有人认为，讲友善对自己来说是一件吃亏的事。实际上，任何一个人，没有他人的帮助都是不会成功的，绝对的孤家寡人会发现在社会中寸步难行，因而绝对不可能拥有成功的人生。正因为这样，每个人都应该树立与人为善的意识。在祖国的大家庭中，人和人之间应该是一种平等的关系，都同等地享受着宪法和法律规定的权利，同时也承担着宪法和法律所规定的义务。一个人不论职位如何，不论文化水平如何，不论民族和宗教信仰如何，不论贫富差别如何，没有贵贱之分，因而也就不能恃强凌弱，以多欺少，以富傲贫。人和人之间应当怀着友好的愿望，抱着彼此平等的心理坦诚相待。

第二，尊重差异，学会理解宽容。价值多元是当代社会的基本特征。价值多元的时代，在很多问题上人们难以获得绝对同一的看法，对于同一问题，人们也会从不同的角度表达自己的观点。为此，每个人都应该拥有宽容精神，学会理解和包容不同的观点。承认不同的个

---

① 中共中央宣传部：《习近平总书记系列重要讲话读本》，学习出版社、人民出版社 2014 年版，第 120 页。

体对世界、对生活、对自身、对他人具有不同的理解，承认不同的个体具有选择不同的价值观和生活方式的权利。在生活中，当与他人发生矛盾时，要学会换位思考。换位思考是融洽人际关系的最佳润滑剂。善于站在他人的角度思考，其最终的结果是多了理解，少了分歧；多了平和，少了冲突，最终改善了人际关系，拉近了人和人的距离。

第三，助人为乐，济人于难。在现实生活中，发出善良的意愿、讲出祝福的话语并不难，难的是给他人以实实在在的帮助。古有"授人玫瑰，手有余香"，今天人们常说"助人为乐不求报答"。善良的人，往往是有爱心的人、胸襟开阔的人，能宽以待人，更是时刻希望给人帮助的人。"恻隐之心，人皆有之"，面对深陷困境的人，我们不能无动于衷，不能漠然视之。对于遭遇不幸生活深陷困境的人，我们应在道义上予以支持，在物质上予以帮助，在精神上予以关怀。关心老弱病残，热爱社会公益事业，是现代公民应该具备的品格。同事之间、邻里之间、亲友之间要相互照顾、相互体贴，不曾相识的陌生人之间也应相互信任、相互帮助。唯有如此，人间才会充满真情，充满暖意。

第 六 章

当代中国构建和谐世界的价值理想

中国的和平发展是 20 世纪末 21 世纪初的国际大事，毕竟中国有着占世界五分之一的人口。这样的和平发展模式既能够让中华民族摆脱贫穷落后的状态，实现民族的复兴，同样也给整个世界的发展带来机遇，中国将是一个有着巨大潜力的广阔市场。随着中国国际地位的提升，中国的文化传统，中国人打交道的方式，中国人在国际关系中持有什么样的价值观，也会越来越为世界所关注。

◇ 第一节　走向"人类命运共同体"

一　人类命运共同体的提出

在当今世界，中国共产党"站在时代潮头，把握历史方向，提出了一系列新思想、新理念。比如打造对话而不对抗、结伴而不结盟的伙伴关系，进而建立以合作共赢为核心的新型国际关系，在此基础上，各国共建人类命运共同体。这些新的思想和理念，摒弃了结盟对抗的旧思维，超越了零和博弈的老套路，既有鲜明中国特色，又有重大世界意义，不仅是新时期中国外交的行动指南，也将对人类进步发展事业产生深远影响"①。

中国走和平发展的道路，主张构建"和谐世界"，是中国人民理性的战略选择，这个选择是以中国文化传统和社会价值观取向为基础的。早在 1985 年，邓小平同志就提出了"和平与发展"的时代主题。他指出："现在世界上真正大的问题，带全球性的战略问题，一个是和平问题，一个是经济问题或者说发展问题。"② 之后，以江泽民同志为核心的第三代中央领导集体提出了新安全观、党的十六大明确提出，"与邻为善，以邻为伴"的周边外交方针和"睦邻、安邻、富邻"的外交政策，致力于维护世界和平。③ 为了创造和平发展的国际环境，2005 年 4 月，胡锦涛同志参加雅加达亚非峰会时提出，"综观当今世界，和平、发展、合作已成为时代潮流。经济全球化趋势深入发展，科技进步突飞猛进，生产要素流动和产业转移加快，各国相互依存日益加深。"各国"应推动不同文明友好相处、平等对话、发展繁荣，共同构建一个和谐世界"。④ 2005 年 9 月 15 日，在联合国成立 60 周年首脑会议举行第二次全体会议上，胡锦涛同志发表题为《努力建设持久和平、共同繁荣的和谐世界》的演讲，再次重申了"和谐世界"的理念。⑤

---

① 《王毅在十二届全国人大五次会议举行的记者会上就中国外交政策和对外关系答中国记者问》，《人民日报》2017 年 3 月 9 日第 6 版。

② 《邓小平文选》第 3 卷，人民出版社 1993 年版，第 105 页。

③ 《江泽民同志在党的十六大报告上所作报告全文》，2012 年 10 月 17 日，中国网（http://www.china.com.cn/guoqing/2012-10/17/content_ 26821180_ 9. htm）。

④ 胡锦涛：《与时俱进，继往开来，构筑亚非新型战略伙伴关系——在亚非峰会上的讲话》，《人民日报》2005 年 4 月 23 日第 1 版。

⑤ 参见《人民日报》2005 年 9 月 16 日第 1 版。

和平发展既是中国人民的理性选择，也是中国人民的郑重承诺。习近平主席在德国科尔伯基金会演讲时指出："中国走和平发展道路，不是权宜之计，更不是外交辞令，而是从历史、现实、未来的客观判断中得出的结论，是思想自信和实践自觉的有机统一。"① 这段论述，是对中国走和平发展道路最精辟的论述。既然和平发展不是权宜之计，更不是外交辞令，那就必然有着深刻的价值理念的支撑。

中国共产党十八大报告提出了"要倡导人类命运共同体意识"的命题，这是一个重要的历史观、文明观和价值理念的宣示。这个宣示是基于中华传统文化，立足中国经济社会发展，前瞻中华民族伟大复兴和人类文明发展的前景提出的。

中国有着悠久的历史传统，当代中国是一个自主文明的延续。正因如此，美国前国务卿基辛格认为，"若要了解20世纪的中国外交或21世纪中国的世界角色，必须首先对中国的历史有一个基本的认识"②。实际上，人类命运共同体的意识，同样是中国历史思想的创造性转换与创新性拓展。正如张立文所指出的，"中华民族自古以来就有'天地与我并生，而万物与我为一'，'天地之塞，吾其体；天地之帅，吾其性。民吾同胞，物吾与也'以及'天地万物本吾一体'的思想。简言之，是一种命运共同体思想。"③

如何处理当代错综复杂的国际关系，更是人类命运共同体意识的直接动力。人类命运共同体是当代中国共产党人基于经济全球化、通信网络化和日益增长的全球生态和安全问题提出的人类利益共存、合

---

① 参见《人民日报》2014年3月30日第2版。
② 亨利·基辛格：《论中国》，中信出版集团2015年第2版，第VIII页。
③ 张立文：《王霸之道与和合天下》，《学术前沿》2016年第10期（下），第90页。

作共赢、休戚与共的文明价值观。

在漫长的文明发展史中，人类曾经长期生活在相互隔绝的状态中。交通工具的改进特别是新大陆的发现，让分割状态下的世界有了相互接触的可能。当今世界，越来越便利的交通促进了经济、文化交往，信息技术的突破性发展进一步把人们的知识传递和精神生活纳入全球相互影响的网络化状态中。尽管人类生活在不同社会制度、文化传统和地理空间中，尽管人们属于不同的种族，有着不同的肤色、信仰不同的宗教，但在经济发展、生态环境、社会安全等领域面临着共同的课题。在这个星球上，错综复杂且日益紧密的联系构成了"你中有我、我中有你"的局面，形成了一荣俱荣、一损俱损的格局。面对这种局面，"中国方案是：构建人类命运共同体，实现共赢共享"①。

二　人类命运共同体的内涵与实质

继中国共产党十八大报告提出"要倡导人类命运共同体意识"，"命运共同体"已经成为习近平主席在众多外交场合，尤其是在论述中国与发展中国家、周边国家和新兴国家外交关系时，反复强调的中国外交理念，并且结合各种国际合作的内容不断丰富其思想内涵。习近平同志就任总书记之后首次会见在华外国专家时就表示，国际社会日益成为一个你中有我、我中有你的命运共同体。面对世界经济的复杂形势和全球性问题，任何国家都不可能独善其身、一枝独秀，这就要求各国同舟共济、和衷共济。② 在 2013 年 9 月举行的 G20 峰会上，

---

① 习近平：《共同构建人类命运共同体——在联合国日内瓦总部的演讲》，《人民日报》2017 年 1 月 20 日第 2 版。

② 参见《人民日报》2012 年 12 月 6 日第 1 版。

习近平主席用"一荣俱荣、一损俱损""一花独放不是春，百花齐放春满园"来形容国际之间的合作。强调国家间要树立命运共同体意识，明确表示中国有条件有能力实现经济持续健康发展，为世界经济带来更多正面外溢效应。①

2013 年 10 月，习近平主席在周边外交工作座谈会上则强调了"与邻为善、以邻为伴"，"睦邻、安邻、富邻"，"亲、诚、惠、容"等我国周边外交的基本方针，提出要加强周边宣传工作，让命运共同体意识在周边国家落地生根。② 习近平主席访问印度尼西亚时到印尼国会演讲，他谈到中国与东盟的合作，并且明确表示中国愿同东盟国家加强海上合作，共同建设 21 世纪"海上丝绸之路"，携手建设"更为紧密的中国—东盟命运共同体"。③ 习近平主席还先后谈到建立中国—阿拉伯、中—非之间的命运共同体问题。在访问韩国时，习近平主席提出：中韩两国应该"构建开放融合发展格局，共同打造利益共同体"。④ 参加中国—拉美和加勒比国家领导人会晤时，他又强调指出：要与拉美和加勒比国家加强合作，"努力构建携手共进的命运共同体"。⑤

在 2015 年的博鳌亚洲论坛上，习近平主席又特别阐明了"迈向

---

① 参见《人民日报》2013 年 9 月 6 日第 2 版。

② 《习近平在周边外交工作座谈会上发表重要讲话》，2013 年 10 月 25 日，新华网（http：//news. xinhuanet. com/politics/2013 – 10/25/c_ 117878897. htm）。

③ 《习近平主席在印度尼西亚国会的演讲》，2017 年 3 月 8 日，人民网（http：//world. people. com. cn/n1/2017/0308/c411452 – 29132303. html）。

④ 《习近平在韩国国立首尔大学的演讲（全文）》，2014 年 7 月 4 日，新华网（http：//news. xinhuanet. com/world/2014 – 07/04/c_ 1111468087. htm）。

⑤ 《习近平在中国—拉美和加勒比国家领导人会晤上的主旨讲话（全文）》，2014 年 7 月 18 日，南方网（http：//news. southcn. com/z/2014 – 07/18/content_ 104671012. htm）。

人类命运共同体"必须坚持的原则，即必须坚持各国相互尊重、平等相待；必须坚持合作共赢、共同发展；必须坚持实现共同、综合、合作、可持续的安全；必须坚持不同文明兼容并蓄、交流互鉴。[①]

2015 年 9 月 28 日，国家主席习近平在纽约联合国总部出席第七十届联合国大会一般性辩论并发表题为《携手构建合作共赢新伙伴 同心打造人类命运共同体》的重要讲话。他强调，和平、发展、公平、正义、民主、自由，是全人类的共同价值，也是联合国的崇高目标。当今世界，各国相互依存、休戚与共，我们要继承和弘扬联合国宪章宗旨和原则，构建以合作共赢为核心的新型国际关系，打造人类命运共同体。习近平主席还特别阐述了打造人类命运共同体的主要目的：（1）建立平等相待、互商互谅的伙伴关系；（2）营造公道正义、共建共享的安全格局；（3）谋求开放创新、包容互惠的发展前景；（4）促进和而不同、兼容并蓄的文明交流；（5）构筑尊崇自然、绿色发展的生态体系。[②]

显然，当代中国之所以走和平发展道路，倡导构建和谐世界，就在于中国有着深厚的人类命运共同体的意识和价值追求。这种价值追求的实质就是，各国之间处于一种相互依存、休戚与共的关系之中，只有包容互惠、和衷共济，才能实现合作共赢、共同发展的目的。中国的价值理念已经得到越来越多国家的认同。更可喜的是，2017 年 2 月 10 日，联合国发展委员会以协商一致的方式通过了"非洲发展新伙伴关系的社会层面"的决议，呼吁国际社会"本着合作共赢和构建

---

① 《习近平主席在博鳌亚洲论坛 2015 年年会上的主旨演讲（全文）》，2015 年 3 月 29 日，新华网（http://news.xinhuanet.com/politics/2015 - 03/29/c_ 127632707.htm）。

② 《习近平在第七十届联合国大会一般性辩论时的讲话（全文）》，2015 年 9 月 29 日，新华网（http://news.xinhuanet.com/2015 - 09/29/c_ 1116703645.htm）。

人类命运共同体的精神"，加强对非洲经济社会发展的支持。这是联合国决议首次写入"构建人类命运共同体"的理念。联合国高官菲利普·查沃斯还特别指出："从长远看，世界各国和联合国都会从这一理念中受益。"他说，这一理念不是要人们去急功近利，而是把眼光放得更加长远。"中国是一个历史悠久的国家。中国人看问题的角度和眼光比其他许多国家更加长远。'构建人类命运共同体'的理念是中国人着眼于人类长远利益的远见卓识。"① 另外，最近在联合国人权理事会举行的第34次会议上，通过了关于"经济、社会、文化权利"和"粮食权"两个决议，明确表示要"构建人类命运共同体"。这是中国提出的人类命运共同体重大理念首次载入人权理事会决议，标志着这一理念成为国际人权话语体系的重要组成部分。②

◇ 第二节 讲信修睦 协和万邦

一 中国的国际观有着深厚的历史文化根基

当代中国主张构建人类命运共同体，坚持走和平发展道路，是有着深厚根基的历史文化传统的延续。《史记·五帝本纪》就有"合和万国"的理想。可以说，和平与和合是中华文化的内在基因。在古代中国的文明融合进程中，作为主流思想的儒家一直强调"以德服人"，而批评"以力服人"的做法。儒家认为，只有通过讲信修睦、协和万

① 顾震球：《"构建人类命运共同体"凸显中国贡献——专访联合国高官菲利普·查沃斯》，《参考消息》2017年2月20日。

② 参见《光明日报》2017年3月25日第8版。

邦，才能做到"保合大和"，从而实现"万国咸宁""天下和平"（《易经》）。这就是说，只有做到协和万邦，才能实现国家之间的和平、达到富国安民的目标。讲信修睦、协和万邦是中国国际观和外交观的基本内涵。

中国繁荣昌盛是趋势所在，但国强必霸不是历史定律。中国自古就倡导"大道之行也，天下为公"①的理念，主张"强不执弱，富不侮贫"②的规范，深知"国虽大，好战必亡"③的道理。中国没有对外侵略、殖民的历史，现在也没有称霸世界的意图。中国坚持走和平发展道路，是我们的战略选择和郑重承诺。中国愿意把自身发展同周边国家发展更紧密地结合起来，欢迎周边国家搭乘中国发展的"快车""便车"，让大家一起过上好日子。欢迎周边国家参与到"一带一路"倡议中来，携手实现和平、发展、合作的愿景。

二　中国处理国际关系和外交事务的核心价值观

国际政治是国内政治的延伸。但是，国际事务是主权国家之间的互动关系。这就需要处理不同国家主体之间的协调关系。以什么样的价值观去处理国际关系，必然影响到国家处理国际关系的路径、方式选择的基本取向。

1. 和平发展

中华民族是爱好和平的民族。有着 5000 多年历史的中华文明，

---

① 《礼记·礼运》："大道之行也，天下为公，选贤与能，讲信修睦。"

② 《墨子·兼爱中》："天下之人皆相爱，强不执弱，众不劫寡，富不侮贫，贵不敖贱，诈不欺愚。"

③ 《司马法》曰："国虽大，好战必亡；天下虽安，忘战必危。"

始终崇尚和平，和平、和睦、和谐的追求深深植根于中华民族的精神世界之中，深深融化在中国人民的血脉之中。《中庸》曰："中者，天下之大本也；和者，天下之达道也。"董仲舒认为，"成于和，生必和也；始于中，止必中也。中者，天地之所始终也；而和者，天地之所生成也。"① 2014 年，习近平主席在访问印度时指出："我们都把'和'视作天下之大道，希望万国安宁、和谐共处。"②

和平，就像阳光雨露，有了和平，世界就可以繁荣发展；没有和平，人类就可能生灵涂炭。正如习近平主席指出的："国家和，则世界安；国家斗，则世界乱。"③ 中国创造了灿烂的古代文明，靠的不是穷兵黩武、以力服人，而是"以德服远"④、以德服人；中国从一个积贫积弱的国家实现了重新振兴，靠的不是对外扩张或殖民掠夺，而是人民的勤劳、社会的安定和和平的环境。我们必须坚持实现共同、综合、合作、可持续的国际安全秩序，维护世界和平。中国处在发展中状态，我们不称霸。即使未来我们实现了现代化，我们同样不追求霸权。穷兵黩武不是中华文化的基因。

国与国之间有利益差异，有不同的看法是可以理解的。但如何解决好呢？中国的方案是：和而不同。这是解决冲突、推动合作共赢的最好方式。正如《中庸》所云："万物并育而不相害，道并行而不相悖。"我们只有相互尊重，交流互鉴，才能实现和平和共存。才能实

---

① （清）苏舆，《春秋繁露义证》，中华书局 1992 年版，第 444 页。

② 《习近平在印度世界事务委员会的演讲（全文）》，2014 年 9 月 19 日，新华网（http://news.xinhuanet.com/politics/2014－09/19/c_ 1112539621.htm）。

③ 习近平：《共同构建人类命运共同体——在联合国日内瓦总部的演讲》，《人民日报》2017 年 1 月 20 日第 2 版。

④ 《晋书·荀勖传》："明公以至公宰天下，宜杖正义以伐违贰；而名以刺客除贼，非所谓刑于四海，以德服远也。"

现"各美其美，美人之美，美美与共，天下大同"。大国之间只有相互尊重，才能构建不冲突、不对抗的和平发展环境。大国对小国不是以力服人，而是平等对待，就会减少许多冲突。

我们不仅要坚持和谐共处的价值理念，而且应该阐释清楚其普遍的世界意义。在巴黎联合国教科文组织总部，习近平主席系统阐释了中国的文明观：文明是多彩的，人类文明因多样才有交流互鉴的价值；文明是平等的，人类文明因平等才有交流互鉴的前提；文明是包容的，人类文明因包容才有交流互鉴的动力。① 我们应该推动不同文明相互尊重、和谐共处，让文明交流互鉴成为增进各国人民友谊的桥梁、推动人类社会进步的动力、维护世界和平的纽带。

2. 合作共赢

尽管人类生活在同一个地球上，却生活在不同的自然环境中，有着不同的文化传统。文明多样性不是我们相处的障碍，而是差异互补的条件，有利于相互借鉴、相互激励，推动文明的进步。如果相互争夺，必然是双输；如果相互包容，通过交流互鉴，必定达成双赢。

习近平主席在达沃斯世界经济论坛 2017 年年会开幕式上的主旨演讲中指出："人类已经成为你中有我、我中有你的命运共同体，利益高度融合，彼此相互依存。每个国家都有发展权利，同时都应该在更加广阔的层面考虑自身利益，不能以损害其他国家利益为代价。"② 我们不能搞以邻为壑那一套，而应该以"亲、诚、惠、容"的真切态度，推动世界经济迈向包容普惠的新时代。

---

① 《习近平在联合国教科文组织总部的演讲（全文）》，2014 年 3 月 28 日，新华网（http：//news. xinhuanet. com/politics/2014－03/28/c_ 119982831. htm）。

② 习近平：《共担时代责任　共促全球发展——世界经济论坛 2017 年年会开幕式上的主旨演讲》，《人民日报》2017 年 1 月 18 日第 3 版。

历史经验证明，只有包容性发展，自己才能够发展；排他性的发展是没有出路的。中国这样说，也这样做。中国发起成立丝路基金、金砖国家银行、亚投行等，都是用自己的努力为国际合作提供平台，以开放的心胸创造国际合作的机遇，促进世界的繁荣发展。

3. 公平正义

古人认为，"法者，天下之准绳也"①。主权平等、互相尊重主权和领土完整、互不侵犯、互不干涉内政、平等互利。重塑公正合理的世界治理模式，反对搞双重标准。习近平主席在和平共处五项原则发表 60 周年纪念大会上讲：不能一个国家安全而其他国家不安全，一部分国家安全而另一部分国家不安全，更不能牺牲别国安全谋求自身所谓绝对安全。②

我们积极推动国际关系民主化，主张世界上的事情由各国政府和人民共同商量；我们积极推动国家关系法治化，主张各国权利、义务、责任相统一的国际法治精神，希望各方遵守国际法和公认的国际关系基本准则；我们积极推动国际关系合理化，推进全球治理体系改革，主张义利兼顾。我们认为，经济全球化时代是一荣俱荣、一损俱损，不能只追求你少我多、损人利己，更不能你输我赢、一家通吃。要妥善处理义和利的关系：秉持公道正义，坚持平等相待。

4. 休戚与共

建立公平正义、可持续的国际秩序，就需要共同、合理的国际担当。基于人类命运共同体的意识，中国在谋求自己的发展与繁荣的时

---

① 《文子·上义》："夫法者，天下之准绳也，人主之度量也。"

② 《习近平在和平共处五项原则发表 60 周年纪念大会上的讲话（全文）》，2014 年 6 月 28 日，新华网（http://news.xinhuanet.com/politics/2014 – 06/28/c_ 1111364206_ 2. htm）。

候，也愿意看到其他国家及整个世界的发展与繁荣；中国在谋求自身的国家安全时，也希望其他国家及其全球的共同安全。随着中国的发展，中国愿意越来越多地提供有利于全球发展与繁荣的公共产品，承担越来越多的国际责任。

在这个联系日益紧密的地球村里，大家都是同一条船里的乘客。只有秉持同舟共济的意识，才能做到天下太平。如果试图以自己的绝对安全牺牲别人的安全，到头来只能是"城门失火，殃及池鱼"。在中国人看来，四海之内皆兄弟，天下一家。我们只有和衷共济，相互协作，才能构建一个繁荣和平的和谐世界。面对动荡不安、战乱冲突频生的地区和国际形势，中国始终坚持走和平发展道路。面对质疑现有的国际秩序和国际体系的言行，中国始终主张在维护中加以改革完善。面对"逆全球化"和保护主义思潮抬头，中国始终高举多边主义和开放包容的旗帜。"中国外交的这种稳定性和确定性，是大国应有的担当，不仅对冲了各种不确定性，也充分展示了中国的定力和自信。"①

三　中国的国际观是中国核心价值观在国际关系中的体现

中国的国际观就是在"合和万国"的历史传统基础上，结合当代和平与发展的时代主题，凝练了"人类命运共同体"的理念，为和平发展的外交政策奠基了坚实的哲学理论基础。"人类命运共同体"的理念，不仅是中国文化传统的延续，也是当代中国人民的理想愿景。

中国对国际关系的认识和在外交实践中所持立场反映出的价值

---

① 《王毅在十二届全国人大五次会议举行的记者会上就中国外交政策和对外关系答中国记者问》，《人民日报》2017 年 3 月 9 日第 6 版。

观，是中国的价值观在国际关系和外交领域的延伸和具体体现。我们在国内强调富强、民主、文明、和谐，在国际上也主张合作共赢、共同发展，推动国际关系的民主化。习近平总书记在出席国家安全委员会第一次会议时指出："贯彻落实总体国家安全观，必须既重视外部安全，又重视内部安全，对内求发展、求变革、求稳定、建设平安中国，对外求和平、求合作、求共赢、建设和谐世界。"① 21 世纪以来，中国不断推进全面对外开放，推进与世界各国之间的交流互鉴，加强互利合作。中国提出建设丝绸之路经济带和 21 世纪海上丝绸之路的倡议，目的就是实现各国在发展机遇上的共创共享。基于中国对外关系中的价值取向，我们可以预期：中国将以更加开放的胸襟、更加包容的心态、更加宽广的视角，大力开展中外文化交流，在学习互鉴中，为推动人类文明进步做出更多、更大的贡献。

我们在国内强调自由、平等、公正、法治，在国际上也秉持公道正义，坚持平等相待。中国主张并且尝试引领世界上的事情由各国政府和人民共同协商，积极推动国际关系民主化；倡导各国权利、义务、责任相统一的国际法治精神，希望各方遵守国际法和公认的国际关系基本准则，推动国际关系法治化；积极推进全球治理体系改革，反对双重标准，主张相互尊重、合作共赢，推动国际关系合理化。

我们在国内强调爱国、敬业、诚信、友善，在国际关系中，也愿意妥善处理义和利的关系，我们注重利，更要注重义。"国不以利为利，以义为利也。"我们主张义利兼顾。中国人希望自己过得好，但也高兴别人过得好，还通过力所能及的帮助让别人过得好。正如习近平主席 2014 年 3 月 27 日在法国巴黎出席中法建交 50 周年纪念大会上

---

① 参见《人民日报》2014 年 4 月 16 日第 1 版。

的讲话中指出的："中国梦是奉献世界的梦。'穷则独善其身，达则兼善天下。'这是中华民族始终崇尚的品德和胸怀。"①

显然，有什么样的核心价值观，就有什么样的国际关系价值观。建立在人类命运共同体理念基础上的国际观，为中国的和平发展道路和构建和谐世界的愿景，提供了正确的思想引领和价值规范。

总之，在国际交往中，中国致力于做符合历史发展趋势的事，做符合时代潮流的事。"中国，将继续做国际形势的稳定锚，世界增长的发动机，和平发展的正能量，全球治理的新动力。"② 同时，在国际传播中，我们应该塑造中国历史底蕴深厚、各民族多元一体、文化多样和谐的文明大国形象；政治清明、经济发展、文化繁荣、社会稳定、人民团结、山河秀美的东方大国形象；坚持和平发展、促进共同发展、维护国际公平正义、为人类做出贡献的负责任大国形象；对外更加开放、更加具有亲和力、充满希望、充满活力的社会主义大国形象。

---

① 《习近平在中法建交 50 周年纪念大会上的讲话（全文）》，2014 年 3 月 28 日，新华网（http://news.xinhuanet.com/politics/2014-03/28/c_119982956_3.htm）。

② 《王毅在十二届全国人大五次会议举行的记者会上就中国外交政策和对外关系答中国记者问》，《人民日报》2017 年 3 月 9 日第 6 版。

弘扬核心价值观
共圆民族复兴梦

在经济全球化和社会快速转型的时代，中国作为一个有 56 个民族和 13 亿人口的国家，正在实现中华民族伟大复兴梦想的征程之中，必须有可以形成思想共识和唤起文化认同的共同理想和精神家园。在当代中国，弘扬社会主义核心价值观，就是为了构筑共同理想和精神家园。

中国的价值观是一个贯通国家、社会、公民的完整的价值体系。在这里，国家的制度性质，使"建设什么样的国家"层面的价值观决定了社会和公民个人层面的价值观的时代内涵和取向。社会的基础性和广泛性，使"构建什么样的社会"层面的价值观一方面支撑着国家层面的价值观，另一方面也深刻影响着公民个人道德价值取向的性质。与此同时，公民个人道德及生活价值观，则在实践和存在的意义上实现着国家和社会层面的价值观目标和规范。三个层面的价值观是相互支撑和相互影响的。只有富强、民主、文明、和谐的国家价值观，才能促进自由、平等、公正、法治社会的建设，才能唤起公民的爱国敬业的责任感，才能培育诚信友善的公民；只有弘扬自由、平等、公正、法治的社会价值观，才能有助于实现富强、民主、文明、和谐的国家发展的价值目标，才能鼓励爱国、敬业、诚信、友善的公民；同时，只有爱国、敬业、诚信、友善的公民，才能构建自由、平等、公正、法治的社会，才能建设富强、民主、文明、和谐的国家。

对于任何国家、社会和个人而言，价值观都不是可有可无的东西。如果走夜路，我们往往需要靠北斗星确定我们前行的方向；如果在茫茫大海上航行，舵手必须依靠罗盘来定方向。我们的社会生活和行动也需要"北斗星"和"罗盘"，这样才能保证我们步调一致地前进，保证我们的行为是合理的并且符合历史发展的方向。我们社会生活的"北斗星"和社会行动的"罗盘"就是价值观。我们既然走在中国特色社会主义的道路上，那么引导我们日常生活和社会行动的价值观就是社会主义价值观。正像夜行者必须学会怎样观察北斗星、航海者必须学会使用罗盘一样，进行中国特色社会主义的伟大实践也需要积极培育和践行社会主义核心价值观。

弘扬社会主义核心价值观，首先要基于中国特色社会主义的现实，因此必须与中国特色社会主义的伟大实践相互映照。行路者必须基于自己脚下的路来看北斗星的方位，航海者必须根据自己的航线用罗盘确定方向，走中国特色社会主义道路也必须基于自己的实践来培育和践行社会主义价值观。中国特色社会主义道路和制度是我们最基本的现实，正是基于这样一个现实，我们的价值观就应该是当代中国的价值观，是社会主义的价值观，而不是别的什么价值观。

我们倡导的某些价值观，尽管与其他别的价值观有近似或相同的概念术语，却因为处在不同的历史阶段有着不同的社会实践，因而有着不同内涵和规定性。实际上，在不同的地方和不同的历史阶段，由于基于不同的社会实践，许多相同的价值概念其内涵的规定和理解也是大相径庭的。譬如，在古希腊柏拉图也讲"公正"，但他所理解的公正是统治阶级、保卫者与劳动人民各司其职，不僭越，就是公正。社会主义是为了实现所有人自由而平等的发展，因此我们所倡导的公正是社会主义性质的公正，显然不同于柏拉图所谓的"公正"。实际上，社会主义的民主是涉及经济、政治、文化和社会方方面面的人民参与和当家做主，显然也不同于将民主窄化为"投票权"的资产阶级"民主"。尽管西方资本主义国家一直津津乐道其民主"投票权"这一形式上的政治权利，可是正像许多西方学者如理查德·沃尔夫（Richard Wolff）也注意到的，欧美大众在工作中实际上"毫无民主"可言。[①] 我们的民主价值观既然基于社会主义的人民普遍参与的进程和实践，那就是社会主义的价值观，而不是西方的"片面的民主"价值观。

另外，社会主义核心价值观的培育和践行，必须伴随着中国特色社会主义事业的伟大实践和中华文化传承创新的发展进程而不断丰富其思想性内涵、澄清其规范性取向。中国特色社会主义的实践永无止境，社会主义核心价值观的培育也永无止境。既然价值观是文化的灵魂，而从其本质而言，文化不应该是完成了的存在，而是不断生成变化的人类创造性活动，那么价值观也不应是僵死的、完成的概念，而是伴随着社会发展的脚步不断前行的培育和践行过程。中华文化是中国人民生生不息的创造活动和创造过程本身，作为中国特色社会主义文化精髓的社会主义核心价值观是文化发展的内在力量或精神驱动力，因而核心价值观本身不仅是随着中华文化的发展而发展、随着中华文化的变迁而变迁的，它也是中华文化发展、变迁的关键要素和动力之源。中国共产党之所以重视社会主义核心价值体系建设，重视社

---

① 赵准：《理查德·沃尔夫及其"工作中的民主"运动》，《中国社会科学报》2013 年 6 月 26 日。

会主义核心价值观的培育和践行，目的就在于构建一种与中华传统文化相衔接、与世界优秀文化良性互动且代表人类文明前进方向的当代中国文化，而社会主义核心价值体系是这种文化的框架和主心骨，社会主义核心价值观则是这种文化的灵魂和精髓。建设社会主义文化强国，关键是增强中华民族的文化创造活力。解放和发展文化生产力，就特别需要民主、自由、平等的价值观，激发人们的文化创造力和想象力；也需要公正、法治、和谐的价值观，这样才能激发人们投身到自由的科学研究活动之中，投入探索性的知识创新活动之中，投入自由的文学艺术创作活动之中，为人民群众提供广阔的文化舞台，让蕴藏在人民群众之中的一切文化创造力得到充分的释放，开创中华民族文化创造活力持续迸发、社会文化生活更加丰富多彩、人民基本文化权益得到更好保障、人民思想道德素质和科学文化素质全面提高、中华文化国际影响力不断增强的新局面。

弘扬社会主义核心价值观，还必须着眼于人类历史发展的前进方向，因此必须在反映社会主义制度先进性上确立价值观的制高点。北斗星为什么能够指引夜行者，那是因为它在移动的星空中保持了稳定性，从而成为人们观察方位的比较可靠的参照物；罗盘为什么能够引导航海者，那是因为它能够在浩渺无垠的大海上总是指向正确的方向。如果北斗星也像其他星星一样游移不定，那么它就不会为夜行者所信赖；如果罗盘在波涛汹涌的大海中不能保持指向正确的方向，那么它也就不会为航海者所青睐。同样地，如果价值观不能反映人类社会发展的步伐，不能代表历史前进的方向，那么它也就不能为大多数人所认同。

尽管没有放之四海而普遍有效的普世价值，但是只有符合历史发展规律、反映社会前进方向的价值观才具有世界历史性的意义。我们的价值观是基于中国道路和中国实践的，因而必定具有中国特色和形态。但是，从历史发展的角度看，由于中国特色社会主义道路和实践遵循着人类社会文明进步的轨迹，因此我们的核心价值观必定具有普遍的世界历史意义。正因如此，我们应该把注意力放在阐发社会主义核心价值观反映人类历史发展方向的先进性上。只有代表人类历史前进方向的价值观，才具有反映历史文明进步的普遍的世界意义。我们不能把社会主义核心价值观仅仅看作民族的、相对的、特殊的，只具有局部意义的东西，那样我们就不可能获得价值观的世界历史性意义，也不能对世界人民产生巨大的感召力和吸引力，也不能获得文化上的软实力。社会主义核心价值观具有普遍的世界意义，不是说有所谓的"普世价值"，而是说有些价值观符合历史发展的方向，对全人类的历史发展具有广泛的历史性的参照意义。在这个意义上，越是代表历史发展方向的价值观，越是具有普遍的世界意义。实际上，民族的可以成为世界的，相对的包含着绝对的，特殊的蕴含着普遍的，真正代表特定历史阶段的东西才更加具有世界历史意义。任何价值的出现可能都是历史的、特殊的，但如果某种价值理念代表历史进步的趋势，与历史发展的方向相一致，那么这种价值就可能成为具有共同性或普遍世界意义的价值。中国特色社会主义建设取得的举世瞩目的成就，在短短几十年时间内把一个贫穷落后的半封建半殖民地的国家建设成为世界第二大经济体，这一进程本身就具有世界历史性的意义，因而也就有了普遍的世界意义。中国的发展道路，对世界肯定有参考价值，中国的发展进程也具有世界范围的影响，这就是具有世界意义和普遍意义的价值。只有具备了普遍的世界意义，才能占领道德制高点，成为具有引领和感召功能的软实力。

正因为我们通过价值观的变迁可以看到历史的发展与进步，所以社会主义核心价值观必须基于历史的发展与进步。既然价值观的变迁反映社会历史的进步，那么社会主义的价值观就不是脱离人类历史发展的大道而无中生有，而是基于人类历史发展的文化成果。因此，我们倡导"自由、平等、公正、法治"的价值观。我们也承认资本主义社会对封建社会的进步性，但是在社会主义制度的前提之下，在社会主义价值观的语境之中，自由就不再是基于资本的自由，而是基于人民主权的自由；平等也不再仅仅是法权的抽象平等，更不是仅仅周期性"投票权"的平等，而是人与人之间经济、政治、社会、文化等诸方面的全面而具体的平等；公正也不再是低于资本自由和个人自由的程序性和第二位的价值观，而是规定着社会主义人人平等、共同富裕，反映社会主义本质的核心价值观。

弘扬社会主义价值观，也必须将其与实现中华民族伟大复兴的梦想联系在一起，从而实现与民族文化认同和国家认同的相互促进。2012年11月29日，习近平总书记参观《复兴之路》展览时说："实现中华民族伟大复兴，就是中华民族近代以来最伟大的梦想。这个梦想，凝聚了几代中国人的夙愿，体现了中华民族和中国人民的整体利益，是每一个中华儿女的共同期盼。"实现中国梦就是实现中华民族的伟大复兴，就是建立一个国家富强、人民幸福、文化繁荣、社会和谐、山清水秀的社会主义强国。在这个光荣的梦想里，勾画的就是富强中国、民主中国、公平中国、和谐中国、美丽中国。中国梦就是中国人民的共同的价值追求，就是中华民族国家认同的理想前景。实现中国梦既是几代中国人的奋斗目标，也是指引中华民族所有成员行动的北斗星或罗盘。

改革开放以来，中国的社会经济发展已经取得了举世瞩目的成就，但是中国的社会结构也因此而发展了重大变化，社会群体因产业的分工而日益分化，社会结构越来越复杂，人们的利益也越来越多元化。伴随经济全球化进程的加深，文化之间的相遇越来越频繁，文化的融合越来越深入，来自世界各个角落的不同文化和思潮同时并置在人们的面前，人们所处环境和利益的差异也让人们看问题的视角越来越多样，看问题视角的差异使各自的思想意识也越来越多样化。在这种情况下，我们拿什么样的思想共识或精神纽带把一个快速发展的大国的全体成员联系在一起呢？这是执政党必须回答的问题。党的十八大强调，要加强社会主义核心价值体系建设，深入开展社会主义核心价值体系学习教育，用社会主义核心价值体系引领社会思潮、凝聚社会共识。毕竟，如果一个社会缺少共识，就不可能有社会的和谐与人与人之间的真正合作。只有形成了共同价值认同的社会，才是一个真正的命运共同体。通过社会主义核心价值观的培育和践行，我们就可以形成社会共识，构筑中华民族的精神家园和命运共同体。

在培育和践行社会主义核心价值观时，实现中国梦是我们中华民族最大的国民集体共识，促进中国梦的实现就是最好的爱国主义、集体主义、社会主义教育。中国梦为培育和践行社会主义核心价值观提供了现实的推动力，而社会主义核心价值观也为中国梦的实现提供了强大的精神力量。中国梦不只是富强梦，更是更高形态的文明梦。我们要用社会主义核心价值观托起中国梦。

弘扬社会主义价值观，也要认真寻找正确表达我们价值理念的话语形式，因此必须在能够打动群众心扉的表现形态上下工夫。航海者离不开罗盘，那是因为他知道罗盘对航海有用。因此，要让社会主义价值观获得最广泛的认同，也必须让人民群众知道它管用才行。要管用，首先必须让人愿意听，听得进去，听了能理解。实际上，我们每天都会碰到价值观的问题，我们平时讲话、写文章，无非是要表达自己的价值观，以便与人沟通和说服人。要说服人，就要讲别人能够愿意听、听进去、听得懂的话，让人能够理解我们的意思。即使同样的看法，也可以有不同的说法，在不同的情景下可能也需要有不同的说法，这就需要根据实际情形寻找合适的说法，即适当的词语和恰当的调门。有人指出，钢铁般的真理，有了诗意才更容易打动人的心扉。这是有一定道理的。不过，转变话语方式不是仅仅改变一下说话方式和叙事方式，更不是仅仅换换说话的词语和口气，尽管优化叙事方式、更新词语和改进说话的调门都是有益的，也是必要的；转变话语方式关键是转作风、改文风的问题。

改文风就要找到最佳的沟通语言，即找到在特定情景下表达特定看法的最佳说法。现在，要改文风就是让我们找到与群众相通的话语表达方式。写文章、说话，都是为了与人沟通，而不是板起面孔说大话。我们与工人讲话，就要以工人喜闻乐见和可以理解的话来讲；与农民谈话，就要贴近农民关心的话题才能使谈话得以进行；与青年人沟通，就要以青年人能够接受的方式说话；与外国人讲话，就要使用外国人能够理解的说法。因此，培育和践行社会主义核心价值观，不是总重复那几个概念，而是学会叙事或学会讲故事，让社会主义核心价值观通过鲜活的生活叙事和行动故事显现其精神的光辉和思想的力量。

精神的力量都是具有自主性和创造性的，因此在弘扬社会主义价值观的过程中，需要全社会的活力和我们每个人的主动性与创造性，但是更需要广大党员特别是领导干部的模范带头作用。这就是说，培育和践行社会主义价值观，一方面，需要我们相信群众的首创精神和自我教育能力，价值观的确立不是外部可以强加的，必须是一种人们价值选择的自我内化过程；另一方面，价值观的选择又是需要引导的，在当前形势下就是要通过作为先锋队的中国共产党人的引领和示范作用，正像飞行的雁队需要领头雁，我们走中国道路、确立中国价值，也需要共产党员特别是高级领导干部带头践行社会主义核心价值观。培育和践行社会主义核心价值观，需要不断从群众中来、到群众中去的往复循环过程。在社会实践活动中，我们要发动人民群众、依靠人民群众，万众一心、团结一致地走向我们的价值目标。中国特色社会主义的伟大实践和社会主义核心价值观是互相塑造的关系。中华民族的伟大复兴之梦和中国特色社会主义实践孕育并产生了社会主义核心价值观，社会主义核心价值体观引导并塑造着中国特色社会主义的伟大梦想和实践。

参考文献

一　原典

《马克思恩格斯选集》第1—4卷，人民出版社1995年版。

《毛泽东选集》，人民出版社1991年版。

《周恩来选集》，人民出版社1980年版。

《邓小平文选》，人民出版社1993年版。

《李大钊文集》，人民出版社1984年版。

《孙中山选集》，人民出版社1981年版。

《陈独秀文章选编》，生活·读书·新知三联书店1984年版。

《瞿秋白选集》，人民出版社1985年版。

《胡适文集》，北京大学出版社1998年版。

《鲁迅全集》第1卷，人民文学出版社1981年版。

《江泽民论有中国特色社会主义》（专题摘编），中央文献出版社2002
　　年版。

《江泽民文选》，人民出版社2008年版。

《科学发展观重要论述摘编》，中央文献出版社2008年版。

《习近平总书记系列重要讲话读本》，学习出版社2014年版。

（清）刘宝楠：《论语正义》，中华书局 1980 年版。

（清）焦循：《孟子正义》，上海书店出版社 1986 年版。

（清）王先谦：《荀子集注》，中华书局 1986 年版。

（唐）孔颖达：《礼记正义》，北京大学出版社 1999 年版。

（魏）王弼著，楼宇烈校释：《王弼集校释》，中华书局 1980 年版。

陈奇猷：《吕氏春秋新校释》，上海古籍出版社 2002 年版。

（清）苏舆：《春秋繁露义证》，中华书局 1992 年版。

（宋）张载：《张载集》，中华书局 1978 年版。

（宋）程颢、程颐：《二程集》，中华书局 1981 年版。

（宋）苏轼：《苏轼全集》，上海古籍出版社 2000 年版。

（宋）朱熹：《朱子语类》，中华书局 1983 年版。

（宋）朱熹：《四书章句集注》，中华书局 1983 年版。

（宋）朱熹：《朱子全书》，上海古籍出版社、安徽教育出版社 2002 年版。

（宋）陆九渊：《陆九渊集》，中华书局 1980 年版。

（明）王守仁：《王阳明全集》，上海古籍出版社 1992 年版。

（明）王夫之：《船山全书》，岳麓书社 1988 年版。

（清）魏源：《海国图志》，岳麓书社 1998 年版。

严复：《严复集》，中华书局 1986 年版。

康有为：《康有为政论集》，中华书局 1981 年版。

梁启超：《饮冰室合集》，中华书局 1989 年版。

《梁启超选集》，上海人民出版社 1984 年版。

高亨：《周易大传今注》，齐鲁书社 1998 年版。

陈鼓应：《庄子今注今译》，中华书局 2001 年版。

陈鼓应：《老子今注今译》，商务印书馆 2003 年版。

二 论著

袁贵仁:《价值学引论》,北京师范大学出版社 1991 年版。

袁贵仁等编:《人的价值问题探索》,教育科学出版社 1995 年版。

袁贵仁:《价值观的理论与探索》,北京师范大学出版社 2006 年版。

袁贵仁、韩震主编:《新世纪中国共产党的价值观》,人民出版社 2003 年版。

罗国杰:《马克思主义价值观研究》,人民出版社 2014 年版。

李德顺:《价值论——一种主体性的研究》,中国人民大学出版社 2013 年版。

李德顺:《我们时代的人文精神:当代中国价值哲学的建构及其意义》,北京师范大学出版社 2013 年版。

李德顺主编:《价值学大辞典》,人民出版社 2006 年版。

李连科:《世界的意义——价值论》,人民出版社 1985 年版。

李连科:《哲学价值论》,中国人民大学出版社 1991 年版。

李连科:《价值哲学引论》,商务印书馆 1999 年版。

张东荪:《价值哲学》,世界书局 1934 年版。

韩震主编:《社会主义核心价值体系研究》,人民出版社 2007 年版。

韩震:《社会主义核心价值观凝练研究》,北京师范大学出版社 2012 年版。

韩震:《社会主义核心价值观五讲》,人民出版社 2012 年版。

韩震:《社会主义核心价值观新论——引领社会文明前行的精神指南》,中国人民大学出版社 2014 年版。

韩震:《教育的价值与价值的教育》,人民出版社 2015 年版。

韩震：《西方历史哲学导论》，山东人民出版社 1992 年版。

韩震：《重建理性主义信念》，北京出版社 1998 年版。

韩震：《全球化时代的文化认同与国家认同》，北京师范大学出版社 2013 年版。

孙伟平：《价值哲学方法论》，中国社会科学出版社 2008 年版。

孙伟平：《价值论转向——现代哲学的困境与出路》，安徽师范大学出版社 2010 年版。

肖永辉：《马克思哲学的新世界观与价值观导论》，吉林大学出版社 2013 年版。

王克千：《价值之探求》，黑龙江教育出版社 1989 年版。

邬焜、李建群主编：《价值哲学问题研究》，中国社会科学出版社 2002 年版。

杜齐才：《价值与价值观念》，广东人民出版社 1987 年版。

刘永富：《价值哲学的新视野》，中国社会科学出版社 2002 年版。

阮青：《价值哲学》，中共中央党校出版社 2004 年版。

冯平、翟振明、G. M. Abbarno 主编：《价值之思》，中山大学出版社 2003 年版。

陈章龙、周莉：《价值观研究》，南京师范大学出版社 2004 年版。

李从军：《价值体系的历史选择》，人民出版社 2008 年版。

江畅主编：《现代西方价值哲学》，湖北人民出版社 2003 年版。

王玉梁：《当代中国价值哲学》，人民出版社 2004 年版。

江畅主编：《比照与融通：当代中西价值哲学比较研究》，湖北人民出版社 2010 年版。

石云霞主编：《当代中国价值观论纲》，武汉大学出版社 1996 年版。

廖小平：《分化与整合：转型期价值观代际变迁研究》，高等教育出版社 2007 年版。

黑格尔：《历史哲学》，王造时译，上海书店出版社 2006 年版。

康德：《历史理性批判文集》，何兆武译，商务印书馆 1990 年版。

卢梭：《社会契约论》，李平沤译，商务印书馆 1987 年版。

罗素：《中国问题》，秦悦译，学林出版社 1996 年版。

布克哈特：《意大利文艺复兴时期的文化》，何新译，商务印书馆 1979 年版。

本尼迪克特·安德森：《想象的共同体》，吴叡人译，上海人民出版社 2005 年版。

露丝·本尼迪克特：《文化模式》，王炜等译，生活·读书·新知三联书店 1988 年版。

萨义德：《知识分子论》，单德兴译，生活·读书·新知三联书店 2002 年版。

汤用彤：《魏晋玄学论稿》，生活·读书·新知三联书店 2009 年版。

张岱年：《文化与哲学》，中国人民大学出版社 2006 年版。

朱伯崑：《易学哲学史》，华夏出版社 1995 年版。

余敦康：《汉宋易学解读》，华夏出版社 2006 年版。

余敦康：《魏晋玄学史》，北京大学出版社 2004 年版。

徐复观：《两汉思想史》，华东师范大学出版社 2001 年版。

余英时：《朱熹的历史世界》，生活·读书·新知三联书店 2011 年版。

赵馥洁：《价值的历程——中国传统价值观的历史演变》，中国社会科学出版社 2006 年版。

赵馥洁：《中国传统哲学价值论》，人民出版社 2009 年版。

唐凯麟：《重释传统——儒家思想的现代价值评估》，华东师范大学出版社 2000 年版。

萧萐父、吴根友主编：《传统价值：鲲化鹏飞》，武汉出版社 2001 年版。

乔长路：《中国人生哲学——先秦诸子的价值观念和处事美德》，中国人民大学出版社 1990 年版。

杨国荣：《善的历程——儒家价值体系研究》，中国人民大学出版社 2012 年版。

李景林、李祥俊主编：《中国哲学中的价值观问题》，黑龙江人民出版社 2012 年版。

周桂钿：《中国传统哲学》，北京师范大学出版社 2000 年版。

郑万耕：《明清之际三大思想家》，新华出版社 1992 年版。

郑万耕：《易学与哲学》，上海科学技术文献出版社 2013 年版。

陈来：《宋明理学》，生活·读书·新知三联书店 2011 年版。

陈来：《孔夫子与现代世界》，北京大学出版社 2011 年版。

陈来：《古代宗教与伦理》，生活·读书·新知三联书店 1996 年版。

方立天：《中国佛教哲学要义》，中国人民大学出版社 2012 年版。

汤一介、李中华主编：《中国儒学史》（九卷本），北京大学出版社 2011 年版。

崔大华：《儒学的现代命运：儒家传统的现代阐释》，人民出版社 2012 年版。

郭齐勇：《中国儒学之精神》，复旦大学出版社 2009 年版。

李景林、郑万耕：《中国哲学概论》，北京师范大学出版社 2010 年版。

李景林：《教养的本原：哲学突破期的儒家心性论》，北京师范大学出版社 2009 年版。

李景林：《教化的哲学》，黑龙江人民出版社 2006 年版。

李景林：《教化视域中的儒学》，中国社会科学出版社 2013 年版。

李景林：《教化儒学论》，孔学堂书局 2014 年版。

李祥俊：《中国传统哲学与现时代》，中国社会科学出版社 2011 年版。

李祥俊：《道通于一：北宋哲学思潮研究》，北京师范大学出版社 2006 年版。

郑万耕、赵建功：《周易与现代文化》，中国广播电视出版社 2007 年版。

钱穆：《先秦诸子系年》，商务印书馆 1936 年版。

侯外庐等：《中国思想通史》第 1—4 卷，人民出版社 1957—1960 年版。

冯友兰：《三松堂全集》第 2—6、8—14 卷，河南人民出版社 2000 年版。

陈荣捷：《中国哲学论集》，"中央"研究院中国文哲研究所 1994 年版。

张岱年：《张岱年全集》第 2—7 卷，河北人民出版社 1996 年版。

任继愈主编：《中国哲学发展史》，人民出版社 1983 年、1994 年版。

余敦康：《中国哲学论集》，辽宁大学出版社 1998 年版。

余英时：《中国思想传统的现代诠释》，江苏人民出版社 1989 年版。

李泽厚：《中国古代思想史论》，人民出版社 1985 年版。

杜维明：《现代精神与儒家传统》，生活·读书·新知三联书店 1997 年版。

劳思光：《新编中国哲学史》，台北：三民书局 1990—1991 年版；广西师范大学出版社 2005 年版。

韦政通：《中国思想史》，上海古籍出版社 2004 年版。

张祥龙：《海德格尔思想与中国天道》，生活·读书·新知三联书店 1996 年版。

牟宗三：《心体与性体》，上海古籍出版社 1999 年版。

蒙培元：《理学的演变》，福建人民出版社 1998 年版。

姜广辉：《理学与中国文化》，上海人民出版社 1994 年版。

张立文等主编：《中外儒学比较研究》，东方出版社 1998 年版。

王博：《易传通论》，中国书店 2003 年版。

钱穆：《中国文化史导论》，商务印书馆 1994 年版。

费孝通：《中华民族多元一体格局》，中央民族大学出版社 2003 年版。

费孝通：《乡土中国：差序格局》，生活·读书·新知三联书店 1985
  年版。

顾颉刚：《顾颉刚选集》，天津人民出版社 1988 年版。

费正清：《美国与中国》，商务印书馆 1987 年版。

蔡尚思主编：《中国现代思想史资料简编》，浙江人民出版社 1983 年版。

许纪霖主编：《20 世纪中国知识分子史论》，新星出版社 2005 年版。

石元康：《民族与民族自决》，生活·读书·新知三联书店 2000 年版。

高瑞泉：《天命的没落》，上海人民出版社 1991 年版。

陈筠泉、刘奔：《哲学与文化》，中国社会科学出版社 1996 年版。

郑师渠、史革新编：《历史视野下的中华民族精神》，广东人民出版社
  2014 年版。

丁守和主编：《中国近代启蒙思潮》，社会科学文献出版社 1999 年版。

胡建：《现代性价值的近代求索》，上海人民出版社 2008 年版。

马克斯·韦伯：《新教伦理与资本主义精神》，陈平译，陕西师范大学
  出版社 2007 年版。

亚里士多德：《尼各马可伦理学》，廖申白译注，商务印书馆 2003
  年版。

章伟文：《易学历史哲学研究》，中国社会科学出版社 2012 年版。

关键词索引

后　记

　　本书是 2015 年度马克思主义理论研究和建设工程重大项目（同时列为国家社科基金重大项目，批准号为 2015MZD011）的重要阶段性成果，我作为项目主持人，撰写了绪言和结语，并负责书稿的组织编写和统稿工作，章伟文协助我做了许多工作。本书第一章由章伟文撰写，第二章由王葎撰写，第三章由周晓旭撰写，第四章由吴玉军撰写，第五章由刘丹、李晓东撰写。

　　本书在写作过程中，得到了有关方面和专家学者的大力支持。特别是中国社会科学出版社社长赵剑英先生，十分重视此书的写作和出版进度，多次审阅书稿，组织召开专家审稿会，对本书的结构、内容和观点等提出了许多建设性意见，为写作组所吸纳。他还对全书目录标题字斟句酌，做出提炼和修改，对绪言也提出了中肯的修改意见。中国社会科学出版社重大项目出版中心主任王茵女士，为书稿的顺利出版付出了很多辛劳。文字编辑孙萍博士，以严谨、负责的精神完成了本书的编辑。在此一并表示衷心的感谢！

　　本书不当之处在所难免，敬请广大读者批评指正。

韩　震

2016 年 6 月